MICHAEL GRUSON

Die Bedürfniskompetenz

Schriften zum Öffentlichen Recht

Band 62

Die Bedürfniskompetenz

Inhalt und Justitiabilität
des Art. 72 Abs. 2 des Grundgesetzes

Von

Dr. iur. Michael Gruson
LL. B., M. C. L.

DUNCKER & HUMBLOT / BERLIN

To Elizabeth M. Bonbright

Vorwort

> The federal and state governments are in fact but diffe-
> rent agents and trustees of the people, instituted with
> different powers, and designated for different purposes.
>
> *Madison in: The Federalist, Nr. 46.*

Art. 72 II GG knüpft die konkurrierende Gesetzgebungszuständigkeit
an ein qualifiziertes Bedürfnis: der Bund darf von ihr nur Gebrauch
machen, wenn dafür aus bestimmten Gründen ein Bedürfnis besteht.
Nach Ansicht des Bundesverfassungsgerichts und der überwiegenden
Lehre steht die Beurteilung dieser Voraussetzungen grundsätzlich im
Ermessen des Bundesgesetzgebers und unterliegt höchstens hinsichtlich
äußerster Schranken der richterlichen Kontrolle. Um eine nähere Konkretisierung und Präzisierung des Art. 72 II haben sich Rechtsprechung
und Lehre mit Rücksicht auf die mangelnde Justitiabilität nicht bemüht.

Die vorliegende Schrift dient der systematischen Untersuchung des in
Art. 72 II geregelten Bedürfnisses. *Abschnitt II* behandelt den materiellen
Inhalt der Vorschriften. Die Klärung von Inhalt und Bedeutung der Maßstäbe ist unabhängig von der richterlichen Kontrolle sinnvoll und wichtig:
der Bundesgesetzgeber ist in jedem Fall an die Maßstäbe gebunden und
muß deshalb ihre Auslegung kennen. *Abschnitt III* prüft auf der Grundlage der materiellen Untersuchungen, ob und inwieweit das Bedürfnis der
richterlichen Prüfung unterliegt, ob und inwieweit also die Verneinung
der Justitiabilität durch das Bundesverfassungsgericht und das Schrifttum berechtigt ist oder nicht. Als Grundlage für die Erörterungen in den
Abschnitten II und III zeigt *Abschnitt I* die Entwicklung der Regelung im
deutschen Verfassungsrecht und die Entstehungsgeschichte des Art. 72 II.
Da er durch eine Intervention der Besatzungsmächte in das Grundgesetz
gelangt ist, werden vergleichbare amerikanische Regelungen untersucht,
die dem Art. 72 II mindestens teilweise als Vorbild gedient haben.

Die Schrift kommt zu dem Ergebnis, daß entgegen der herrschenden
Lehre und Rechtsprechung die Voraussetzungen des Art. 72 II sehr wohl
einer näheren Inhaltsbestimmung fähig sind, daß aber bei ihrer Anwendung dem Bundesgesetzgeber ein Beurteilungsermessen zwar nicht bei
der Interpretation, wohl aber bei der Subsumtion und der Tatsachenfeststellung eingeräumt ist.

Die Schrift ist aus einer Dissertation hervorgegangen, die die Juristische Fakultät der Freien Universität Berlin im Dezember 1966 angenommen hat und von der Abschnitt II im März 1967 als Teildruck unter dem Untertitel dieses Buchs photomechanisch vervielfältigt wurde. Die dort vertretenen Ansichten sind zum Teil revidiert. Die hier vorgelegte Fassung berücksichtigt die seither erschienene Literatur und ist in allen Teilen überarbeitet.

Es ist mir ein großes Bedürfnis, an dieser Stelle meinem verehrten Lehrer Herrn Professor Dr. Karl August *Bettermann* zu danken. Er hat die Dissertation betreut und diese Arbeit durch wertvolle Hinweise und Anregungen gefördert. Ohne die Schulung, die ich als Student in seinen Seminaren und Vorlesungen empfangen habe, wäre diese Arbeit nie geschrieben worden.

Herrn Dr. Manfred *Goessl* und Herrn Dr. Dian *Schefold* danke ich für ihre unermüdliche und freundschaftliche Unterstützung und Hilfe bei der Fertigstellung dieser Arbeit, Herrn Ministerialrat a. D. Dr. Johannes *Broermann* für deren Aufnahme in die „Schriften zum Öffentlichen Recht".

New York, N. Y., den 1. September 1967.

Michael Gruson

Inhalt

Dritter Abschnitt

Justitiabilität des Art. 72 II GG   88

Vierter Abschnitt

Bewährung des Art. 72 II GG?   112

Abkürzungen

Neben den von *Kirchner*, Abkürzungsverzeichnis der Rechtssprache, Berlin 1957, erwähnten Abkürzungen und den im Verzeichnis der angeführten Rechtsquellen (S. 126) für diese genannten Zitierformen, werden folgende Abkürzungen gebraucht:

A.B.A.J.	= American Bar Association Journal.
AllgRedA	= Allgemeiner Redaktionsausschuß des Parlamentarischen Rats.
AS	= Amtliche Sammlung von Entscheidungen der Oberverwaltungsgerichte Rheinland-Pfalz und Saarland.
BauRS	= *Thiel:* Baurechtssammlung. Rechtsprechung der Verwaltungsgerichte, Baulandgerichte und anderer Gerichte aus dem Bau- und Bodenrecht.
BK	= Bonner Kommentar zum Grundgesetz. 2 Bde. Loseblatt. Hamburg 1950 ff.
BR-DrS	= Drucksachen des Deutschen Bundesrats.
BR Steno.	= Verhandlungen des Deutschen Bundesrats. Stenographische Berichte.
BT-DrS	= Drucksachen des Deutschen Bundestags.
BT Steno.	= Verhandlungen des Deutschen Bundestags. Stenographische Berichte.
Bund und Länder	= Bund und Länder. Hrsg. von *Flechtheim.* Berlin 1959.
Cl.	= Clause.
Erfurt Steno.	= Verhandlungen des deutschen Parlaments zu Erfurt. Stenographische Berichte. Teil 1: Staatenhaus. Teil 2: Volkshaus. (1850).
Föderalistische Ordnung	= Föderalistische Ordnung. Hrsg. von *Süsterhenn.* Koblenz. o. J. (1961).
HA	= Hauptausschuß des Parlamentarischen Rats.
Harv.L.Rev.	= Harvard Law Review.
HA Verh.	= Parlamentarischer Rat. Verhandlungen des Hauptausschusses. Stenographische Protokolle. Bonn 1948/49.
HBDStR	= Handbuch des Deutschen Staatsrechts. Hrsg. von *Anschütz* und *Thoma.* 2 Bde. Tübingen 1930, 1931.
HCh. Ber.	= Verfassungsausschuß der Ministerpräsidenten-Konferenz der westlichen Besatzungszonen. Bericht über den Verfassungskonvent auf Herrenchiemsee vom 10. bis 23. 8. 1948.
HCh. Entw.	= Entwurf eines Grundgesetzes des Verfassungsausschusses der Ministerpräsidenten-Konferenz der westlichen Besatzungszonen. In: HCh. Ber.

HCh. Prot.	=	Verfassungsausschuß der Ministerpräsidentenkonferenz der westlichen Besatzungszonen. Verfassungskonvent auf Herrenchiemsee vom 10. bis 23. 8. 1948. Protokolle der Sitzungen der Unterausschüsse, Unterausschuß II: Zuständigkeitsfragen. Teil I und II. (hektographiert).
Hrsg., hrsg.	=	Herausgeber, herausgegeben.
JuS	=	Juristische Schulung.
li	=	links.
LKartB	=	Landeskartellbehörde.
LS	=	Leitsatz.
Minn.L.Rev.	=	Minnesota Law Review.
MW	=	Minister für Wirtschaft.
m. w. Nachw.	=	mit weiteren Nachweisen.
m. zust. Anm.	=	mit zustimmender Anmerkung.
NatVers.	=	Verfassunggebende Deutsche Nationalversammlung. Verhandlungen = RT Steno. Bd. 327 oder RT DrS Bd. 335.
OVGE	=	Entscheidungen der Oberverwaltungsgerichte für das Land Nordrhein-Westfalen in Münster sowie für die Länder Niedersachsen und Schleswig-Holstein in Lüneburg.
Pet.	=	Peters (United States Supreme Court Reports 1828 bis 1842).
PR	=	Parlamentarischer Rat.
PR Entw.	=	Parlamentarischer Rat. Grundgesetz für die Bundesrepublik Deutschland (Entwürfe). Bonn 1948/49.
PR Schriftl. Ber.	=	Parlamentarischer Rat. Schriftlicher Bericht zum Entwurf des Grundgesetzes für die Bundesrepublik Deutschland (DrS 850, 854).
PR Steno.	=	Parlamentarischer Rat (Plenum). Stenographischer Bericht.
r	=	rechts.
Rdn.	=	Randnummer.
Reichsgerichtspraxis	=	Die Reichsgerichtspraxis im deutschen Rechtsleben. Festgabe der juristischen Fakultäten zum 50jährigen Bestehen des Reichsgerichts. Bd. 1. Berlin und Leipzig 1929.
RMI	=	Reichsminister des Innern.
RStGH	=	Staatsgerichtshof für das Deutsche Reich.
RT-DrS	=	Drucksachen des Deutschen Reichstags.
RT Steno.	=	Verhandlungen des Reichstags. Stenographische Berichte.
Sec.	=	Section.
Staat	=	Der Staat.
st. Rspr.	=	ständige Rechtsprechung.
U.S.	=	United States Supreme Court Reports.
US Verf.	=	Verfassung der Vereinigten Staaten von Amerika.

VerfAussch.	= Mündlicher Bericht des 8. Ausschusses über den Entwurf einer Verfassung des Deutschen Reiches. In: Verfassunggebende Deutsche Nationalversammlung. Verhandlungen = RT DrS Bd. 336, DrS Nr. 391.
VerfRspr.	= *Giese - Schunck - Winkler:* Verfassungsrechtsprechung in der Bundesrepublik Deutschland. Entscheidungssammlung (Loseblatt).
Vorbem.	= Vorbemerkung.
Wall.	= Wallace (United States Supreme Court Reports 1863 bis 1874).
WB	= Bundesrecht und Bundesgesetzgebung. Bericht über die Weinheimer Tagung des Instituts zur Förderung öffentlicher Angelegenheiten in Frankfurt/Main am 22. und 23. 10. 1949. Frankfurt/Main 1950.
Wheat.	= Wheaton (United States Supreme Court Reports 1816 bis 1827).
ZA PR	= Zuständigkeitsausschuß des Parlamentarischen Rats.
ZSchwR n. F.	= Zeitschrift für Schweizerisches Recht (neue Folge).
ZÖR	= Zeitschrift für Öffentliches Recht.

Erster Abschnitt

Grundlegung

I. Verfassungsgeschichtliche Vorläufer des Art. 72 II GG

1. Vorläufer der Bedürfnisklausel: Einzelne bedürfnisbedingte Gesetzgebungszuständigkeiten des Zentralstaates finden sich schon in früheren deutschen Verfassungen.

a) Die *Frankfurter Reichsverfassung* von 1849 verlieh „der Reichsgewalt" in den §§ 6 ff. Gesetzgebungskompetenzen über mannigfaltige Materien. Der Gebrauch dieser Kompetenzen setzte kein zusätzliches Bedürfnis voraus. In § 63 gab die Verfassung dem Reich in Form einer Generalklausel die Kompetenz zu weiteren Gesetzen:

„Die Reichsgewalt ist befugt, wenn sie im Gesammtinteresse Deutschlands gemeinsame Einrichtungen und Maaßregeln nothwendig findet, die zur Begründung derselben erforderlichen Gesetze in den für die Veränderung der Verfassung vorgeschriebenen Formen zu erlassen."

Diese Vorschrift, auf Vorschlag des Verfassungsausschusses in zweiter Lesung eingefügt[1], sollte spätere Kompetenzverschiebungen zugunsten des Reiches ermöglichen. Der Verfassungsgeber fürchtete, das Reich durch eine abschließende Kompetenzverteilung zu sehr zu beengen. Ursprünglich sollte das Reich unter den bezeichneten Voraussetzungen ein einfaches Gesetzgebungsrecht erhalten[2]. Auf die Bedenken einiger einzelstaatlicher Regierungen hin[3] knüpfte die Nationalversammlung das Recht an die Erfordernisse der verfassungsändernden Gesetzgebung[4]. Eine ausdrückliche Ermächtigung dazu hielt sie für erforderlich, weil bestritten war, ob das Reich durch Verfassungsänderung seine Kompetenzen erweitern könne und ob ein verfassungsdurchbrechendes Gesetz ohne

---

[1] Vorlage und Begründung bei *Wigard* VIII, 5762 §§ 63, 64; Annahme *Wigard* VIII, 6005.
[2] So der Vorschlag der Minderheit des Verfassungsaussch. (*Wigard* IV, 2721 § 58, 2746 § 58), der in 1. Lesung angenommen wurde (*Wigard* V, 3546); ferner die Vorschläge der Mehrheit des Verfassungsaussch. (*Wigard* IV, 2721 § 58, 2738; V, 3544) und der Minderheit des Volkswirtschaftlichen Aussch. (*Wigard* V, 3544, 3547). Zwei weitere ähnliche Anträge wurden ebenfalls abgelehnt (*Wigard* VIII, 6005).
[3] *Wigard* VII, 5447 § 58, 5454, 5542 sub 13.
[4] *Wigard* VIII, 5762.

förmliche Verfassungsänderung zulässig sei. Sie hielt verfassungsdurch-
brechende Gesetze im Fall der Kompetenzerweiterung aber für erstre-
benswert[5].

Die Bedürfnisbedingung in der Generalklausel des § 63 der Frankfurter Reichsverfassung entspricht der Bedingung des Art. 72 II GG nur
teilweise. Art. 72 II knüpft die Kompetenz für in der Verfassung enumerierte bestimmte Sachbereiche oder Gebiete an das näher bezeichnete
Bedürfnis, während § 63 bei Vorliegen eines Bedürfnisses die Reichskompetenz für beliebige, nicht näher bezeichnete Materien begründete.

Die Erfurter Unionsverfassung von 1850[6], die Norddeutsche Bundesverfassung von 1867 und die Reichsverfassung von 1871 enthalten keine
Generalklausel in der Art des § 63 der Frankfurter Reichsverfassung. Im
konstituierenden Norddeutschen Reichstag beantragte der Abg. *Miquel*[7]
vergeblich eine entsprechende Bestimmung.

b) In der *Weimarer Reichsverfassung* war die in Art. 7 geregelte konkurrierende Gesetzgebung ebenfalls bedürfnisfrei. Dagegen forderte die
Verfassung ein Bedürfnis in Einzelfällen. Das Reich hatte die konkurrierende Gesetzgebungszuständigkeit über die Wohlfahrtspflege und den
Schutz der öffentlichen Ordnung und Sicherheit nach Art. 9 nur „soweit
ein Bedürfnis für den Erlaß einheitlicher Vorschriften vorhanden ist".
Bestimmte Sozialisierungsmaßnahmen konnte das Reich nach Art. 156 II
durch Gesetz nur „im Fall dringenden Bedürfnisses" durchführen.

Nach *Hatschek*[8] liegt der Ursprung des Art. 9 in der Lehre von der
„Kompetenz-Kompetenz". Unter diesem Stichwort wurde unter der Verfassung des Norddeutschen Bundes und unter der Reichsverfassung von
1871 die Frage erörtert, ob das Reich sich (durch verfassungsänderndes
Gesetz nach Art. 78 I) neue Zuständigkeiten zuweisen, d. h. den Katalog
des Art. 4 erweitern könne[9]. Der Verfassungsausschuß der Verfassungs-

---

[5] Die Bedeutung des § 63 wird deutlich in der Diskussion über den Antrag
des Abg. *Miquel* infra Fn. 7.

[6] Schon im Entwurf war § 63 gestrichen, Erfurt Steno. Teil I S. 7, Teil II
S. 5.

[7] *Bezold* I, 563, 565, Sten. Ber. S. 316. Gegen den Antrag Abg. *Wagner*, *Bezold* I, 569, Sten. Ber. S. 318 und Bundeskommissar *Hofmann*, *Bezold* I, 571,
Sten. Ber. S. 319, ferner die bei A. *Arndt*, Staatsrecht des Deutschen Reiches
(1901) S. 187 Genannten.

[8] I S. 98, vgl. auch S. 95/96. In der Sache zustimmend *Grewe* WB S. 35/36.

[9] *Meyer-Anschütz* S. 692, 693 sub b; *Haenel* Deutsches Staatsrecht (1892) I
S. 772, vgl. S. 234/35; vgl. Carl *Schmitt* Verfassungslehre (4. Aufl. 1965) S. 386
sub 4a. Die Kompetenz-Kompetenz war unter der RV 1871 unbestritten:
Meyer-Anschütz S. 691; A. *Arndt* Staatsrecht des Deutschen Reiches (1901)
S. 186 f.; *Dambitsch* Verfassung des Deutschen Reichs (1910) S. 679; *Haenel*
a.a.O. S. 771 f., 775; *ders.* Studien zum Deutschen Staatsrecht (1873) I S. 156 f.,
177; *Laband* Staatsrecht des Deutschen Reiches (5. Aufl. 1911) I S. 105; *ders.*

gebenden Nationalversammlung von 1919 sah in erster Lesung eine durch einfaches Gesetz auszuübende Kompetenz-Kompetenz des Reiches vor. Nach Art. 9 c I konnte der Reichsgesetzgeber seine Zuständigkeit erweitern „ohne daß es dazu der Beobachtung der sonst für Änderungen der Verfassung geltenden Vorschriften bedarf"[10]. *Hatschek* meint, diese Vorschrift sei auf Grund des Druckes der Länder[11] in Art. 9 umgewandelt worden[12]. Das ist falsch, denn schon der Entwurf von *Preuß* enthielt die Bedarfskompetenz des späteren Art. 9[13], und sie wurde niemals gestrichen[14].

Art. 9 enthält auch der Sache nach keine Kompetenz-Kompetenz: „Wenn das Reich auf Grund des Art. 9 ein Gesetz gibt, so erweitert es seine Kompetenz nicht, sondern es macht von ihr Gebrauch" *(Anschütz)*[15]. Art. 9 enthält entgegen häufig geäußerter Meinung[16] auch dann keine Kompetenz-Kompetenz im obigen Sinne, wenn er — wie überwiegend angenommen wurde[17] — eine nahezu unbeschränkte Reichskompetenz gewährte.

JöR 1, 27 (1901); G. *Meyer* S. 519; *v. Seydel* Verfassungs-Urkunde für das Deutsche Reich (2. Aufl. 1897) S. 411 f., 414, 418; *Triepel* Unitarismus und Föderalismus im Deutschen Reiche (1907) S. 37; *ders.* Laband-Festgabe (1908) II S. 278; *Thudichum* Jahrbuch für Gesetzgebung, Verwaltung und Rechtspflege des Deutschen Reichs 1, 47 (1871); *Zorn* Staatsrecht des Deutschen Reiches (1895) I S. 78; *v. Rönne* Staatsrecht des Deutschen Reiches (2. Aufl. 1877) II Abt. 1 S. 18 f., 20 f.
[10] Antrag *Koch* (Nr. 27) VerfAussch. S. 68. Dazu: Abg. *Koch* S. 69, Abg. *Spahn* S. 73, *Preuß* S. 71. Angenommen S. 79. Gestrichen in der 2. Lesung S. 414, 427. Dazu: Abg. *v. Delbrück* S. 414, *Preuß* S. 414.
[11] Stuttgarter Erklärung, abgedruckt bei *Hatschek* I S. 15.
[12] I S. 98. Vgl. *Anschütz* Art. 9 Anm. 3 S. 87.
[13] NatVers. Bd. 335 DrS Nr. 59 S. 49 Art. 9 Nr. 11. VerfAussch. S. 50 (Abg. *Spahn*).
[14] Der Antrag *Koch* (Nr. 27) behielt die Bedarfskompetenz bei, Art. 9a Nr. 8, 9, VerfAussch. S. 68. Zwischen der Streichung des Art. 9c I und der Bedarfskompetenz wurde keine Beziehung gesehen, *Preuß* VerfAussch. S. 414, Abg. *Koch* VerfAussch. S. 415.
[15] Art. 9 Anm. 3 S. 87.
[16] *Pohlandt* Reich, Länder und Selbstverwaltungskörper (1931) S. 79/80; *Walz* S. 290; *Herz* Justiz 3, 453 (1927/28); der Antrag *Ablaß-Heinze* (Nr. 23) VerfAussch. S. 60 („Die Zuständigkeit der Reichsgesetzgebung ist unbeschränkt"; vgl. Entwurf *Bredt* VerfAussch. S. 51) wurde in der 5. und 7. Sitzung häufig als Kompetenz-Kompetenz bezeichnet. Vgl. auch *Herzog* DÖV 1962, 86 sub 3; *Lukas* VVDStRL 6, 32/33 (1929); *Hausmann* AöR 33, 106 (1915).
[17] *Poetzsch-Heffter* Art. 9 Anm. 4 S. 115; *Anschütz* Art. 9 Anm. 2, 3 S. 86, 87, Art. 7 Anm. 4 S. 82; *Pohlandt* a.a.O. S. 78; *Walz* a.a.O.; *Herz* a.a.O.; *Giese* RV Art. 9 Anm. 1 S. 57; *v. Freytagh-Loringhoven* Weimarer Verfassung in Lehre und Wirklichkeit (1924) S. 210; *Bühler* Reichsverfassung (3. Aufl. 1929) Art. 9 S. 49; *Lukas* Die organisatorischen Grundgedanken der neuen Reichsverfassung (1920) S. 13; *Meißner* Staatsrecht des Reichs und seiner Länder (2. Aufl. 1923) S. 34; *Koch* NatVers. Bd. 327 S. 1249 D f.
Kritisch *Apelt* Geschichte der Weimarer Verfassung (1946) S. 147, 163; *Hatschek* I S. 98; *Jeselsohn* Begriff, Arten und Grenzen der Verfassungsänderung nach Reichsrecht (1929) S. 54.

Die bedürfnisbedingte (konkurrierende) Gesetzgebungskompetenz für bestimmte in der Verfassung enumerierte Gebiete ist eine Neuschöpfung der Weimarer Reichsverfassung[18].

c) Nähere Konkretisierungen und Qualifizierungen des Bedürfnisses finden sich bei den früheren Bedarfskompetenzen nicht.

2. *Vorläufer für die Bedürfnisgründe des Art. 72 II.* Art. 72 II verlangt ein Bedürfnis aus bestimmten Gründen. Das Bedürfnis hängt, wie noch gezeigt werden wird, von der Überregionalität einer Angelegenheit oder von dem Vorliegen eines besonderen zentralstaatlichen Interesses an einer einheitlichen Regelung ab[19].

a) Eine solche „Bedürfnisqualifizierung" durch Überregionalität kennt das frühere deutsche Verfassungsrecht der Sache nach in Art. 11 WRV. Die Vorschrift verleiht dem Reich eine Gesetzgebungskompetenz für „Grundsätze über die Zulässigkeit und Erhebungsart von Landesabgaben". Die Kompetenz war jedoch nur eingeräumt, soweit sie zur Erfüllung bestimmter enumerierter Zwecke „erforderlich" war. Die Vorschrift läuft darauf hinaus, überregionale Wirkungen bestimmter Tatbestände auszuschließen. Der weitläufige Zusammenhang zwischen dieser Vorschrift und Art. 72 II wurde bei dessen Schaffung jedoch nicht gesehen.

b) Die Überregionalität spielt bei der Gesetzgebungs- und Verwaltungskompetenz in der deutschen Verfassungsentwicklung auch in anderem Zusammenhang eine Rolle. Frühere Verfassungen machten häufig die zentralstaatliche Zuständigkeit für das Verkehrswesen von der Überregionalität der Angelegenheit abhängig und schlossen Angelegenheiten von nur regionaler Bedeutung aus. Die Frankfurter Reichsverfassung knüpfte die Oberaufsicht und das Recht der Gesetzgebung über Eisenbahnen (§ 28) und ihre Anlage (§ 29), Landstraßen (§ 31) und ihre Anlage (§ 32) und die Anlage von Wasserwegen (§ 32) an die Bedingung „soweit es der Schutz des Reiches oder das Interesse des allgemeinen Verkehrs erheischt"[20], bzw. „soweit sie [sc. die Reichsgewalt] es zum Schutz des Reiches oder im Interesse des allgemeinen Verkehrs für nothwendig erachtet"[21]. Alle späteren deutschen Verfassungen folgen bei diesen Spezialmaterien dem gleichen Prinzip und begrenzen die Gesetzgebungs- und Verwaltungszuständigkeiten auf das Interesse des „allgemeinen Verkehrs"[22, 23].

---

[18] Vgl. *Preuß* VerfAussch. S. 53, 425, NatVers. Bd. 327 S. 1247; *Freund* VerfAussch. S. 53.

[19] Vgl. *Meyers* Föderalistische Ordnung S. 54. Zum Begriff der Überregionalität infra S. 82 f.

[20] §§ 28, 31.

[21] §§ 29, 32; vgl. §§ 30, 41 III, 24 III.

[22] UV 1850, §§ 24, 28, 29, 30, 31, 32 (in §§ 24, 32 jetzt „im Interesse des allgemeinen Verkehrs"); NBV 1867 und RV 1871 Art. 4 Nr. 8, 41, 42; WRV Art. 7 Nr. 19, 89, 94, 95, 97, vgl. 96.

[23] Zum Begriff „allgemeiner Verkehr": *Anschütz* Art. 94 Anm. 1 S. 461;

Einige Vorschriften stellen auf die Grenzüberschreitung durch den Verkehrsweg ab und geben der Zentralgewalt eine Zuständigkeit für die „in ihrem schiffbaren Lauf mehrere Staaten durchströmenden oder begrenzenden Flüsse und Seen..."[24], oder für den Schiffahrtsbetrieb und den Zustand der „mehreren Staaten gemeinsamen Wasserstraßen"[25].

Das Grundgesetz folgt diesen Vorbildern in den Art. 74 Nr. 21, 89 II, 90 III. Darüber hinaus wendet es in Art. 87 II das gleiche Prinzip auf die Sozialversicherungsträger an. Die Zuständigkeit des Bundes, Versicherungsträger als bundesunmittelbare Körperschaften des öffentlichen Rechts zu führen, ist davon abhängig, daß die Zuständigkeit der Versicherungsträger „sich über das Gebiet eines Landes hinaus erstreckt"[26].

In der in diesen Vorschriften zum Ausdruck kommenden Ausprägung der Überregionalität kann man nicht den Ursprung der Nr. 1 bis 3 des Art. 72 II sehen.

3. Amerikanische Regelungen. Im amerikanischen Verfassungsrecht spielt der Gedanke der Überregionalität im Zusammenhang mit der Bundesgesetzgebungskompetenz ebenfalls eine Rolle. Ihre nähere Betrachtung rechtfertigt sich aus dem Einfluß, den diese Vorstellungen über die Besatzungsmächte auf die Nr. 1 bis 3 des Art. 72 II GG genommen haben.

a) In der Verfassungsgebenden Versammlung von Philadelphia schlug *Randolph* in der Resolution Nr. 6[27, 28] des „Virginia-Entwurfes"[29] vor, die Gesetzgebungszuständigkeit des Bundes nur von der Überregionalität einer Angelegenheit abhängig zu machen[30]:

Lassar HBDStR I § 30 S. 345 f.; *v. Mangoldt-Klein* Art. 74 Anm. XLII 2 b S. 1664; BVerfGE 15, 1 (10/11); Abg. *Hoch* ZA PR 18. Sitzg. (berichtet bei *v. Mangoldt-Klein* a.a.O.).

[24] RV 1849 § 24 I, vgl. § 25 II; UV 1850 § 24 I, vgl. § 25 II. Ähnliches Prinzip in RV 1849 § 41 III.

[25] NBV 1867 Art. 4 Nr. 9; RV 1871 Art. 4 Nr. 9 i. d. F. des ZusatzG v. 3. 3. 1873; vgl. RV 1849 § 26, UV 1850 § 26.

[26] Im PR wurde die Bedingung der Überregionalität bei weiteren Materien erfolglos beantragt: HA Verh. S. 366 r (Art. 36 Nr. 21); Abg. *Laforet* HA Verh. S. 649.

[27] *Farrand* (Madison) I S. 21.

[28] *Hamilton's* Vorschlag, der Bundesgesetzgeber solle für alle Gesetze zuständig sein, die er für die gemeinsame Verteidigung und das gemeinsame Wohl der Union für erforderlich halte, *Farrand* III S. 627 Art. VII § 1, ist wahrscheinlich niemals zur Diskussion gestellt worden, *Farrand* III S. 619, *Abel* 25 Minn. L. Rev. 433.

[29] Allgemein zum Virginia Plan *Keller* JöR nF 9, 26 (1960); *Gruson* in Die Vereinigten Staaten von Amerika — Beispiel einer Föderation (Schriftenreihe der Zeitschrift „der föderalist" 1961) S. 40.

[30] „Resolved... that the National Legislature ought to be impowered to enjoy the Legislative Rights vested in Congress by the Confederation & moreover to legislate in all cases to which the separate States are incompetent, or in which the harmony of the United States may be interrupted by the exercise of individual Legislation; ...".

2*

„Es sei hiermit beschlossen, ... daß das Bundesparlament ermächtigt wird, die Gesetzgebungszuständigkeiten des Parlaments der Konföderation auszuüben und außerdem die Gesetzgebungsbefugnis immer dann zu haben, wenn die Gliedstaaten die Angelegenheit *nicht wirksam regeln können,* oder wenn die Harmonie der Vereinigten Staaten durch die Ausübung einzelstaatlicher Gesetzgebung *beeinträchtigt* würde." (Hervorhebung vom Verf.)

In dem Committee of the Whole[31] griffen einige Delegierte die Verschwommenheit des Kriteriums der Unwirksamkeit[32] an und forderten vergeblich eine detaillierte Kompetenzverteilung[33]. Im Plenum unterlag der Antrag, die Resolution an das Committee of Detail zu verweisen, bei Stimmengleichheit[34]. *Sherman's* Kompromißvorschlag, die Generalklausel durch eine Einschränkung zu limitieren, setzte sich nicht durch[35]. Das Plenum billigte aber *Bedford's* Abänderungsvorschlag und verwies die Resolution an das Committee of Detail[36]. Die neue Fassung ersetzte die Worte von „außerdem" bis „regeln können" durch[37]:

„und außerdem in allen Fällen zuständig zu sein, im allgemeinen Interesse der Union Gesetze zu erlassen, ferner dann, wenn die Gliedstaaten als einzelne die Angelegenheit nicht wirksam regeln können".

Das Committee of Detail legte dann dem Plenum einen detaillierten Zuständigkeitskatalog vor[38]. Es hatte die Resolution als Auftrag zur Konkretisierung und als allgemeinen Maßstab für die konkrete Verteilung der Zuständigkeiten aufgefaßt[39].

---

[31] *Farrand* (Madison) I S. 53, 54; (Journal) I S. 47; (Journal) I S. 225; (Madison) I S. 236.

[32] „incompetent".

[33] *Farrand* (Madison) I S. 53; *Abel* 25 Minn. L. Rev. 438/39; vgl. *Farrand* (Madison) II S. 17.

[34] *Farrand* (Madison) II S. 17.

[35] *Farrand* (Madison) II S. 25, (Journal) II S. 21 („To make laws binding on the people of the United States in all cases which may concern the common interests of the Union; but not to interfere with the Government of the individual States in any matters of internal police which respect the Gov.t of such States only, and wherein the General welfare of the U. States is not concerned."

„... (und weiterhin) die Gesetzgebungsbefugnis zu haben in allen Fällen, die das gemeinsame Interesse der Union betreffen können. Der Bundesgesetzgeber soll jedoch nicht die Einzelstaaten beeinträchtigen insoweit es sich um interne Angelegenheiten handelt, die nur den betreffenden Einzelstaat berühren und durch die nicht das gemeinsame Wohl der Vereinigten Staaten betroffen wird.") Vgl. *Farrand* III S. 616. Abgelehnt, *Farrand* (Madison) II S. 26, (Journal) II S. 21.

[36] *Farrand* (Madison) II S. 27, (Journal) II S. 21.

[37] *Farrand* (Madison) II S. 26, (Journal) II S. 21 („... and moreover to legislate in all cases for the general interests of the Union, and also in those to which the States are seperately incompetent, or in which the harmony of the U. States may be interrupted by the exercise of individual Legislation".)

[38] *Farrand* (Madison) II S. 181; vgl. *Farrand* (Committee of Detail) II S. 143, 157, 167, IV S. 43; *Stern* 47 Harv. L. Rev. 1340.

[39] So schon *Gorham, Farrand* (Madison) II S. 17; *Stern* a.a.O.; *ders.* 41 A. B. A. J. 872; *Abel* 25 Minn. L. Rev. 439/40.

Abel[40] folgert aus dieser Entstehungsgeschichte, der Verfassungsgeber habe den Bundesgesetzgeber durch den Gesichtspunkt der Überregionalität begrenzen und ihm dadurch die volle Ausschöpfung der enumerierten Zuständigkeiten verwehren wollen. Auf der anderen Seite genüge es nicht, daß ein Gesetz nur die Bedingungen der Resolution Nr. 6 erfülle. Die Gesetzgebungszuständigkeit des Bundes sei einer doppelten Schranke unterworfen: der äußeren Schranke der enumerierten Zuständigkeit und der inneren Schranke des in der Resolution Nr. 6 zum Ausdruck gekommenen Maßstabes der Überregionalität. Das ist aber genau die Rechtslage unter Art. 72 II, 74 GG. *Abel's* Ansicht hat sich jedoch in der Rechtsprechung nicht durchgesetzt.

b) Auch im geltenden Verfassungsrecht diente der Gesichtspunkt der Überregionalität mehrmals zur Abgrenzung der Bundesgesetzgebungskompetenz. Art. I Sec. 8 Cl. 3 der Verfassung der Vereinigten Staaten gibt dem Bund eine Gesetzgebungszuständigkeit (power) über „den Handel mit fremden Nationen sowie zwischen den Einzelstaaten"[41]. Danach ist der Bund zur Regelung des sog. *„interstate commerce"* zuständig. Auf Grund der allgemeinen Kompetenzvermutung zugunsten der Länder (10. Zusatzartikel) bleiben die Einzelstaaten zur Regelung des sog. *„intrastate commerce"* zuständig.

In der berühmten Entscheidung *Gibbons v. Ogden*[42], in der sich Chief Justice *Marshall* um eine Abgrenzung von „interstate" und „intrastate commerce" bemühte, klang der Gedanke der Resolution Nr. 6 wieder an. In einer klassisch gewordenen Formulierung bezeichnete *Marshall* „intrastate commerce" als Wirtschaftsangelegenheiten, die „andere Einzelstaaten nicht betreffen". „Interstate commerce" seien solche Wirtschaftsangelegenheiten, „die mehr als einen Einzelstaat berühren", oder „die die Einzelstaaten gemeinsam betreffen"[43]. Diese Abgrenzungskriterien werden in wichtigen Entscheidungen zustimmend — meist allerdings als obiter dicta — zitiert[44]. Im Ergebnis dienten sie jedoch nicht zur Abgrenzung von interstate und intrastate commerce[45].

---

[40] 25 Minn. L. Rev. 440/41.
[41] „The Congress shall have Power . . . To regulate Commerce with foreign Nations, and among the several States . . .".
[42] 22 U. S. (9 Wheat.) 1 (1824).
[43] „It is not intended to say that these words [i. e. Handel zwischen den Einzelstaaten] comprehend that commerce, which is completely internal, which is carried on between man and man in a State, or between different parts of the same State, and which does not extend to or affect other States . . . Comprehensive as the word „among" is, it may very properly be restricted to that commerce which concerns more States than one . . . [I]ts [i. e. des Bundes] action is to be applied to . . . those internal concerns which affect the States generally; but not to those which are completely within a particular State, which do not affect other States . . . The completely internal commerce of a State, then, may be considered as reserved for the State itself." S. 194/95.
[44] The Mayor of the City of New York v. Miln, 36 U. S. (11 Pet.) 102 (146/47) (concurring opinion) (1837); The Daniel Ball, 77 U. S. (10 Wall.) 557 (565)

c) Der Supreme Court unterscheidet seit *Cooley v. Board of Wardens*[46] im Bereich der Bundeszuständigkeit über *interstate commerce* zwischen einer ausschließlichen und einer konkurrierenden Zuständigkeit. Diese beiden Bereiche grenzte er seit der *Cooley*-Entscheidung für einige Jahrzehnte nach dem Gesichtspunkt der Überregionalität ab[47]: Es gibt Angelegenheiten, die ihrer Natur nach bundesstaatlich sind oder nur eine bundeseinheitliche Regelung erlauben. Andere Angelegenheiten haben nur eine auf die einzelnen Einzelstaaten beschränkte Bedeutung und erlauben oder verlangen einzelstaatliche Regelungen. Weder die Theorie von *Gibbons v. Ogden* noch die von *Cooley v. Board of Wardens* trennt deutlich zwischen den Wirkungen der Wirtschaftsangelegenheiten und den Wirkungen der einzelstaatlichen Regelungen dieser Angelegenheiten[48].

d) Die Alliierten Militärgouverneure übernahmen für Deutschland das Kriterium von *Gibbons v. Ogden* in Art. I der Proklamation Nr. 5 von 1947. Diese beschränkte die meisten Gesetzgebungszuständigkeiten des Wirtschaftsrates der Bizone auf Gesetze, die „sich auf Feststellungen von allgemeinen Grundsätzen beziehen, die mehr als ein Land angehen"[49] (besser wäre: betreffen). Proklamation Nr. 5 verwendete zum erstenmal das Prinzip der Überregionalität als allgemeine Bedingung der Gesetzgebungsbefugnisse einer Zentralgewalt.

Art. I Proklamation Nr. 5 kannte auch spezielle Ausprägungen der Überregionalität. In Anlehnung an den Begriff „interstate commerce" gewährte sie eine Zuständigkeit über Binnenwasserstraßen, Straßen und Straßenverkehr „zwischen den Ländern"[50]. Art. III Proklamation Nr. 7 fügte eine Gesetzgebungszuständigkeit über „nichtstaatliche, sich über

---

(1870); Kidd v. Pearson, 128 U. S. 1 (17) (1888); Lottery Case (Champion v. Ames), 188 U. S. 321 (346) (1903); Employers' Liability Cases, 207 U. S. 463 (493), (507) (dissenting opinion) (1907); Minnesota Rate Cases, 230 U. S. 352 (398) (1912); United States v. South-Eastern Underwriters Ass'n, 322 U. S. 533 (551) (1944).

[45] Vgl. *Stern* 41 A. B. A. J. 823 f.; *Steckhan* S. 81 f.

[46] 53 U. S. (12 How.) 299 (Curtis J.) (1851).

[47] S. 319. Ähnlich schon *Webster*, mitgeteilt in Gibbons v. Ogden, 22 U. S. 9 f. Im Anschluß an *Cooley:* Gilman v. Philadelphia, 70 U. S. (3 Wall.) 713 (726/27) (1865); Ex parte McNiel, 80 U. S. (13 Wall.) 236 (240) (1871); Railroad Co. v. Fuller, 84 U. S. (17 Wall.) 560 (568) (1873); County of Mobile v. Kimball, 102 U. S. (12 Otto) 691 (696/97, 698/99) (1880).

[48] Vgl. The Mayor of the City of New York v. Miln, a.a.O.; *Schwartz* Commentary on the Constitution of the United States (1963) I S. 251.

[49] „dealing with matters of general policy affecting more than one Land." Die gleiche Formel findet sich in: Proklamation Nr. 7 Art. III; Anordnung Nr. 1 und Nr. 8. Sie hat keine Auslegung gefunden, BReg. in BT-DrS. I Nr. 4248 S. 13.

[50] „inter-Land inland waterways"; „inter-Land highways and highway transport".

den Bereich eines Landes hinaus erstreckende Wirtschaftsverbände"[51] hinzu.

Randolph's Resolution enthält, ebenso wie Art. 72 II Nr. 1 GG, den Gedanken der Unwirksamkeit einzelstaatlicher Gesetzgebung. Gleichfalls enthält sie, wie Art. 72 II Nr. 2, den Gedanken der Beeinträchtigung durch einzelstaatliche Gesetzgebung. „Vereinigte Staaten" kann sich sowohl auf den Bund als auch auf die Gesamtheit der Länder beziehen. *Gibbons v. Ogden* spricht nur von Angelegenheiten, die andere Einzelstaaten „betreffen" oder „berühren". Zu der „Beeinträchtigung" anderer Einzelstaaten besteht aber nur ein gradueller Unterschied.

Die Schreiben der Militärgouverneure an den Parlamentarischen Rat vom 2. 3. 1949 und vom 22. 4. 1949[52], auf die Art. 72 II zurückgeht, enthielten die Gesichtspunkte der Unwirksamkeit, der Betroffenheit und der Beeinträchtigung. Man muß annehmen, daß diese Schreiben bewußt auf die hier dargestellten, amerikanischen Juristen wohlbekannten Kriterien aufbauen.

Auch die Verfassungen Österreichs und der Schweiz kennen bedürfnisbedingte Gesetzgebungszuständigkeiten[53] und die Bedingung der Überregionalität bei einzelnen Kompetenzen[54]. Diese Regelungen haben — soweit ersichtlich — dem Grundgesetz nicht als Vorbild gedient.

II. Entstehungsgeschichte des Art. 72 II GG

Der Entwurf von Herrenchiemsee bestimmte über die Voraussetzungen der konkurrierenden Gesetzgebung in Art. 34[55, 56]:

„Im Bereich der Vorranggesetzgebung des Bundes behalten die Länder das Recht der Gesetzgebung, solange und soweit der Bund von seinem Gesetzgebungsrecht keinen Gebrauch gemacht hat. Der Bund soll nur das regeln, was einheitlich geregelt werden muß."

---

[51] „extending beyond the jurisdiction of one Land".
[52] Infra Fn. 58 und 62.
[53] Österreich: Art. 10 I Nr. 15 B-VG; § 17 ÜG 1920; Art. 11 II B-VG; vgl. dazu *Merkl* ZÖR 10, 179 (1931).
[54] Österreich: Art. 10 I Nr. 8, 9, 10 B-VG; Art. 15 VII B-VG; vgl. *Adamovich-Spanner* Hdb. des Österreichischen Verfassungsrechts (5. Aufl. 1957) S. 133 f.; *Friedheim* Kompetenzverteilung in den Bundesstaaten Österreich und Deutschland (Diss. Köln 1933) S. 10 f. Schweiz: Art. 24 bis IV; Art. 31 bis II Bundesverfassung.
[55] *Füßlein* JöR nF 1, 465; HCh. Ber. S. 65 (Art. 34), vgl. S. 29.
[56] Satz 2 geht auf den „Bayerischen Vorschlag I" zurück, HCh. Prot. S. 42 (Anlage zur Niederschrift über die 1. Sitzg. Nr. III): „Im Rahmen dieser Zuständigkeiten regelt die Bundesgesetzgebung das, was zur Erfüllung des Bundeszweckes notwendig einheitlich für das ganze Bundesgebiet geregelt werden muß". Der Satz wurde angefügt auf Antrag *Kollmann*, 9. Sitzg. HCh. Prot. S. 234 (Art. 12 II) und von diesem lediglich mit der Notwendigkeit begründet, „alle Konfliktsfälle nach Möglichkeit schon im Keim zu ersticken".

Diese Formulierung wurde von allen Ausschüssen des Parlamentarischen Rates, von sprachlichen Änderungen abgesehen, beibehalten und vom Hauptausschuß in erster, zweiter und dritter Lesung angenommen[57].

Die Militärgouverneure erhoben jedoch im März 1949 Einspruch[58]. Sie meinten[59]:

„Die Zuständigkeiten des Bundes, wie sie jetzt in Art. 36 aufgeführt sind, sind nicht genügend klar definiert, um die Stellung der Länder in einem föderativen System angemessen zu wahren."

Sie schlugen die Fassung eines neuen Artikels vor[60, 61], „... der im wesentlichen wie folgt lauten könnte ...:

---

[57] „Im Bereich der Gesetzgebung, bei welcher der Bund den Vorrang hat ..." (Art. 34) HA 1. Lesung in: HA Verh. S. 77; PR Entw. S. 50; DrS Nr. 295 S. 6. — „Der Bund soll im Bereich der Vorranggesetzgebung nur regeln, was einheitlich geregelt werden muß. Die Länder behalten das Recht der Gesetzgebung solange und soweit der Bund von seinem Gesetzgebungsrecht keinen Gebrauch macht." (Art. 36 II) AllgRedA. in: PR Entw. S. 133, 135. — „Der Bund soll auf diesen Gebieten nur regeln, was einheitlich ..." (Art. 36, in den Abschnitt „Gesetzgebung" gestellt) HA 3. Lesung in: HA Verh. S. 627, 649; PR Entw. S. 218; DrS Nr. 604/675 S. 46. Zur Entstehungsgeschichte: *Füßlein* JöR nF 1, 453 f., S. 464 f.; *v. Mangoldt* Art. 72 Anm. 1 S. 383; *Matz* AöR 75, 349 f.; *Herrfahrdt* BK Art. 72 Anm. I.

[58] Memorandum v. 2. 3. 1949 sub 3, *Documents* S. 108. Zur weiteren Entstehungsgeschichte die supra Fn. 57 Genannten und *Dernedde* DV 1949, 315 li; *Menzel* DV 1949, 312 sub III; *Berger* DV 1949, 311 sub IV; *Friedrich* Verfassungsstaat der Neuzeit (1953) S. 234; *Merkl* Entstehung der Bundesrepublik Deutschland (1965) S. 128 f.

[59] „... the powers of the federal government as now set forth in Article 36 are not defined with sufficient clarity adequately to safeguard the position of the states in a federal system."

[60] „... which might read substantially as follows: Article 36. (1) The Laender shall retain the right to legislate in the fields hereinafter enumerated except where it is clearly impossible for a single Land to enact effective legislation or where the legislation if enacted would be detrimental to the rights or interests of other Laender; in such cases, and provided that the interests of several Laender are clearly, directly and integrally affected, the Federation shall have the right to enact such legislation as may be necessary or appropriate:...".

[61] „*clear*" entstammt dem Beweisrecht. Danach muß die Beeinträchtigung zweifelsfrei sein, vgl. *Corpus Juris Secundum* Bd. 32 A § 1023 S. 663 f., § 1020 S. 641 f. Siehe aber auch den „clear and present danger test", der sich mit der Wahrscheinlichkeit des Schadens als schutzwürdige Rechtsgütern als Voraussetzung der Einschränkung des Grundrechts der freien Meinungsäußerung befaßt, The Constitution of the United States of America, *Senate Document No. 39*, 88th Congress 1st Session (1964) S. 865 f., 896 f.; *Carstens* Grundgedanken der Amerikanischen Verfassung und ihre Verwirklichung (1954) S. 164.
„*direct*" entstammt dem Recht der unerlaubten Handlungen und dient der Einschränkung der Zurechnung, *Prosser* The Law of Torts (3. Aufl., 1964) S. 303. Siehe auch die Begründung einer Bundeszuständigkeit über „intrastate commerce", sobald dieser einen „direct" Einfluß auf „interstate commerce" hat, *Steckhan* S. 107.
„*integral*" kann auf keinen Begriff der amerikanischen Rechtssprache zurückgeführt werden. Zu „necessary or appropriate" vgl. Art. I Sec. 8 Cl. 18 US Verf.

(1), Die Länder behalten die Gesetzgebungszuständigkeit auf den nachstehend aufgezählten Gebieten, außer wenn es offensichtlich für ein einzelnes Land unmöglich ist, wirksame Gesetze zu erlassen, oder wenn solche Gesetze, falls erlassen, für die Rechte oder Interessen anderer Länder nachteilig wären. In solchen Fällen, und vorausgesetzt, daß die Interessen der verschiedenen Länder offensichtlich, unmittelbar und im ganzen betroffen sind, ist der Bund zuständig, die erforderlichen und geeigneten Gesetze zu erlassen über..."

Der Parlamentarische Rat sah sich genötigt, den Forderungen der Militärgouverneure Rechnung zu tragen. Er versuchte aber die vom Memorandum geforderten Einschränkungen möglichst abzumildern und die Bedingungen der Bundeszuständigkeit zu erweitern. Auch deuteten die Militärgouverneure in einem Schreiben an den Parlamentarischen Rat ihre Bereitschaft zu einem Kompromiß an[62].

Frühere Fassungen des Siebenerausschusses[63] und der Antrag des Abgeordneten *Hoch* (SPD)[64] enthielten noch nicht den Satz „soweit ein Bedürfnis . . . besteht"; die Nr. 1 bis 3 schlossen sich mit „wenn" dem einleitenden Satz an. Nr. 3 enthielt noch nicht den Gedanken der Wahrung der Einheitlichkeit der Lebensverhältnisse. Der ersten Fassung des Siebenerausschusses fehlte in Nr. 2 der Gesichtspunkt der Beeinträchtigung der Gesamtheit. Sie enthielt aber als zusätzliche Bedingung den Fall, daß der Zweck des Gesetzes nur durch eine bundesgesetzliche Regelung erreicht werden kann. Die Fassung, die der Siebenerausschuß am 25. 4. 1949 auf den sog. „Frankfurter Besprechungen" den Militärgouverneuren vorlegte[65], ist bereits mit dem späteren Art. 72 II identisch, außer daß auch hier noch der Gedanke der Wahrung der Einheitlichkeit der Lebensverhältnisse in Nr. 3 fehlt. Nr. 3 erhielt nach der Besprechung vom Allgemeinen Redaktionsausschuß seine jetzige Fassung[66].

Es ist nicht festzustellen, ob die Erweiterung der Nr. 3 bei dieser Besprechung erörtert oder von deutscher Seite später angefügt worden ist[67].

---

[62] Schreiben v. 22. 4. 1949, *Documents* S. 135: „c) On the question of Article 36 (Art. 95 (c)) they will also give sympathetic consideration to any formula which: (i) eliminates from the Federal Powers those matters definitely excluded by the London Agreement; (ii) assures to the Laender sufficient powers to enable them to be independent and vigorous governmental bodies; (iii) assures to the Federal Government sufficient powers in the important fields of government to enable them to deal effectively with those fields in which the interests of more than one Land are substantially and necessarily involved."

[63] V. 10. 3. 1949 und v. 17. 3. 1949, *Documents* S. 110, 111 (Art. 95 c). Soweit ersichtlich, nicht in deutscher Sprache veröffentlicht.

[64] DrS Nr. 690; Anlage 6 zum Kurzprot. der 55. Sitzg. (DrS Nr. 684) S. 1; HA Verh. S. 731 (Art. 95 c). Zurückgenommen DrS Nr. 683.

[65] *Documents* S. 30 sub 4. Soweit ersichtlich, nicht in deutscher Sprache veröffentlicht.

[66] PR Entw. S. 216 (Art. 34).

[67] Vgl. *Documents* S. 30 r und *Strauß* WB S. 119 mit *Zinn* WB S. 98.

Der Hauptausschuß beschloß in der vierten Lesung[68] die Fassung, die das Plenum[69] dann als Art. 72 II in das Grundgesetz einfügte[70]:

(1) Im Bereiche der konkurrierenden Gesetzgebung haben die Länder die Befugnis zur Gesetzgebung, solange und soweit der Bund von seinem Gesetzgebungsrechte keinen Gebrauch macht.

(2) Der Bund hat in diesem Bereiche das Gesetzgebungsrecht, soweit ein Bedürfnis nach bundesgesetzlicher Regelung besteht, weil

    1. eine Angelegenheit durch die Gesetzgebung einzelner Länder nicht wirksam geregelt werden kann oder

    2. die Regelung einer Angelegenheit durch ein Landesgesetz die Interessen anderer Länder oder der Gesamtheit beeinträchtigen könnte oder

    3. die Wahrung der Rechts- oder Wirtschaftseinheit, insbesondere die Wahrung der Einheitlichkeit der Lebensverhältnisse über das Gebiet eines Landes hinaus sie erfordert.

III. Bedeutung des alliierten Einflusses für die Auslegung des Art. 72 II GG

1. Das Genehmigungsschreiben der Militärgouverneure. In ihrem Genehmigungsschreiben zum Grundgesetz vom 12. 5. 1949 behielten sich die Militärgouverneure eine Auslegung des Art. 72 II Nr. 3 im Sinne einer englischen Fassung vor[71]:

„Bei unserer Zusammenkunft mit Ihnen am 25. April haben wir Ihnen eine Formulierung vorgeschlagen, die in englischer Sprache den Sinn des Art. 72 Abs. 2 Nr. 3 wiedergab. Diese Formulierung, die, wie Sie zugaben, Ihre Auffassung wiedergab, lautet wie folgt:

‚...weil die Wahrung der Rechts- oder Wirtschaftseinheit sie erfordert, um die wirtschaftlichen Interessen des Bundes zu fördern oder um eine angemessene Gleichheit der wirtschaftlichen Möglichkeiten für alle Personen sicherzustellen.'

---

[68] PR Verh. S. 754; PR Entw. S. 248. Auf Antrag des Abg. *Zinn* (SPD) angenommen mit 20 Stimmen ohne Gegenstimme. Vgl. PR Verh. S. 731.

[69] Annahme in der 2. Lesung, PR Steno. S. 183, DrS Nr. 883 (Art. 72) und in der 3. Lesung, PR Steno. S. 228.

[70] Art. 75 GG und Art. 105 II enthalten Verweise auf Art. 72 II. Eine Bedürfniskompetenz enthält auch Art. 109 IV GG i. d. F. des Gesetzes zur Änderung des GG v. 8. 6. 1967 (BGBl. I S. 581). Danach kann der Bundesgesetzgeber bestimmte wirtschaftspolitische Maßnahmen ergreifen „zur Abwehr einer Störung des gesamtwirtschaftlichen Gleichgewichts". Vgl. *Hüttl* DVBl. 1967, 433.

[71] „7. At our meeting with you on 25 April, we proposed to you a formula to interpret in English the intention of Article 72 (2), 3. This formula which you accepted as conveying your meaning read as follows: ‚...because the maintenance of legal or economic unity demands it in order to promote the economic interests of the Federation or to insure reasonable [e]quality of economic opportunity to all persons.' We wish you to know that the High Commissioner will interpret this article in accordance with this text." *Documents* S. 138.

Wir möchten Ihnen zur Kenntnis bringen, daß der Hohe Kommissar diesen Artikel entsprechend auslegen wird."

Zwischen Art. 72 II und dem Genehmigungsschreiben besteht eine sachliche Divergenz: das Schreiben beschränkt den Begriff der „Wahrung der Rechts- und Wirtschaftseinheit" auf die beiden Zielsetzungen „wirtschaftliches Interesse des Bundes" und „Gleichheit der wirtschaftlichen Möglichkeiten". Außerdem fehlt der Gesichtspunkt, die Einheitlichkeit der Lebensverhältnisse zu wahren[72].

Das Genehmigungsschreiben beeinflußte die Auslegung des Art. 72 II nicht, weder bis 1955, noch danach. Es enthielt kein unmittelbar geltendes, dem Grundgesetz vorgehendes Besatzungsrecht[73], sondern nur eine Richtlinie der Besatzungsmächte für ihre künftige Handhabung des Einspruchsrechts gegen Bundesgesetze[74]. Die Besatzungsmächte machten jedoch wider Erwarten von dem Recht keinen Gebrauch. Seit 1955 hat die Richtlinie mit der Aufhebung des Besatzungsstatuts jede Bedeutung verloren.

Das Genehmigungsschreiben behauptet, die Vertreter des Parlamentarischen Rates hätten ausdrücklich anerkannt, daß Art. 72 II dem Vorschlag der Besatzungsmächte dem Sinne nach entspreche. Auch wenn den Besprechungen die endgültige Fassung des Art. 72 II zu Grunde gelegen hat, kann das Schreiben die Auslegung des Art. 72 II nicht beeinflussen[75], da die im Schreiben erwähnten Einschränkungen im Text des Grundgesetzes keinen Niederschlag gefunden haben[76]. Hat der Parlamentarische Rat aber nach den Besprechungen entgegen den getroffenen Vereinbarungen den Wortlaut des Art. 72 II erweitert, so ist nur die spätere Fassung ausschlaggebend.

2. Art. 72 II als „Besatzungsdiktat". Einige Autoren[77], insbesondere einige ehemalige Mitglieder des Parlamentarischen Rates[78], folgern aus

---

[72] *Grewe* DRZ 1949, 314 Fn. 9; *ders.* WB S. 32; *Ringelmann* WB S. 21; *Herrfahrdt* BK Art. 72 Anm. II 3; *Kern* MDR 1950, 68; *ders.* DRZ 1949, 328 sub 1; *Benter* S. 20; *Heimerich* BB 1949, 297 r; *v. Mangoldt-Klein* Art. 72 Anm. IV 4 S. 1442 Fn. 12; *Maunz-Dürig* Art. 72 Rdn. 24; K. H. *Klein* S. 50 Fn. 15.

[73] *Grewe* DRZ 1949, 351; *ders.* WB S. 32/33; zweifelnd *v. Mangoldt* Art. 72 Anm. 3 S. 386.

[74] *Hoepfner* MDR 1949, 655 r; *Nawiasky* Grundgedanken S. 39; *Ringelmann* WB S. 21; *Grewe* WB S. 33. Ein Einspruchsrecht war vorgesehen in Ziffer 5 des Besatzungsstatuts, vgl. auch Ziff. 2 f und 3; dazu: *Wengler* NJW 1949, 881; *Friesenhahn* in Recht-Staat-Wirtschaft (Hrsg. Wandersleb 1950) II S. 145.

[75] Vgl. *Maunz-Dürig* Art. 72 Rdn. 24. Soweit ersichtlich, hat nur der Abg. *Besold* der Bayernpartei Art. 72 II i. S. des Genehmigungsschreibens ausgelegt, BT I Steno. S. 702 D.

[76] Zur herrschenden objektiven Auslegungsmethode vgl. *Ehmke* VVDStRL 20, 58 (1963); *Kaufmann* VVDStRL 9, 13 (1952); *Krüger* DÖV 1961, 722; *ders.* DVBl. 1961, 685; *Ossenbühl* DÖV 1965, 652 sub 3 a; Peter *Schneider* VVDStRL 20, 12, 46 (1963); BVerfGE 10, 234 (244); 11, 126 (130).

[77] *Kern* MDR 1950, 68; K. H. *Klein* S. 49; *Ipsen* WB S. 140. A. A. *Schäfer* DRZ 1950, 29 li.

[78] *Zinn* WB S. 98; *Strauß* WB S. 176, vgl. S. 150; *Menzel* DVBl. 1949, 312.

der Entstehungsgeschichte des Art. 72 II, daß dieser Artikel undeutsch, „nichts weiter als ein Produkt der Intervention der Besatzungsmächte"[79] sei. Die überwiegende Mehrheit des Parlamentarischen Rates sei innerlich gegen diese Beschränkung der konkurrierenden Gesetzgebungszuständigkeit gewesen. Diese Autoren befürworten deshalb eine Auslegung des Art. 72 II, die diesem möglichst jede praktische Bedeutung als Schranke des Bundesgesetzgebers nimmt.

Aus der Intervention kann jedoch für die Auslegung nichts hergeleitet werden. Der subjektive „Wider"-wille des Verfassungsgebers ist unerheblich. Art. 72 ist ordnungsgemäß vom Parlamentarischen Rat angenommen worden. Es spielt keine Rolle, daß dieser einem Druck von außen ausgesetzt war und sich zu einem Kompromiß bereitfinden mußte. Auch in anderen Fällen wurde Einfluß auf den Parlamentarischen Rat ausgeübt[80], z. B. von den Gewerkschaften, ohne daß daraus Folgerungen für die Interpretation der betreffenden Normen gezogen werden können. Art. 72 II wurde später nicht beseitigt.

---

[79] *Zinn* a.a.O.
[80] Vgl. *Merkl* Entstehung der Bundesrepublik Deutschland (1965) S. 142 f.

Zweiter Abschnitt

Materieller Inhalt des Art 72 II GG

I. Das Bedürfnis des Art. 72 II GG

1. Die Enumeration der Bedürfnisgründe. Art. 72 II gewährt dem Bundesgesetzgeber eine bedürfnisbedingte konkurrierende Gesetzgebungskompetenz[81] oder Bedarfskompetenz[82] oder — wohl am deutlichsten — „Bedürfniskompetenz"[83]. Entfallen ist im Grundgesetz eine unbedingt konkurrierende Gesetzgebungszuständigkeit, wie sie die Frankfurter Reichsverfassung und die Reichsverfassung von 1871 nur, die Weimarer Reichsverfassung bis auf die oben aufgezeigten Ausnahmen kannte.

Es ist jedoch ungenau zu sagen, die konkurrierende Gesetzgebungszuständigkeit des Bundes hänge von einem „Bedürfnis" ab. Das Wort „Bedürfnis" sagt allein noch nichts über den Inhalt der Bedingung aus. Inhalt und Bedeutung des Begriffes „Bedürfnis" ergeben sich erst aus Sinn und Zweck der Norm, der der Begriff entnommen ist. Es gibt deshalb auch keinen einheitlichen verwaltungsrechtlichen Bedürfnisbegriff, der für die Auslegung des Art. 72 II nutzbar gemacht werden könnte[84].

Von den vielen denkbaren Gründen, aus denen sich ein Bedürfnis nach bundesgesetzlicher Regelung ergeben könnte, nennt Art. 72 II drei (alternative[85]) Gründe. Diese Aufzählung könnte abschließend oder beispielhaft sein.

---

[81] *Giese* GG Art. 72 Anm. II 2 S. 116; *Grewe* WB S. 31; *Kern* MDR 1950, 68 li; *Seifert-Geeb* Art. 72 Anm. I A 10 S. 142; *v. Mangoldt* Art. 72 Anm. 3 S. 385; *v. Mangoldt-Klein* Art. 72 Anm. IV vor 1 S. 1440; *Maunz-Dürig* Art. 72 Rdn. 12; BVerfGE 7, 342 (354).

[82] *Giese* GG Art. 72 Überschrift S. 115; *Grewe* DRZ 1949, 351 r; *Lechner* BayBgm. 1949, 170 sub 3 A; *Wacke* S. 21; vgl. *Maunz* BayVBl. 1955, 2 sub 5. Bedarfsgesetzgebung: *Kratzer* BayStAnz. 1949 Nr. 46 sub A II 2; *Herrfahrdt* BK Art. 72 Anm. II 3; *Koellreutter* S. 225; *Maunz-Dürig* Art. 72 Rdn. 12; *v. Mangoldt-Klein* Art. 72 Anm. IV 2 S. 1440; *Schlochauer* S. 78; *Küchenhoff* BayVBl. 1958, 65 r; *Zinn* AöR 75, 298; *Benter* S. 9, 19; *Maunz* StR S. 195. A. A. *Model-Müller* Art. 72 Anm. 1 S. 106 (Vorranggesetzgebung).

[83] *Bettermann-Goessl* S. 110.

[84] Die von *Benter* S. 29, 30, 63 angestellten Überlegungen, wer „Träger" des Bedürfnisses sei, führen auch nicht weiter.

[85] So entsprechend dem eindeutigen Wortlaut des Art. 72 II: *Hoepfner* MDR 1949, 654 sub I; *Koellreutter* S. 225; *v. Mangoldt-Klein* Art. 72 Anm. IV 4 vor a, e S. 1442/43; *Maunz-Dürig* Art. 72 Rdn. 18, Rdn. 19 Fn. 3; *Maunz* StR S. 196; *Zinn* WB S. 54; *Schlochauer* S. 78; *Ringelmann* WB S. 21. Kumulativ

Die Entstehungsgeschichte spricht für eine abschließende Aufzählung. Die Verfassungsgeber wollten (oder mußten) die konkurrierende Gesetzgebungszuständigkeit des Bundes stark einschränken. Dieses Ziel wäre nicht erreicht worden, wenn sie die Gesichtspunkte für die Bejahung des Bedürfnisses nur beispielhaft genannt hätten. Das Bemühen der Mitglieder des Parlamentarischen Rates um eine möglichst weite Fassung der einzelnen Nummern bestätigt dieses Verständnis.

Dafür spricht auch der Vergleich mit Art. 9 WRV und dem Herrenchiemsee-Entwurf. Art. 9 sprach ganz allgemein von einem „Bedürfnis für den Erlaß einheitlicher Vorschriften". Diese Formulierung erlaubte die Heranziehung aller möglichen Erwägungen, die für eine reichseinheitliche Gesetzgebung sprachen. So genügte es beispielsweise, daß eine Angelegenheit durch das Reich finanziert wurde[86] oder daß eine einheitliche Regelung zur Förderung der Interessen des Reiches oder der Allgemeinheit zweckmäßig war[87]. In dem Entwurf von Herrenchiemsee sprachen die Worte: „... was einheitlich geregelt werden muß", für die Notwendigkeit einer einheitlichen Regelung, und damit für ein (gesteigertes) Bedürfnis. Auch dieses Bedürfnis war nicht näher bestimmt. Die genaue Normierung der Voraussetzungen des Bedürfnisses in den Nr. 1 bis 3 wäre unverständlich, wenn trotzdem derselbe Rechtszustand wie unter Art. 9 WRV bestehen würde.

Im Südweststaaturteil betonte das Bundesverfassungsgericht, der Bundesgesetzgeber könne sich im Rahmen des Art. 72 II nicht auf sein freies Ermessen, auf Gründe der Zweckmäßigkeit, auf die staatspolitische Notwendigkeit oder auf ähnliche Gesichtspunkte berufen, „unter denen das von ihm erlassene Gesetz vernünftig und gut erscheine". Er sei vielmehr an die Voraussetzungen der Nr. 1 bis 3 gebunden[88].

Die Nr. 1 bis 3 geben eine Legaldefinition des Begriffes „Bedürfnis". Nur aus den Nr. 1 bis 3 kann auf das Vorliegen oder Nichtvorliegen des Bedürfnisses geschlossen werden[89]. In Art. 72 II könnte hinter „besteht" der Satz enden und ein neuer Satz beginnen: „Ein Bedürfnis besteht, weil 1... 2... 3...". Dem Begriff „Bedürfnis" kann nichts entnommen werden, was nicht in den Nr. 1 bis 3 enthalten ist; er hat keinen überschießenden Sinngehalt. Andererseits darf das Wort „Bedürfnis" nicht gestrichen werden; Art. 72 II darf nicht gelesen werden: „Der Bund hat in diesem Be-

---

verstehen die Gründe demgegenüber die Abg. *Besold* und *Baumgartner* BT I Steno. S. 702 C/D, 704 C.

[86] RMI in der Begr. zum SchutzpolG, RT-DrS I Nr. 4516 S. 3; *Poetzsch-Heffter* Art. 9 Anm. 3 S. 115.

[87] *Lassar* HBDStR I § 27 S. 308; *Giese* RV Art. 9 Anm. 1 S. 56; *Anschütz* Art. 9 Anm. 1 S. 85; *Poetzsch-Heffter* a.a.O.

[88] BVerfGE 1, 14 (35 sub 5). Vgl. BVerfGE 18, 407 (415). So auch *Achterberg* DVBl. 1967, 218 sub 3.

[89] Falsch *Ankermüller* BR 1949/50. Steno. S. 225 A/B.

reich das Gesetzgebungsrecht, wenn 1 ... 2 ... 3 ...[90]." Vielmehr ist das „Bedürfnis" für die Auslegung der Nr. 1 bis 3 wichtig, weil der Begriff die Absicht der Kasuistik anzeigt.

Der Begriff „Bedürfnis" ist mit den Worten „nach bundesgesetzlicher Regelung" verbunden. Man könnte daraus schließen, daß für die Begründung einer Bundeszuständigkeit die Unwirksamkeit einer Landesregelung (Nr. 1), die Interessenverletzung (Nr. 2), oder die Erforderlichkeit der Rechtseinheit (Nr. 3) nicht genüge, sondern daß außerdem diesen Mängeln durch *Bundesgesetzgebung* müsse abgeholfen werden können. Sofern jedoch Angelegenheiten der Nr. 1 bis 3 überhaupt gesetzlich geregelt werden können, ist es nicht denkbar, daß eine bundesgesetzliche Regelung die in den Nr. 1 und 2 aufgezeigten Mängel der Landesregelung nicht vermeiden oder die in Nr. 3 aufgestellten Forderungen nicht erfüllen kann. Die Formel „nach bundesgesetzlicher Regelung" schränkt daher nicht das „Bedürfnis" ein, sondern bringt nur das (eigentlich sich bereits aus dem Sinn der Norm ergebende) Ziel des Bedürfnisses zum Ausdruck. Während die Nr. 1 bis 3 das Vorliegen eines Bedürfnisses regeln, besagen die Worte „nach bundesgesetzlicher Regelung", wofür ein Bedürfnis vorliegen muß[91].

Beim Vorliegen der Kompetenzvoraussetzungen, im Falle des Bedürfnisses i. S. des Art. 72 II, muß sich der Gesetzgeber entscheiden, ob er ein Tätigwerden für opportun, wünschenswert oder erforderlich hält. Der Gesetzgeber handelt nur bei einem Bedürfnis für sein Handeln. Dieses „allgemeine" Bedürfnis darf nicht mit dem in Art. 72 II als Kompetenzvoraussetzung normierten „Bedürfnis" bzw. mit der „Erforderlichkeit" i. S. der Nr. 3 verwechselt werden. Das allgemeine Bedürfnis ist ein Teil des gesetzgeberischen Handlungsermessens. Art. 72 II spezifisch verlangt ein gesteigertes, ein „bundesstaatliches" Bedürfnis.

2. Angelegenheiten = Gegenstände der Gesetzgebung. Es muß ein Bedürfnis nach bundesgesetzlicher Regelung einer „Angelegenheit" bestehen. „Angelegenheit" findet sich ausdrücklich nur bei Nr. 1 und 2, muß aber sinngemäß auch in Nr. 3 hineingelesen werden[92]. Da sich die Bedürfnisprüfung auf ein konkretes Gesetz bezieht, kann mit „Angelegenheit" nur der tatsächlich im Gesetz geregelte Sachverhalt, das jeweilige Gesetzesthema gemeint sein.

Der Begriff der Angelegenheit ist mit dem von der Lehre zu Art. 31 und 72 I entwickelten Begriff des „Gegenstandes" oder der „Materie" der

---

[90] A. A. *Kratzer* DVBl. 1950, 397 li sub 1 a; *Achterberg* DVBl. 1967, 218 sub 3.
[91] Das Ergebnis wäre anders, wenn „bundesgesetzlich" als „bundeseinheitlich" gelesen würde, darüber infra S. 61 f.
[92] „Sie" kann ersetzt werden durch „die bundesgesetzliche Regelung einer Angelegenheit".

Gesetzgebung[93] identisch. Der Bundesgesetzgeber macht von seinem Gesetzgebungsrecht nach Art. 72 I Gebrauch, soweit er einen „Gegenstand" regelt. Rechtssätze, die durch Inanspruchnahme einer Kompetenz des Art. 72 entstehen, sind zugleich „Bundesrecht" i. S. des Art. 31. Für diesen Gegenstand besteht ein Gesetzgebungsrecht nur im Rahmen des Art. 72 II, wenn er die Bedingungen der Nr. 1 bis 3 erfüllt.

Das Bedürfnis muß für den ganzen Bereich gegeben sein, von dem das Land nach Art. 72 I, 31 ausgeschlossen wird. „Angelegenheit" umfaßt daher nicht nur die ausdrückliche sachliche Regelung in einem Gesetz, sondern auch den Bereich seiner Sperrwirkung. Erst die Auslegung eines Gesetzes ergibt, inwieweit es implicite ergänzende oder auslegende Landesregeln ausschließen will, inwieweit es durch sein Schweigen eine Sperrung der Länder beabsichtigt oder bewirkt[94].

Ein Gesetz z. B., das die Altersversorgung der Bezirksschornsteinfeger regelt (SchornstFG), kann eine weitergehende Altersversorgung durch die Länder zulassen oder ausschließen wollen. Aus einer bundesgesetzlichen Regelung der Ladenschlußzeiten zur Nachtzeit zwischen 19 Uhr abends bis 7 Uhr morgens (§ 22 AZO) kann geschlossen werden, daß der Bund die ganze Ladenschlußzeit zu einer bundesrechtlichen Angelegenheit gemacht hat. Die Auslegung des Gesetzes ergibt dann, daß die Geschäftsinhaber nach Bundesrecht berechtigt sind, ihre Läden zur Tageszeit von 7 bis 19 Uhr offen zu halten. Für diese Auslegung entschied sich das Bundesverfassungsgericht[95]. Es ist aber auch möglich, daß der Bundesgesetzgeber der Landesgesetzgebung die Regelung der Ladenschlußzeiten zur Tageszeit überlassen und insoweit von seinem Gesetzgebungsrecht keinen Gebrauch gemacht hat. Im ersteren Fall müßte ein Bedürfnis für die gesamte Ladenschlußzeitregelung bestehen. Im zweiten Fall braucht ein Bedürfnis nach bundesgesetzlicher Regelung nur für die Regelung der Ladenschlußzeiten zur Nachtzeit zu bestehen.

Das Grundgesetz kennt nur die in der Aufzählung des Art. 74 enthaltenen „Gebiete"[96] der Gesetzgebung (z. B. in Nr. 11 das Recht des Hand-

---

[93] Der Sprachgebrauch ist sehr verwirrend: z. B. *v. Mangoldt-Klein* Anm. zu Art. 31, 71, 72, 74; *Maunz-Dürig* Anm. zu Art. 31, 71, 72, 73, 74 (trotz des Nichtidentität andeutenden Definitionsversuches Art. 71 Rdn. 2 und der Beschreibung in Art. 74 Rdn. 16). Das BVerfG benutzt den Begriff „Materie": E 1, 283 (295); 18, 407 (415). Das GG spricht von „Angelegenheit" in Art. 73 Nr. 1, Art. 74 Nr. 6, Art. 119, von „Gegenständen" in Art. 124, 125.

[94] *Maunz-Dürig* Art. 31 Rdn. 13, Art. 71 Rdn. 2, Art. 72 Rdn. 1 und 9, Art. 74 Rdn. 11; *v. Mangoldt-Klein* Art. 31 Anm. III 5 b S. 761, Art. 72 Anm. III 1 a S. 1433, Art. 72 Anm. III 2 d S. 1436; *v. Mangoldt* Art. 72 Anm. 2 S. 385; *Hamann* Art. 72 Anm. B 3 S. 325; *Nawiasky-Lechner* Ergänzungsband S. 69; *Zinn* AöR 75, 298; *Menger-Erichsen* VerwArch. 1966, 67; *Herrfahrdt* BK Art. 72 Anm. II 2; BVerfGE 1, 283 (296); 7, 342 (347).

[95] BVerfGE 1, 283 (296/97) m. Anm. *Ipsen* DVBl. 1952, 569.

[96] Art. 74, einleitender Satz. Anders frühere Verfassungen: in Art. 4 RV 1871 war „Angelegenheit" der Oberbegriff; die WRV erwähnt in Art. 12 II „Gegenstände", in Art. 15 „Angelegenheiten".

werks), auf denen die konkurrierende Gesetzgebung ausgeübt werden kann. Unter diese müssen die aus der konkreten Regelung des Gesetzes zu ermittelnden Angelegenheiten oder Gegenstände subsumiert werden. Es gibt keine *a priori* vorgegebenen oder im Kompetenzkatalog enthaltene Angelegenheiten oder Gegenstände[97]. So gibt es keinen abstrakt feststehenden Begriff „Angelegenheiten des Ladenschlusses" oder „des Bezirksschornsteinfegerwesens", für den die Bedürfnisfrage gestellt werden könnte.

3. *Teilbedürfnis genügend?* Es ist nicht erforderlich, daß die *ganze* Angelegenheit *eine* der Bedingungen des Art. 72 II erfüllt. Es kann für einen Teil der Angelegenheit ein Bedürfnis nach Nr. 1 und für einen anderen nach Nr. 2 oder 3 bestehen[98].

Manchmal erfüllt nur ein Teil der in einem Gesetz geregelten Angelegenheit die Bedingungen des Art. 72 II. Der Bundesgesetzgeber ist für die Regelung des nicht die Bedingungen erfüllenden Teiles nicht zuständig. Möglicherweise kann aber, ähnlich wie bei der Bundeskompetenz kraft Sachzusammenhanges[99], der Zusammenhang der beiden Teile eine Bundeszuständigkeit für die ganze Angelegenheit begründen. Eine Bundeskompetenz kraft Sachzusammenhanges besteht, „wenn . . . ein Übergreifen in nicht ausdrücklich zugewiesene Materien unerläßliche Voraussetzung ist für die Regelung einer der Bundesgesetzgebung zugewiesenen Materien"[100].

Diese strengen Anforderungen sind für Art. 72 II nicht erforderlich: Während es bei der Bundeszuständigkeit kraft Sachzusammenhanges an einer ausdrücklich zugewiesenen Zuständigkeit für die Materie fehlt, ist im hier erörterten Fall diese gegeben. Es fehlt nur an der Erfüllung einer weiteren Bedingung. Die bloße Zweckmäßigkeit einer Regelung in *einem* Gesetz kann andererseits, ebenso wie bei der Bundeszuständigkeit kraft Sachzusammenhanges, auch nicht ausreichen. Diese Erwägung könnte zur Bedeutungslosigkeit der Schranke des Art. 72 II führen.

Für die Zuständigkeit kraft Sachzusammenhanges im Rahmen des Art. 72 II ist erforderlich und ausreichend, daß der das Bedürfnis erfüllende Teil der Angelegenheit *nicht sinnvoll* geregelt werden kann, ohne daß der andere, nicht das Bedürfnis erfüllende Teil mitgeregelt wird. Stehen die Teile in einem solchen Verhältnis zueinander, daß eine sinn-

---

[97] Anders der Beschreibungsversuch bei *Maunz-Dürig* Art. 74 Rdn. 16.
[98] Z. B. AtomG. Wie später deutlich werden wird, fallen die sich mit der Beförderung befassenden Vorschriften unter Nr. 1, die sich mit der Haftung befassenden unter Nr. 3. Die BReg. stützt die Zuständigkeit in BT-DrS III Nr. 759 S. 17 r nur auf Nr. 3.
[99] *Bettermann-Goessl* S. 172 (m. w. Nachw.); *v. Mangoldt-Klein* Art. 70 Anm. III 4 e S. 1401 (m. w. Nachw.); *Bullinger* S. 65; WB S. 192 Resolution A III; *Maunz* Nawiasky-Festschrift S. 262/63; BVerfGE 3, 407 (421).
[100] BVerfGE 3, 407 (421).

volle Verwirklichung des vom Gesetzgeber mit dem Gesetz erstrebten Zieles durch eine Trennung unmöglich würde, muß eine Bundeszuständigkeit für das ganze Gesetz angenommen werden.

Kann das Bedürfnis für die ganze im Gesetz geregelte Angelegenheit nicht bejaht werden und sind die bezeichneten Voraussetzungen nicht erfüllt, so richtet sich die Verfassungsmäßigkeit des ganzen Gesetzes nach den Grundsätzen über die Teilnichtigkeit[100a].

Das Gesetz zur Ordnung des Schornsteinfegerwesens regelt die Altersgrenze und die Modalitäten der Altersversorgung der Bezirksschornsteinfeger. Diese Regelung wäre auch beim Fehlen eines Bedürfnisses für eine reine Altersversorgung von Art. 72 II gedeckt, weil die Festlegung einer Altersgrenze ohne Regelung der Altersversorgung nicht sinnvoll ist[101]. Der Sachzusammenhang fehlte hingegen in einem Gesetz, das Altersgrenzen, Altersversorgung und Berufskleidung der Bezirksschornsteinfeger regelte, wenn man für die Berufskleidung ein Bedürfnis nach bundesgesetzlicher Regelung verneinte.

II. Die einzelnen Bedürfnisgründe

Im Schrifttum haben sich bisher nur *Maunz-Dürig* um eine nähere Inhaltsbestimmung des Art. 72 II Nr. 1 bis 3 bemüht. Die meisten Autoren begnügen sich mit dem Hinweis, der Bundesgesetzgeber sei in der Praxis von den weiten Formulierungen des Art. 72 II kaum eingeengt[102], insbesondere wegen der generalklauselartigen Nr. 3[103]. Nach *Giese*[104] lassen sich die drei Tatbestände des Art. 72 II rechtlich kaum näher bestimmen oder begrenzen.

1. Nr. 1: Überregionale Angelegenheiten.

a) Nr. 1 des Art. 72 II geht von der Unfähigkeit eines Landes zur wirksamen Regelung einer Angelegenheit aus[105]. „Wirksam" bedeutet nicht

---

[100a] Zum Problem der Teilnichtigkeit vgl. BVerfGE 2, 181 (192); 2, 380 (406); 4, 219 (250); 4, 331 (350); 8, 274 (301); 9, 305 (333); 10, 200 (220); *Bettermann* Legislative ohne Posttarifhoheit (1967) S. 9 f.

[101] Den inneren Zusammenhang beider Komplexe weist die BReg. überzeugend in der Begr. zum SchornstFG nach (BT-DrS I Nr. 2520 S. 5).

[102] *Apelt* NJW 1949, 484 li; *Grewe* WB S. 31; *Klein* Giese-Festschrift (1953) S. 120; *v. Mangoldt* Art. 72 Anm. 3 S. 386; *v. Mangoldt-Klein* Art. 72 Anm. IV 4 a S. 1442; *Wacke* S. 22; *Nawiasky-Lechner* Ergänzungsband S. 70.

[103] *Apelt* Kaufmann-Festgabe (1950) S. 15; *Dernedde* DV 1949, 316 r; *Heimerich* BB 1949, 297 r; *Koellreutter* S. 226; *Nyman* Der westdeutsche Föderalismus (1960) S. 76; *Model-Müller* Art. 72 Anm. 2 S. 106; *Strauß* SJZ 1949, 532; vgl. *Grewe* DRZ 1949, 351 r.
A. A. *Kratzer* BayStAnz. 1949 Nr. 46 sub A II 2; zweifelnd *Lechner* BayBgm. 1949, 170 li.

[104] GG Art. 72 Anm. 4 S. 116.

[105] *Maunz-Dürig* Art. 72 Rdn. 21, *Maunz* StR S. 196 und, im Anschluß an diese, *v. Mangoldt-Klein* Art. 72 Anm. IV 4 b S. 1442 nennen Nr. 1 eine „Wirk-

„*rechtlich* wirksam"[106]. Der kompetente Landesgesetzgeber kann ein rechtlich unwirksames, also verfassungswidriges Gesetz in der Regel durch ein rechtlich wirksames Gesetz ersetzen. Die Bedingung „nicht wirksam geregelt werden *kann*" ist daher meist nicht erfüllt.

Der rechtlichen Wirksamkeit einer landesgesetzlichen Regelung einer Angelegenheit könnten unüberwindbare Rechtsschranken entgegenstehen, so daß kein wirksames Landesgesetz ergehen kann. Oft wird dann aber eine Bundesregelung derselben Angelegenheit denselben oder ähnlichen Verfassungsschranken unterworfen sein. Überdies gibt es keine überzeugende Rechtfertigung für die Begründung einer Bundeszuständigkeit für den Fall, daß Gerichte eine Landesnorm für rechtswidrig halten. Nr. 1 meint auch nicht die rechtliche Unwirksamkeit wegen Unzuständigkeit des Landesgesetzgebers zum Erlaß des Gesetzes: Die Rechtsfolgen dieser Unzuständigkeit ergeben sich aus anderen Normen (vgl. Art. 72 I, 31[107]).

„Wirksam" bedeutet „faktisch, effektiv, nachhaltig wirkend"[108]. Ein Landesgesetz regelt aber eine Angelegenheit nicht schon dann wirksam, wenn das *Gesetz* erzwingbar, durchsetzbar oder vollziehbar ist. Es kommt darauf an, ob die *Angelegenheit* wirksam geregelt ist. „Wirksamkeit" könnte auf das Interesse des regelnden Landes an einer wirksamen Regelung der Angelegenheit oder auf eine objektiv optimale Regelung der Angelegenheit bezogen werden.

Eine Landesregelung kann vom Standpunkt des Landes aus unwirksam sein, weil es zu finanzschwach ist oder weil es das Gesetz technisch nicht durchführen oder mangels ausreichender Vollzugsbehörden nicht durchsetzen könnte oder weil es sich um eine schwierige Materie handelt. Es ist jedoch nicht Aufgabe des Bundesgesetzgebers, anstelle des Landes zu handeln und im Interesse des Landes einzuspringen, um für dieses eine Angelegenheit zu regeln[109].

b) Eine Angelegenheit kann von einem Land nicht wirksam geregelt werden, wenn sie nach *Umfang, Wirkung oder Bedeutung über das Territorium eines Landes hinausgeht*, wenn sie sich also nicht sinnvoll auf das Territorium eines Landes beschränken (radizieren), sich nicht in regionale Teilaspekte aufgliedern läßt. Dann bildet sie ihrer Natur nach eine über-

---

samkeitsklausel". Das ist irreführend, da die Länder gerade *nicht* wirksam regeln können. Richtiger wäre „Unwirksamkeitsklausel".

[106] *Maunz-Dürig* Art. 72 Rdn. 21 und ihm folgend *v. Mangoldt-Klein* Art. 72 Anm. IV 4 b S. 1442.

[107] Im Rahmen dieser Arbeit kann der Streit über die Abgrenzung von Art. 31 und 72 I dahingestellt bleiben. Vgl. *v. Mangoldt-Klein* Art. 31 Anm. III 4 S. 759; *Maunz-Dürig* Art. 31 Rdn. 20; *Tomerius* S. 91; *Leonhardt* S. 21.

[108] *Maunz-Dürig* Art. 72 Rdn. 21; *v. Mangoldt-Klein* Art. 72 Anm. IV 4 b S. 1442.

[109] Anders BReg. in der Begr. zum FlurbG, BT-DrS I Nr. 3385 S. 34 (unter Hinweis auf Nr. 1). Vgl. BVerfGE 12, 205 (251).

3*

regionale Angelegenheit. Das Eingreifen des Bundesgesetzgebers ist in diesem Fall gerechtfertigt, weil sich das gesetzgeberisch zu lösende Problem auf mehrere Länder erstreckt, daher eine wirksame Regelung durch nur ein Land unmöglich ist und eine Gesamtregelung durch Bundesgesetz erforderlich[110] wird. Die Worte „einzelner Länder" (statt: eines Landes) bringen zum Ausdruck, daß eine Landesregelung deshalb unmöglich ist, weil jedes Land in seiner „Vereinzelung" nur einen Teilaspekt der Angelegenheit regeln könnte. Der Bund wird bei Nr. 1 also im Interesse einer wirksamen Regelung der Angelegenheit zuständig.

Die Eingliederung geflüchteter Bezirksschornsteinfeger und ihrer Gesellen bedarf zu ihrer Wirksamkeit einer einheitlichen Regelung im Bund. Die Überalterung der Schornsteinfeger wegen fehlender Altersgrenze in einigen Ländern wirkt sich auf die Nachwuchslage und die Eingliederung der „Ostmeister" im ganzen Bundesgebiet aus[111]. Wegen dieser Interdependenz könnte ein einzelnes Land das Problem für sein Gebiet nicht zufriedenstellend regeln[112]. Dagegen könnte die Bundeszuständigkeit nicht damit begründet werden, daß Schornsteinfeger erfahrungsgemäß nach dem 70. Lebensjahr nicht mehr in der Lage seien, ihre gefahrvollen Aufgaben auszuüben und daher das Gesetz im Interesse der öffentlichen Sicherheit erforderlich sei[113]. Diesen polizeilichen Gesichtspunkt kann jedes einzelne Land wirksam wahrnehmen.

Nr. 1 liegt ferner immer dann vor, wenn die Lösung eines Problems eine umfassende *Planung* voraussetzt und der „Planungsraum" über den Bereich eines Landes hinausgeht, in der Regel also das Bundesgebiet umfaßt[114]. So verlangte die Eingliederung der Flüchtlinge[115] und der Wiederaufbau des kriegszerstörten Wohnraumes[116] eine zentrale Planung und

---

[110] Vgl. BVerfGE 1, 14 (35/36).

[111] BVerfGE 1, 264 (268); BReg. in BT-DrS I Nr. 2520 S. 4.

[112] BReg. in BT-DrS I Nr. 2520 S. 4, 5: Zur „Lösung der aufgezeigten Probleme, die über den Bereich einzelner Länder hinausgehen" bedarf es bundeseinheitlicher Maßregeln, die „nur dadurch erfolgreich getroffen werden [können], daß im gesamten Bundesgebiet gleiche Voraussetzungen für die Schaffung und Freimachung von Kehrbezirken bestehen und eine gerechte, die Interessen der Länder und der Gesellen gleichmäßig berücksichtigende Aufteilung der Ostmeister auf das Bundesgebiet herbeigeführt wird". BReg. in BT-DrS I Nr. 2520 S. 5 und BVerfGE 1, 264 (273) weisen richtig auf Nr. 1 hin.

[113] Vgl. BReg. in BT-DrS I Nr. 2520 S. 4 li, 5 r.

[114] *Kaiser* in Planung (Hrsg. Kaiser 1965) I S. 29.

[115] FlüNotG; vgl. *Hesse* S. 13. Da es bei dieser Arbeit auf die Aufzeigung typischer Beispiele ankommt, werden Gesetze auch dann angeführt, wenn sie bzw. ihre das Gebiet regelnde Vorläufer über Art. 125 ohne Rücksicht auf Art. 72 II Bundesrecht geworden sind.

[116] WoBauG. BReg. in BT-DrS I Nr. 567 S. 8 weist auf die einmalige Größe des zu bewältigenden Problems hin; auf S. 16 verweist sie pauschal auf Art. 72 II. Vgl. *Brecht* Das Erste Wohnungsbaugesetz (1951) S. 45, 49 und *Pathe* DVBl. 1951, 682 Fn 8. Im BR 1949/50 Steno. S. 202 D f. und im BT I Steno.

einen gelenkten Einsatz aller Mittel. Gleiches gilt für wasserwirtschaftliche Pläne[117] und für die Ordnung des Wasserhaushaltes[118]. Die Wohnraumbewirtschaftung[119] verlangt eine zentrale Lenkung, da sich die Wohnungslage nach wirtschaftlichen Zentren und nicht nach Landesgrenzen
richtet[120]. Ebenso kann die Raumordnung[121] nicht an den Landesgrenzen
haltmachen, wenn sie ihren Zweck erfüllen soll. Sie bedarf zentraler Koordination, weil sie auf die strukturellen Verhältnisse innerhalb des Bundesgebietes in seiner Gesamtheit Bedacht nehmen muß[122]. „Raumordnung
kann nicht an den Grenzen der Länder haltmachen[123]." Eine weitreichende und tiefgreifende Vermögensumschichtung nach Art des Lastenausgleiches[124] muß sich sinnvollerweise auf das ganze Bundesgebiet erstrecken.

Ein einzelnes Land kann nicht wirksam den landesgrenzüberschreitenden Verkehr, mag er zu Lande, in der Luft oder zu Wasser stattfinden,
oder die Rechtsverhältnisse der Fernverkehrswege regeln[125]. Eine je nach
der befahrenen Wegestrecke verschiedene Regelung der Verkehrsangelegenheiten würde zu unerträglichen Zuständen führen[126].

Ein einzelnes Land kann Angelegenheiten nicht wirksam regeln, zu
deren Regelung zwei Länder notwendigerweise zusammenwirken müs

---

S. 1388 f. wurden jedoch auch Zweifel an der Notwendigkeit einer Bundesplanung geltend gemacht.
[117] § 36 WHG. BReg. in BT- DrS II Nr. 2072 S. 16, 19 und der 2. Sonderaussch. Wasserhaushaltsgesetz in BT-DrS II Nr. 3536 S. 2 weisen auf Nr. 1
hin, jedoch ohne Bezugnahme auf bestimmte Aspekte des Gesetzes.
[118] BReg. in BT-DrS II Nr. 2072 S. 16; Abg. *Seebohm* HA Verh. S. 365;
Abg. *Lehr* HA Verh. S. 650.
[119] WoBewG.
[120] BReg. in der Begr. zum AbWoZwG, BT-DrS III Nr. 1234 S. 50.
[121] RaumOG.
[122] BReg. in der Begr. zum RaumOG (BT-DrS IV Nr. 1204 S. 6 r); *Weber*
DÖV 1963, 785; *Halstenberg* DÖV 1963, 788; *ders.* in Verfassungs- und Verwaltungsprobleme der Raumordnung und Landesplanung (Schriftenreihe der
Hochschule Speyer Bd. 27 [1965]) S. 27 f.
Art. 72 II ist nur für die Raumordnung der Länder in ihren Grundzügen und die städtebauliche Planung durch den Bund von Bedeutung; für
die Bundesplanung hat der Bund eine ausschließliche Kompetenz, BVerfGE 3,
407 (427/28). Die BReg. begründet in BT-DrS a.a.O. S. 7 r das Bedürfnis nach
Art. 72 II (ohne Bezug auf eine Nr.) seltsamerweise mit der Notwendigkeit,
auf diesem Gebiet eine soziale Rechtsordnung zu verwirklichen.
[123] BVerfGE 3, 407 (427).
[124] LAG. Vgl. *Hesse* S. 13.
[125] Z. B.: StVG, PBefG, GüKG, LuftVG. In seiner Begr. zum WHG ÄndG =
§ 19 WHG (betr. Rohrleitungsanlagen zur Beförderung wassergefährdender
Stoffe) wies der Abg. *Rauhaus* darauf hin, daß die Rohrleitungsanlagen
i. d. R. Landesgrenzen überschreiten (BT-zu DrS IV Nr. 2369 S. 2). *Wehgartner* hielt Landesregelungen für wirksam (BR 1964 Steno. S. 156 A). Die BReg.
wies in der Begr. zum BFStrG ausdrücklich auf Nr. 1 hin (BT-DrS I Nr. 4248
S. 13).
[126] BVerfGE 15, 1 (17) für den Schiffsverkehr auf Wasserstraßen, welche
die Ländergrenzen überschreiten.

sen, z. B. die Umsiedlung von Vertriebenen und Flüchtlingen[127] und die Erstattung von Fürsorgebeiträgen zwischen zwei Ländern[128].

Manche Gesetze beziehen sich ausdrücklich auf einen überregionalen Sachverhalt. Das ehemalige Reichskriminalpolizeigesetz diente der Bekämpfung des Verbrechertums, „das sein Tätigkeitsfeld nicht auf bestimmte Orte oder Landesgebiete beschränkt" (§ 1)[129]. Das Gesetz über Vorsorgemaßnahmen zur Luftreinhaltung muß, soll es sinnvoll sein, Kontrollgebiete ohne Rücksicht auf die Landesgrenzen einrichten (§ 2).

Es handelt sich bei den Angelegenheiten unter Nr. 1 hauptsächlich um solche, die im zwischenstaatlichen Bereich nicht ohne Vertrag gelöst werden können und in der Regel hier ungelöst bleiben.

c) *Maunz-Dürig*[130] meinen, Nr. 1 liege z. B. bei der Überführung eines Industriebetriebes in Gemeineigentum durch ein Landesgesetz vor, weil der Betrieb durch Verlagerung der Substanz des Betriebes auf eine in einem anderen Land befindliche Zweigstelle dieses Unternehmens entweichen könne. Jedes Land kann ohne weiteres die in seinem Gebiet befindlichen Produktionsmittel wirksam enteignen. Eine *Flucht des Normadressaten* ist das Risiko jedes Gesetzes. Würde die Bundeszuständigkeit zur Verhinderung dieses Risikos begründet, handelte der Bund lediglich im Interesse eines Landes. Andererseits kann ein Gesetzgeber grundsätzlich nicht außerhalb seines Hoheitsbereiches liegende Sachverhalte regeln. Diese Unfähigkeit kann daher von Nr. 1 nicht gemeint sein.

d) Der Landesgesetzgeber kann *wirksam selber regeln* z. B. die Berufskleidung der Schornsteinfeger, die Altersversorgung von Angehörigen eines Berufes, den es nur in seinem Land gibt, die Beförderung von Personen und Gütern innerhalb des Landes.

In diesen Fällen kann sich eine Bundeszuständigkeit jedenfalls nicht aus Nr. 1 ergeben. Ein Land könnte auch wirksam den Verkauf des in seinem Gebiet befindlichen deutschen Kulturgutes in das Ausland verhindern (Art. 74 Nr. 5), den Grundstücksverkehr regeln (Art. 74 Nr. 17), oder die Forschung an der in seinem Gebiet befindlichen Universität fördern (Art. 74 Nr. 13). Dagegen könnte es nicht „die Atomforschung in Deutschland" fördern. Das Bundesverfassungsgericht unterstellte im Südweststaaturteil, die Verlängerung der Landtagswahlperioden sei eine Maßnahme der Neugliederung und gehöre deshalb zur konkurrierenden Gesetzgebung nach Art. 118 Satz 2. Dennoch verneinte es eine Bundeszuständigkeit für die Verlängerung der Wahlperioden, weil diese Angelegenheit wirksam

---

[127] § 26 ff. BVFG; vgl. BReg. in BT-DrS I Nr. 2872 S. 29; UmsiedlgsG.
[128] § 103 BSHG.
[129] Ebenso § 1 BKrimAG, das aber nach Art. 73 Nr. 10 zur ausschließlichen Bundesgesetzgebung gehört. Vgl. auch § 2 Nr. 1 BKrimAG.
[130] Art. 72 Rdn. 21.

von den einzelnen Ländern geregelt werden könne[131]. Das Problem sei völlig auf das Gebiet eines Landes beschränkt.

e) Eine Regelung ist nicht „wirksam" i. S. der Nr. 1, wenn ein Land ohne Rücksicht auf die Überregionalität des Gesamtproblems ein Gesetz erläßt, daß den dieses Land betreffenden Teilaspekt regelt und damit die Angelegenheit „gewaltsam regionalisiert".

Eine vom Standpunkt eines Landes aus gesehen „wirksame" Landesregelung kann eine Bundeszuständigkeit nach Nr. 1 nicht ausschließen. Bayern glaubte sicherlich, daß seine Regelung des Bezirksschornsteinfegerwesens den Interessen Bayerns gut und wirkungsvoll diene[132]. Bei Nr. 1 kommt es aber darauf an, ob das *Gesamtproblem* wirksam geregelt ist. Der Bayerische Verwaltungsgerichtshof[133] meinte daher zu Unrecht, die „Wirksamkeit" der Landesregelungen über die vom Apotheken-Stopp-Gesetz geregelte „Angelegenheit" sei durch das Bestehen einer bayerischen Regelung bewiesen.

Die Bundeszuständigkeit nach Nr. 1 setzt nicht voraus, daß ein Land eine eigene Regelung versucht hat. Nicht die fehlgeschlagene Landesregelung, sondern die Überregionalität der Angelegenheit begründet die Bundeszuständigkeit. Haben mehrere Länder die Beteiligten zufriedenstellende Gesetze erlassen, kann darin allerdings ein Indiz für die Wirksamkeit landesgesetzlicher Regelung und damit für die Regionalität der Angelegenheit gesehen werden[134].

f) Sofern ein Land eine Angelegenheit wirksam regeln kann, spielen *andere Nachteile* keine Rolle, die eine Landesregelung für das Land oder für seine Bewohner mit sich bringt. Die Bundesregierung begründete im Südweststaat-Fall ihre Zuständigkeit zur Verlängerung der Landtagswahlperioden mit den Gefahren der landesrechtlich für die Landtagsverlängerungen vorgeschriebenen Volksabstimmungen. Die Bundesregierung erwähnte die „Überbeanspruchung" der Wähler durch häufige Wahlen und Abstimmungen und andere „Schwierigkeiten, die möglicherweise in einem der beteiligten Länder entstanden wären"[135]. Das Bundesverfassungsgericht lehnte diese Argumente in seinem Südweststaaturteil ab[136]. Die Bundesregierung begründete die bundesgesetzliche Regelung außerdem mit den Kosten einer Volksabstimmung für eine Verfassungsänderung und der Gefahr einer geringen Wahlbeteiligung bei einer solchen Abstimmung[137]. Auch diese Erwägungen können eine Bundeszuständigkeit nicht begründen.

---

[131] BVerfGE 1, 14 (35). Nach der richtigen Ansicht des Gerichtes war nur die Anwendung von Nr. 1 denkbar; Nr. 2 und 3 schieden von vornherein aus.
[132] Vgl. BVerfGE 1, 264 (267/68).
[133] BayVGHE nF 7, 160 (164 sub b).
[134] BVerfGE 1, 14 (36 vor 6).
[135] BVerfGE 1, 14 (36).
[136] A.a.O.
[137] BT I Steno. S. 4880.

g) Nr. 1 berücksichtigt auch nicht den subjektiven *Wunsch* eines einzelnen Landes *nach bundesgesetzlicher Regelung.* Das hat das Bundesverfassungsgericht mehrmals verkannt[138]. Das Gericht schließt sogar aus einem fehlenden Widerspruch der Länder gegen eine bundesgesetzliche Regelung, daß eine „wirksame" Regelung durch die Länder unmöglich sei[139]. Dafür kann der fehlende Widerspruch jedoch nur ein (schwaches) Indiz sein — ebenso wie das Eingeständnis der Länder, zur Regelung der Angelegenheit unfähig zu sein.

Im Südweststaaturteil meinte das Bundesverfassungsgericht[140]:

„Über seine Gesetzgebungskompetenz kann ein Land nicht verfügen. Und der Bund kann eine Gesetzgebungszuständigkeit, die ihm das Grundgesetz nicht gewährt, auch nicht durch Zustimmung des Landes gewinnen. Das Einverständnis des Landes Württemberg-Hohenzollern mit der Maßnahme des Bundes ist daher ohne rechtliche Bedeutung."

Ohne Begründung ist das Gericht[138] von dieser richtigen Ansicht später abgewichen.

Umgekehrt ist der Wunsch oder das Interesse eines Landes an einer Nichtregelung durch den Bund unerheblich, wenn die Voraussetzungen der Nr. 1 gegeben sind[141].

h) Ein *Länderstaatsvertrag*[142] über Angelegenheiten aus dem Gebiet der konkurrierenden Gesetzgebung ist grundsätzlich zulässig[143]. Die Länder bleiben bis zum Eingreifen des Bundes, selbst bei Vorliegen eines Bedürfnisses, zur Regelung der Gebiete des Art. 74 zuständig. Deshalb verstößt ein Staatsvertrag nicht gegen das Gebot[144], daß er nichts anderes

---

[138] BVerfGE 1, 264 (273); 13, 230 (234). Vgl. auch BReg. in BT-DrS I Nr. 2520 S. 5 sub 3 und RMI in RT-DrS I Nr. 4516 S. 3.

[139] BVerfGE 1, 264 (273): Bayerns Antrag auf Anrufung des Vermittlungsaussch. sei von keinem anderen Land unterstützt worden, BR 1951 Steno. S. 871 B f. Auch der Bay. Staatsminister des Inneren habe in seiner Äußerung v. 22. 3. 1952 das Bedürfnis nach einer bundesgesetzlichen Regelung nicht bestritten.

[140] BVerfGE 1, 14 (35). Ähnlich BVerfGE 4, 115 (139 sub III): „Aber auch dann, wenn ein Bundesgesetz gegen Vorschriften des Grundgesetzes verstößt, die der Sicherung des eigenstaatlichen Bereichs der Länder dienen, kann ein solches Gesetz nicht durch die Zustimmung der Länder gültig werden. Es müßte ohne rechtliche Wirkung bleiben, wenn etwa die im Bundesrat vertretenen Landes*regierungen* bei ihrer Mitwirkung an der Bundesgesetzgebung auf Zuständigkeiten der Landes*gesetzgeber* verzichten wollten." (im Original kursiv). Ebenso *Maunz-Dürig* Art. 20 Rdn. 17; *Geiger* BayVBl. 1957, 303 sub IV; *Eiser-Riederer-Sieder* Energiewirtschaftsrecht (Loseblatt Stand 1. 11. 1961) I § 1 A 2 S. 72/73; vgl. *Klein* Gemeinschaftsaufgaben S. 156 Fn. 96.

[141] Falsch *Ringelmann* BR 1951 Steno. S. 871 D.

[142] Zur Terminologie H. *Schneider* VVDStRL 19, 8 (1961); *Ule* VVDStRL 19, 142 (Aussprache); *Tomerius* S. 59.

[143] *v. Mangoldt-Klein* Art. 72 Anm. III 1 b S. 1434.

[144] *Klein* Gemeinschaftsaufgaben S. 156; H. *Schneider* DÖV 1957, 646 sub III 1; *ders.* VVDStRL 19, 20 sub 1; *Tomerius* S. 58.

enthalten dürfe, als was ein an seiner Stelle ergehendes Gesetz enthalten könnte[145]. Eine Verschiebung der verfassungsmäßigen Zuständigkeiten, die einen Staatsvertrag zwischen Bund und Ländern über eine Angelegenheit der konkurrierenden Gesetzgebung möglicherweise unzulässig machen würde[146], tritt nicht ein. Die Länder regeln vielmehr — wenn auch inhaltlich übereinstimmend — die Angelegenheit jeweils für ihren eigenen Hoheitsbereich[147]. Länderverträge auf dem Gebiet der konkurrierenden Gesetzgebung, die nicht nur Verwaltungsfragen sondern materielles Recht betreffen, sind allerdings selten[148].

Die vertragliche Regelung einer überregionalen Angelegenheit durch die Länder kann im Ergebnis ebenso „wirksam" sein wie ein Bundesgesetz. Die vertragliche Bindung kann jedoch keine Wirkung gegenüber dem Bund entfalten. Die Länder können durch eine staatsvertragliche Regelung ein Bedürfnis nach bundesgesetzlicher Regelung nicht beseitigen und den Bund am Gebrauch seines Gesetzgebungsrechtes nicht hindern[149]. Nach dem Grundgesetz sind immer entweder der Bund oder die einzelnen Länder zuständig; der Zuständigkeit des Bundes kann nicht eine Gesamtzuständigkeit der Länder gegenübergestellt werden[150]. Die Bundeszuständigkeit kann nicht negativ von dem Abschluß, dem Bestand oder der Wirksamkeit einer einvernehmlichen Regelung der Länder abhängen. Ein Staatsvertrag kann im Gegenteil ein Indiz dafür sein, daß das einzelne Land die Angelegenheit nicht selber regeln kann. Eine ganz andere Frage ist es, ob ein weiser Bundesgesetzgeber von einer Ausnutzung seiner Kompetenz möglicherweise absieht, wenn die Angelegenheit wirksam durch Staatsvertrag zwischen allen Ländern geregelt ist[151].

Dieselben Erwägungen gelten für bundesuniformes Länderrecht („Uniform State Laws") d. h. den freiwilligen Erlaß gleichlautender oder im wesentlichen gleicher Gesetze durch die Länder[152].

---

[145] Versperrt sind den Länderstaatsverträgen also Angelegenheiten der ausschließlichen Bundeskompetenz und solche der konkurrierenden Kompetenz, von denen der Bund Gebrauch gemacht hat.

[146] *Klein* Gemeinschaftsaufgaben S. 155. Vgl. auch BayVGHE nF 8, 113 (123/124). Allgemein *Maunz-Dürig* Art. 74 Rdn. 9.

[147] *Klein* Gemeinschaftsaufgaben S. 156; H. *Schneider* VVDStRL 19, 14 sub 3; *ders.* DÖV 1957, 648 sub V.

[148] Vgl. die Liste bei H. *Schneider* VVDStRL 19, 36.

[149] A. A. *Glum* S. 77; *Wenke* Nawiasky-Festschrift (1956) S. 282; *Kölble* NJW 1962, 1082 sub 2; möglicherweise auch H. *Schneider* VVDStRL 19, 19.

[150] *Bettermann* VVDStRL 19, 160 (Aussprache).

[151] Vgl. *Pfeiffer* NJW 1962, 566 li meint das vielleicht, wenn er von Selbstkoordination als Abwehr gegen Bundesinitiative spricht.

[152] Vgl. *Weber* VVDStRL 19, 159 (Aussprache); *Mosler* VVDStRL 19, 139 (Aussprache); *Herrfahrdt* BK Art 72 Anm. III. Beispiele: Allgemeines deutsches Handelsgesetzbuch der deutschen Einzelstaaten vor der Gründung des Norddeutschen Bundes; Uniform Commercial Code in den USA.

2. Nr. 2 Fall 1: Regionale Angelegenheiten mit überregionalen Wirkungen.

a) Im Gegensatz zu Nr. 1 betrifft Nr. 2 Angelegenheiten, die sich ihrer Natur nach nicht über das Gebiet mehrerer Länder erstrecken, sondern sich sinnvoll auf das Gebiet eines Landes begrenzen lassen und im Territorium eines Landes wirksam geregelt werden können: auf regionale Angelegenheiten. Die landesgesetzliche Regelung dieser Angelegenheiten erzeugt jedoch Wirkungen über die Grenzen des regelnden Landes hinaus: sie hat *überregionale Wirkungen*[153].

Die überregionalen Wirkungen müssen, um eine Bundeszuständigkeit zu begründen, die Interessen anderer Länder beeinträchtigen. Damit sind nicht rechtliche Interessen oder Rechte gemeint. Da die Gesetze eines Landes in der Regel nur im eigenen Hoheitsgebiet vollzogen werden können, kann die Gesetzgebung eines Staates nicht Rechte eines anderen gleichgeordneten Staates in dessen Hoheitsgebiet verletzen. Verletzt es aber Rechte eines anderen Landes in seinem eigenen Hoheitsgebiet, z. B. durch Enteignung der in seinem Gebiet befindlichen Vermögenswerte des anderen Landes, liegt keine überregionale Wirkung vor. Überdies wird sich bei einer Rechtsverletzung das verletzte Land in einem Bundesstaat meist in einem dafür vorgesehenen Verfahren zur Wehr setzen können. Die Verlagerung der Gesetzgebungskompetenz auf den Bund ist kein geeignetes Mittel gegen Rechtsverletzungen der Länder untereinander. Die Verfassungsgeber übernahmen nicht die im Memorandum der Militärgouverneure enthaltene Alternative einer Beeinträchtigung der Rechte anderer Länder[154].

Mit „Interessen" eines Landes sind entsprechend dem insoweit klaren Wortlaut nicht die Interessen einer Gruppe oder der Bevölkerung eines Landes gemeint[155]. Das in Nr. 2 angesprochene Interesse ist das Interesse eines Landes an einer wirksamen Ausübung der eigenen Gesetzgebungskompetenzen. Eine Interessenbeeinträchtigung liegt vor, wenn die gesetzliche Regelung eines Landes tatsächliche Auswirkungen über die Landesgrenzen hinaus hat. Diese Auswirkungen müssen in einem anderen Land die wirksame Durchführung einer gesetzlichen Regelung über dieselbe Angelegenheit durch dieses Land für seinen Herrschaftsbereich stören, behindern oder erschweren[156]. Die Auswirkungen können auch faits ac-

---

[153] *Maunz-Dürig* Art. 72 Rdn. 22, *Maunz* StR S. 196 und, ihnen folgend, v. *Mangoldt-Klein* Art. 72 Anm. IV 4 c S. 1443 nennen diese Klausel „Beeinträchtigungsklausel".

[154] Supra Fn. 60.

[155] A. A. BReg. in BT-DrS II Nr. 2072 S. 19 sub 2; 2. Sonderaussch. Wasserhaushaltsgesetz in BT-DrS II Nr. 3536 S. 2; *Benter* S. 71.

[156] Daran fehlt es in dem Beispiel von *Ringelmann* WB S. 182 (Fußballtoto eines Landes beeinträchtigt Fußballtoto eines anderen Landes).

complis schaffen und dadurch andere Länder in ihren Möglichkeiten einer eigenen Regelung derselben Angelegenheit oder desselben Fragenbereiches beschränken.

b) Die meisten Fälle einer Bundeszuständigkeit nach Nr. 2 Fall 1 betreffen solche Angelegenheiten, bei denen im Fall *unterschiedlicher Regelungen* in verschiedenen Ländern die geringeren Anforderungen eines Landes die schärferen Anforderungen eines anderen Landes illusorisch machen würden. Bliebe der im Gesetz über die Verbreitung jugendgefährdender Schriften geregelte Schutz vor jugendgefährdenden Schriften den Landesgesetzgebern überlassen, so würden die von einigen Ländern beanstandeten Schriften in den Ländern des geringeren Widerstandes verlegt und vertrieben und können von dort in die Hände der Jugendlichen von Ländern mit schärferen Anforderungen gelangen[157]. Die Anstrengungen eines Landes zur wirksamen Bekämpfung der Geschlechtskrankheiten[158] bleiben erfolglos, wenn ein Nachbarland diese Krankheiten weniger wirksam oder gar nicht bekämpft. Jedes Land kann, für sich betrachtet, „wirksam" (i. S. der Nr. 1) die Abwanderung seiner Kulturgüter in das Ausland regeln. Eine solche Regelung würde jedoch durch eine „liberale" Gesetzgebung anderer Länder erschwert[159]. Die jetzt im Bundessozialhilfegesetz geregelte Armenfürsorge ist heutzutage kein überregionales Problem; es kann vielmehr im Rahmen eines Landes gelöst werden[160]. Eine unterschiedliche Regelung könnte jedoch zu einer Wanderung der Bedürftigen in großzügigere Länder führen und damit deren Interesse an einer wirksamen Lösung des Problems beeinträchtigen.

In den erwähnten Beispielen beeinträchtigt die Regelung eines Landes das Interesse eines anderen Landes an einer wirksamen Durchführung seiner eigenen gesetzlichen Regelung der Angelegenheit oder sie vereitelt die Verwirklichung einer gesetzgeberischen Absicht.

Die Regelung eines Landes kann aber auch das Interesse eines anderen Landes an einer Nicht- oder Andersregelung der Angelegenheit verletzen. Das Land A kann „wirksam" Preise für seine Erzeugnisse festsetzen oder diese subventionieren. Wenn diese Produkte auch im Land B gehandelt werden, beeinträchtigt die Regelung des Landes A die Regelungsfreiheit des Landes B[161]. Wenn das Land A wettbewerbsbeschränkende Absprachen der in seinem Gebiet ansässigen, aber in das Land B „exportierenden" Unternehmer zuläßt, beeinträchtigt es die Entschließungsfreiheit

---

[157] So BReg. in BT-DrS I Nr. 1101 S. 8, die allerdings aus diesen Erwägungen irrig auf das Vorliegen der Nr. 1 und 3 schließt. Gleiche Erwägungen gelten z. B. für das JSchÖG, LebMG, ArzMG.
[158] Vgl. GeschlKrG. Dasselbe gilt für das BSeuchG. Hat sich eine Seuche ausgebreitet, besteht ein überregionales Problem nach Nr. 1.
[159] Vgl. KulturgutG.
[160] Anders ist bzw. war es bei der Verteilung und Eingliederung der Flüchtlinge. Hier konnten die Länder keine wirksame Regelung treffen.
[161] Vgl. *Preuß* VerfAussch. S. 419.

des Landes B, für sein Gebiet eine freie Marktwirtschaft vorzuziehen oder Absprachen nur unter bestimmten Voraussetzungen zu erlauben.

Die Angelegenheiten der Nr. 2 Fall 1 würden im internationalen Bereich zwischen unabhängigen Nationalstaaten durch Grenzkontrollen, Einfuhrverbote, Ausgleichsabgaben und ähnliche Maßnahmen an der Grenze gelöst. Solche Regelungsmöglichkeiten besitzen jedoch die Gliedstaaten im deutschen Bundesstaat nicht[162].

Ein Land kann „wirksam" das Einbringen von Stoffen in Flüsse regeln. Eine solche Regelung kann aber das Interesse anderer Länder beeinträchtigen, sofern der Fluß Landesgrenzen überschneidet. Da aber jeder Wasserlauf in Deutschland letztlich in derartige Flüsse mündet, beeinträchtigt jedes Einbringen von Stoffen andere Länder[163]. Dasselbe gilt für die Reinhaltung von Grundwasser[164]. Das „Regenmachen" durch chemische Beeinflussung der Wolken beeinträchtigt auch das Wetter in anderen Ländern und somit ihr Interesse an einer eigenen Regelung.

Diese Kollisionen zwischen zwei gleichgeordneten Ländern werden durch eine Verlagerung der Gesetzgebungskompetenz auf den Bund gelöst. Der Bund handelt hier also im Interesse der beeinträchtigten Länder. Entgegen dem Bayerischen Verwaltungsgerichtshof[165] kann gegen die Bundeszuständigkeit nicht eingewendet werden, es stehe dem sich durch die Gesetzgebung eines anderen Landes beeinträchtigt fühlenden Land frei, seine eigene Gesetzgebung entsprechend anzupassen.

c) Es *genügt nicht* zur Begründung einer Bundeszuständigkeit aus Nr. 2 Fall 1, wenn ein Landesgesetz die Interessen eines anderen Landes an der eigenen Regelung einer Angelegenheit beeinträchtigt, die von der im beeinträchtigenden Gesetz geregelten Angelegenheit *gänzlich verschieden* ist. Da fast jede Landesgesetzgebung irgendwelche Auswirkungen auf andere Länder hat, gäbe es bei dieser extensiven Auslegung der Nr. 2 praktisch keine Landeszuständigkeiten mehr. In diesen Fällen führt jedoch oft Nr. 3 zu einer Bundeszuständigkeit. Führt das Land A eine Flurbereinigung durch, steigert es dadurch seine landwirtschaftliche Produktivität erheblich und überschwemmt das Land B mit diesen Produkten, so wird kein relevantes Interesse des Landes B verletzt: die Möglichkeit einer eigenen Regelung der Flurbereinigung wird nicht beeinträchtigt. Das Interesse an einer eigenen Marktregelung kann nur durch ein marktregeln-

---

[162] Vgl. Art. 73 Nr. 3, 5.

[163] BReg. in BT-DrS II Nr. 2072 S. 16. Vgl. §§ 26 f. WHG.

[164] So BReg. in BT-DrS II Nr. 2072 S. 16. BReg. in BT-DrS II Nr. 2072 S. 19 und der 2. Sonderaussch. Wasserhaushaltsgesetz in BT-DrS II Nr. 3536 S. 2 weisen in ihren Begr. zum WHG auf Nr. 2 hin, jedoch ohne Bezugnahme auf einzelne Aspekte des Gesetzes.

[165] BayVGHE nF 7, 160 (164 sub b).

des Gesetz verletzt werden[166]. Eine Bundeszuständigkeit für diese Materie folgt daher nicht aus Nr. 2 Fall 1, sondern allenfalls aus Nr. 3 (S. 57).

Entgegen *Maunz-Dürig*[167] ist der Tatbestand der Nr. 2 Fall 1 nicht erfüllt, wenn ein Land ein Ausfuhrverbot für ein knapp gewordenes Produkt erläßt. Ein Ausfuhrverbot verletzt nicht das Interesse eines anderen Landes an einer wirksamen Regelung der sich in seinem Hoheitsgebiet befindlichen Angelegenheiten. Nimmt man aber an, ein Ausfuhrverbot erfülle den Tatbestand der Nr. 2 Fall 1, so muß das entgegen *Maunz-Dürig* unabhängig davon gelten, ob das auszuführende Produkt knapp ist.

Eine gesetzliche Regelung des Grundstückverkehrs (Art. 74 Nr. 18) oder des Erbrechts (Art. 74 Nr. 1) in einem Land ist nicht nur „wirksam", sondern beeinträchtigt auch nicht die Interessen anderer Länder. Indem das Bundesverfassungsgericht im Südweststaaturteil die Anwendbarkeit der Nr. 2 von vornherein ausschloß, brachte es zum Ausdruck, daß die Verlängerung der Landtagswahlperioden nicht die Interessen anderer Länder beeinträchtigt[168].

Keine Beeinträchtigung liegt mangels Außenwirkung vor, wenn bei einem Wohnungsbauprogramm Einheimische gegenüber Personen bevorzugt werden, die aus anderen Ländern stammen[169]. Ein Landesgesetz, das Personen diskriminiert, die aus anderen Ländern zuziehen, verstößt gegen die Freizügigkeit des Art. 11 I und ist auch mangels Kompetenz unzulässig (Art. 73 Nr. 3). Es verletzt keine Landesinteressen i. S. der Nr. 2 Fall 1.

d) Die Beispiele zeigen, daß die *beeinträchtigende Regelung* auch in einer *Nichtregelung* bestehen kann, denn zwischen dieser und einer „liberaleren" Regelung besteht nur ein gradueller Unterschied. Vom beeinträchtigten Land aus gesehen besteht kein Unterschied zwischen dem Fehlen jeglicher Regelung über das Einbringen von Stoffen in Flüsse oder einer sehr großzügigen Regelung durch das Nachbarland. Auch soweit nur eine positive Regelung beeinträchtigen kann, braucht das beeinträchtigende Gesetz noch nicht ergangen zu sein. Der Konjunktiv („beeinträchtigen könnte") zeigt, daß eine potentielle Regelung ausreicht. Auch eine tatsächliche Regelung braucht nur potentiell zu beeinträchtigen. Hebt ein Land — freiwillig oder kraft staatsvertraglicher Verpflichtung — die beeinträchtigende Regelung auf, bleibt der Bund zuständig, da die Möglichkeit einer Beeinträchtigung fortbesteht. Auf der anderen Seite setzt der

---

[166] Nach *Maunz-Dürig* Art. 72 Rdn. 22 ist Nr. 2 erfüllt, wenn ein Land durch gesetzliche Maßnahmen die Erzeugung eines landwirtschaftlichen Produktes so erheblich vergrößert, daß auch der Markt anderer Länder überschwemmt wird. Das ist zu allgemein. Es kommt auf die Art der gesetzlichen Maßnahmen an.

[167] a.a.O.

[168] BVerfGE 1, 14 (35).

[169] A. A. *Brecht* Das Erste Wohnungsbaugesetz (1951) S. 49.

Konjunktiv notwendigerweise den Indikativ voraus: Nr. 2 Fall 1 findet erst recht Anwendung, wenn eine ergangene Regelung tatsächlich beeinträchtigt.

e) Das Grundgesetz geht davon aus, daß der Landesgesetzgeber mindestens einige Angelegenheiten in jedem Gebiet des Art. 74 GG „wirksam" oder ohne „die Interessen anderer Länder [zu] beeinträchtigen" regeln kann[170]. Eine abstrakte, nicht durch konkrete Umstände nachgewiesene Beeinträchtigung oder Wirkungslosigkeit der Landesregelung kann daher nicht genügen[171].

3. Nr. 2 Fall 2: Kollision mit der ausschließlichen Bundeskompetenz.

Der zweite Fall von Nr. 2 spricht von einer Beeinträchtigung der Interessen der „Gesamtheit". „Gesamtheit" kann sich nicht auf die Gesamtheit der Länder beziehen. Bei dieser Auslegung würde das Wort dem ersten Fall nichts hinzufügen: die Interessen „anderer Länder" sind auch verletzt, wenn die Interessen aller Länder[172] verletzt werden. Mit „Gesamtheit" kann auch nicht die Gesamtbevölkerung des Bundes gemeint sein, weil deren Interessen vom Bund wahrgenommen werden. Außerdem wären im Rahmen einer Kompetenzabgrenzungsnorm die Interessen der Bevölkerung schwer zu beschreiben[173].

„Gesamtheit" muß sich auf den Bund beziehen, obwohl dies ein für das Grundgesetz ungewöhnlicher Sprachgebrauch ist. Um den Schutz des Bundes vor unmittelbarer Verletzung seiner Gesetzgebungszuständigkeiten handelt es sich nicht. Diesen Schutz bewirken andere Normen. Im Bereich der *ausschließlichen* und der *ausgefüllten konkurrierenden* Gesetzgebung sind Landesgesetze über den gleichen Gegenstand schon nach Art. 72 I unzulässig und nach Art. 31 nichtig. Im Bereich der noch *nicht in Anspruch genommenen konkurrierenden* Bundesgesetzgebung können die Länder ebenfalls keine Interessen des Bundes an eigener Regelung der gleichen Angelegenheit verletzen: den Ländern steht hier nach Art. 72 I das Gesetzgebungsrecht zu, und dessen Ausübung kann nicht bereits ein Bedürfnis für eine Bundeszuständigkeit begründen. Anderen-

---

[170] Mißverständlich *Maunz-Dürig* Art. 72 Rdn. 21, jeder Gegenstand (jedes Gebiet des Art. 74?) sei seiner „Grundtendenz" nach durch das Land wirksam regelbar.

[171] *Maunz-Dürig* Art. 72 Rdn. 21 Fn. 1 zu Nr. 1. Bedenklich daher *van Heukelum* BR 1951 Steno. S. 871 C, der aus der Bundeszuständigkeit für das Gewerberecht ohne weiteres auf eine Zuständigkeit für das Schornsteinfegerwesen schließt. Wohl kann man aber zu dem Ergebnis kommen, daß auf einem Gebiet des Art. 74 der Art. 72 II nicht ernsthaft ins Gewicht fällt, vgl. *Weber* in *Weber-Haustein* Rechtsgrundlagen des deutschen und des zwischenstaatlichen Verkehrs (1956) S. 7.

[172] Abgesehen vom regelnden Land.

[173] Vgl. *Wengler* Völkerrecht (1964) I S. 59.

falls wäre die Bedürfnisbedingung für die Bundeszuständigkeit auf dem Gebiet der konkurrierenden Gesetzgebung immer dann erfüllt, wenn die Länder von ihrer Kompetenz Gebrauch gemacht haben.

Nr. 2 Fall 2 dient dem Schutz des Bundes vor *mittelbaren* Eingriffen in seine Gesetzgebungszuständigkeit. Eine landesgesetzliche Regelung im Bereich der *konkurrierenden* Gesetzgebung kann die Interessen des Bundes an der eigenen künftigen Regelung oder an der Nichtregelung einer Angelegenheit auf dem Gebiet der *ausschließlichen* Bundeskompetenz beeinträchtigen. Als solche mittelbaren Beeinträchtigungen kommen z. B. in Betracht: Eine landesgesetzliche Regelung des Niederlassungsrechtes für Ausländer (Art. 74 Nr. 4) kann das Interesse des Bundes auf dem Gebiet der auswärtigen Angelegenheiten (Art. 73 Nr. 1) verletzen; eine Regelung auf dem Gebiet der Wirtschaft — z. B. der Subventionen — (Art. 74 Nr. 11) kann den Außenhandel (Art. 73 Nr. 5) oder eine Regelung des Personenstandswesens (Art. 74 Nr. 2) das Wehrwesen (Art. 73 Nr. 1) beeinträchtigen. In diesen Fällen löst Art. 72 II Nr. 2 Fall 2 die Bundeszuständigkeit aus.

Praktische Bedeutung erlangte die Frage bei dem Reichsgesetz über die Schutzpolizei der Länder. Der Reichsminister des Inneren begründete die Reichszuständigkeit für die Versorgung der Schutzpolizei aus Art. 9 WRV u. a. mit dem Argument, die Versorgung der Schutzpolizei dürfe nicht günstiger sein als die der Wehrmacht, da diese sonst eine Angleichung verlangen würde[174].

4. Nr. 3: Regionale Angelegenheiten ohne überregionale Wirkungen.

a) *Verhältnis der drei Nummern untereinander.* Nach verbreiteter Ansicht enthält Nr. 3 die Tatbestände der Nr. 1 und 2: diese seien nur besondere Ausprägungen der Rechts- oder Wirtschaftseinheit[175]. Die Auslegung ist jedoch abzulehnen. Ein Gesetz kann zwar so schlecht formuliert sein, daß von drei normierten Bedingungen zwei keine selbständige Bedeutung haben. Doch darf eine solche Nachlässigkeit des Gesetzgebers nur bei zwingenden Gründen angenommen werden. Sinnvoller ist die Auslegung, daß die Angelegenheiten der Nr. 3 weder unter Nr. 1 noch unter Nr. 2 fallen, also regionale Angelegenheiten ohne überregionale

---

[174] RMI in der Begr. zum SchutzpolG, RT-DrS I Nr. 4516 S. 3 (der RMI ging davon aus, daß die Regelung der Rechte der Schutzpolizisten an sich eine reine Landesangelegenheit sei. Probleme aus Art. 10 Nr. 3 WRV ergaben sich daher nicht); *Poetzsch-Heffter* Art. 9 Anm. 2 S. 115.

[175] Z. B. *Dernedde* DV 1949, 316 r; *v. Mangoldt-Klein* Art. 72 Anm. IV 4 d S. 1443; ähnlich *Maunz-Dürig* Art. 72 Rdn. 22, 23.
Die Regierungsbegründungen zu Gesetzen aus dem Bereich der konkurrierenden Gesetzgebung nehmen fast immer (auch) eine Zuständigkeit aus Nr. 3 an.

Wirkungen sind. Eine Zuständigkeit des Bundes wird dennoch begründet zur Wahrung der Rechts- oder Wirtschaftseinheit[176]. Es handelt sich also nicht um eine Kompetenz kraft Überregionalität. Bei diesem Verständnis überschneiden sich die Zuständigkeitsbereiche der Nr. 1, 2 und 3 nicht.

Aber auch wenn Nr. 3 nicht auf regionale Angelegenheiten ohne überregionale Wirkungen beschränkt sein sollte, ändert sich der Umfang der Bundeszuständigkeit nach Art. 72 II im Ergebnis nicht. Der — wahrscheinlich größere — Teil der unter die Nr. 1 und 2 fallenden Zuständigkeiten wird allerdings zugleich die Voraussetzungen der Nr. 3 erfüllen. Da aber Nr. 3 andere Anforderungen stellt als Nr. 1 oder 2, bleiben Angelegenheiten denkbar, die unter Nr. 1 oder 2, aber nicht unter Nr. 3 fallen. Nach dieser Auslegung überschneidet der Bereich der Nr. 3 teilweise die sich untereinander nicht überschneidenden Bereiche der Nr. 1 und 2.

Wie die erörterten Beispiele zeigen, sind die Tatbestände der Nr. 1, 2 und 3 in Grenzfällen manchmal nicht einfach abzugrenzen. Die Unterscheidung kann vom Gesichtspunkt der Betrachtung oder von der Begründung des Gesetzes abhängen. Das ist aber unerheblich, da die Rechtsfolgen immer gleich sind. Letztlich kommt es nur darauf an, ob das Gesetz die Voraussetzungen *einer* der Nummern erfüllt oder unter *keine* der Nummern des Art. 72 II fällt.

b) Das Wort „*Wahrung*" deutet auf Bewahrung und Erhaltung eines tatsächlich bestehenden Zustandes: etwa der Rechts- oder Wirtschaftseinheit zur Zeit des Erlasses des Grundgesetzes. Diese Auslegung wäre aber sinnwidrig, weil es zur Erhaltung einer bestehenden Einheitlichkeit kaum des Erlasses neuer Gesetze bedarf. Es kann auch nicht die Wiederherstellung der Rechtseinheit gemeint sein, die beim Zerfall des Deutschen Reiches bestand. Mit diesem Fragenbereich befassen sich die Art. 124 bis 126 GG. Gemeint ist vielmehr die Idee (Vorstellung) einer wünschenswerten Rechts- und Wirtschaftseinheit, die durch ihre Konkretisierung und Verwirklichung in Gesetzen gewahrt wird. Es soll immer eine der Entwicklung der Gesellschaft angemessene Rechts- und Wirtschaftseinheit bestehen. Es handelt sich also nicht nur um ein Bewahren, sondern auch um ein Schaffen[177]. Nr. 3 enthält ein dynamisches Element und gibt dem Gesetzgeber die Möglichkeit, seine Zuständigkeit den sich wandelnden gesellschaftlichen und wirtschaftlichen Erfordernissen anzupassen. Mit Recht sagt das Bundesverfassungsgericht in E 13,230 (233), es könne dem Bundesgesetzgeber „nicht versagt sein, auf das ihm erwünscht erscheinende Maß an Einheitlichkeit im Sozialleben hinzustreben".

---

[176] *Maunz-Dürig* Art. 72 Rdn. 23, *Maunz* StR S. 196 und, ihnen folgend, *v. Mangoldt-Klein* Art. 72 Anm. IV 4 d. S. 1443 nennen diese Klausel unschön „Einheitswahrungsklausel". Besser wäre vielleicht pars pro toto „Rechtseinheitsklausel".

[177] So auch *Wengler* Rechtsgleichheit S. 265/66 Fn. 48.

c) *Verhältnis von Rechtseinheit, Wirtschaftseinheit und Einheit der Lebensverhältnisse.*

„*Rechtseinheit*" ist gewahrt, wenn für eine Angelegenheit in mehreren Ländern die gleiche Rechtsnorm gilt oder inhaltlich übereinstimmende Rechtsnormen gelten. Die Wahrung der Rechtseinheit durch den Bundesgesetzgeber erfordert den Erlaß von Bundesgesetzen. Da dieser Begriff der Wirtschaftseinheit und — wie gleich gezeigt wird — der Einheitlichkeit des Soziallebens gegenübergestellt ist, bezieht er sich nur auf solche Rechtsnormen, die sich nicht mit der Wirtschaft oder dem Sozialleben befassen. Aber sicherlich ist keine scharfe Trennung gewollt, die wegen der gleichen Rechtsfolgen im übrigen unerheblich ist. Ob die Rechtsnormen für das ganze Bundesgebiet oder nur für mehr als ein Land einheitlich gelten müssen, soll später untersucht werden.

„*Wirtschaftseinheit*" liegt vor, wenn die wirtschaftlichen Bedingungen in dem Wirtschaftsgebiet, auf das die Einheitlichkeit bezogen ist, einheitlich sind. Die Wahrung der Wirtschaftseinheit durch den Bundesgesetzgeber kann nur in dem Erlaß wirtschaftsregelnder oder -fördernder Bundesgesetze bestehen.

Der Nebensatz „insbesondere die Wahrung der Einheitlichkeit der *Lebensverhältnisse*" ist mehrdeutig. Er könnte sich auf „Wirtschaftseinheit" oder auf „Rechts- oder Wirtschaftseinheit" beziehen. Für die Richtigkeit der zweiten Auslegung spricht die enge Verbindung von Rechtseinheit und Wirtschaftseinheit durch den Ergänzungsbindestrich. Die Verbindung mit „insbesondere" scheint anzudeuten, daß die Einheitlichkeit der Lebensverhältnisse kein der Rechts- und Wirtschaftseinheit gleichgeordneter Fall ist. Der Nebensatz enthält aber auch nicht einen Unterfall oder ein Beispiel[178], denn das „Lebensverhältnis" ist kein Unterfall von „Recht" oder „Wirtschaft". Der Nebensatz könnte endlich den Zweck ausdrücken, dem die Einheitlichkeit des Rechts und der Wirtschaft dienen soll: nämlich die Einheitlichkeit der Lebensverhältnisse zu wahren. In diesem Fall müßte der Satz eigentlich heißen: „insbesondere *zur* Wahrung ... ". Bei dieser Lesung bleibt aber zweifelhaft, weshalb dieser Zweck hervorgehoben ist und wogegen er abgrenzt. Man könnte (z. B.) meinen, die Rechtseinheit dürfe nicht der Vereinheitlichung des Verwaltungsverfahrens dienen. Durch nichts gerechtfertigt erscheint jedenfalls die Meinung, „Einheitlichkeit der Lebensverhältnisse" sei der Oberbegriff in Nr. 3 und umfasse die Rechts- und Wirtschaftseinheit[179] oder sogar alle Fälle der Nr. 1 bis 3[180].

---

[178] A. A. *v. Mangoldt-Klein* Art. 72 Anm. IV 4 S. 1442 Fn. 12; *Herrfahrdt* BK Art. 72 Anm. II 3.
[179] BVerfGE 13, 230 (233): „... weil es Aufgabe jedes Gesetzgebers ist, Lebensverhältnisse — insbesondere auf dem Gebiet der Wirtschaft — gestaltend zu ordnen."
[180] So aber *v. d. Gablentz* in Bund und Länder S. 146.

In Anbetracht des unklaren Wortlautes muß auf den Sinn der Vorschrift zurückgegriffen werden, der sich aus der Entstehungsgeschichte ergibt. Die Verfassungsgeber versuchten die Bundeszuständigkeit möglichst weit auszudehnen, ohne den Widerspruch der Militärgouverneure durch allzu deutliche Formulierungen zu erregen. Nr. 3 muß hiernach so gelesen werden, daß die „Einheitlichkeit der Lebensverhältnisse" ein der Rechts- und Wirtschaftseinheit gleichgeordneter, aber auch betonter Fall ist. Es müßte sinngemäß heißen *oder insbesondere* zur Wahrung der Einheitlichkeit der Lebensverhältnisse"; neben der Wahrung der Rechts- oder Wirtschaftseinheit kann „ganz besonders", „vor allem" die Wahrung der Einheitlichkeit der Lebensverhältnisse eine bundesgesetzliche Regelung fordern.

Einheitlichkeit der Lebensverhältnisse kann nach alledem mit dem Bundesverfassungsgericht als „Einheit im Sozialleben" verstanden werden[181] und damit von der Rechts- und Wirtschaftseinheit abgegrenzt werden.

d) Erforderlichkeit der Rechtseinheit oder der bundesgesetzlichen Regelung?

Eine bundesgesetzliche Regelung muß zur Wahrung der Rechts- und Wirtschaftseinheit oder zur Wahrung der Einheitlichkeit der Lebensverhältnisse *erforderlich sein*[182]. Das ergibt sich aus den Worten: „ . . . weil . . . die Wahrung . . . sie erfordert", wobei „sie" sich auf „bundesgesetzliche Regelung" bezieht.

Ein Bundesgesetz könnte immer dann zur Wahrung der *Rechtseinheit* erforderlich sein, wenn diese nicht durch Länderstaatsverträge oder „bundesuniformes" Landesrecht[183] hergestellt wird. Dieser Weg der Rechtsvereinheitlichung für nicht-überregionale Angelegenheiten ist jedoch in Deutschland ganz ungebräuchlich, und die amerikanischen Erfahrungen[184] zeigen, daß er fast nie zur völligen Rechtseinheit führt. Deshalb würde bei dieser Auslegung der Bund fast immer zuständig sein zum Erlaß von Gesetzen über Angelegenheiten der Nr. 3 Fall 1. Ferner gelten auch hier die oben zu Nr. 1 angestellten Erwägungen, daß es entweder einzelstaat-

---

[181] BVerfGE 13, 230 (233). Anders *Ringelmann* WB S. 21 (ethische, d. h. geistige und moralische Lebensverhältnisse); K. H. *Klein* S. 50 Fn. 15 (wirtschaftliche und politische Lebensverhältnisse); BReg. in Begr. zum BSeuchG, BT-DrS III Nr. 1888 S. 19 (Zuständigkeit auf Einheitlichkeit der Lebensverhältnisse gestützt). Vgl. Art. 106 IV Nr. 3 GG i. d. F. des FinVerfG (Wahrung der „Einheitlichkeit der Lebensverhältnisse im Bundesgebiet").
[182] *Lerche* Übermaß S. 78. Mißverständlich *Wengler* Rechtsgleichheit S. 265/66 Fn. 48 („Bedürfnis nach Rechtseinheit"). Zum Prinzip der Erforderlichkeit: *Lerche* Übermaß S. 19; *v. Krauss* Grundsatz der Verhältnismäßigkeit (1955) S. 14.
[183] Supra Fn. 152.
[184] Siehe das jährlich erscheinende Handbook of the National Conference of Commissioners on Uniform State Laws.

liche oder Bundeszuständigkeiten gibt, die Bundeszuständigkeit aber nicht von einem Zusammenwirken der Länder negativ bedingt ist. Nr. 3 grenzt also nicht gegen eine von den Ländern hergestellte Rechtseinheit ab. Rechtseinheit i. S. des Art. 72 II kann immer nur in einem Bundesgesetz verwirklicht werden.

Bei dieser Auslegung liegt aber die Vermutung nahe, daß das Erfordernis der Erforderlichkeit ohne Bedeutung ist: Wenn die Rechtseinheit immer durch eine bundesgesetzliche Regelung hergestellt wird, ist immer ein Bundesgesetz zu ihrer Wahrung erforderlich. Nr. 3 besagte dann nur: „Der Bund hat in diesem Bereich das Gesetzgebungsrecht... zur Wahrung der Rechtseinheit". Dieses Ergebnis ist jedoch mit dem Inhalt des Art. 72 II unvereinbar. Er macht die Bundeszuständigkeit von einem Bedürfnis abhängig. Wie aus den Worten „soweit ein Bedürfnis nach bundesgesetzlicher Regelung besteht, weil..." hervorgeht, soll Nr. 3 einen Fall des Bedürfnisses nach bundesgesetzlicher Regelung umschreiben. Nach der erwähnten Auslegung besagte Nr. 3 aber nichts mehr über ein Bedürfnis nach einer Bundesregelung; Nr. 3 sagte nur noch, welchem Zweck eine Bundesregelung dienen darf oder soll. Außerdem ist eine Auslegung bedenklich, die den Rechtsbegriff der Erforderlichkeit streicht.

Sinnvoller ist eine Auslegung, nach der eine bundesgesetzliche Regelung zur Wahrung der Rechtseinheit immer dann erforderlich ist, wenn die Rechtseinheit erforderlich ist. Die Erforderlichkeit bezieht sich auf die Wahrung der Rechtseinheit und nicht auf ihre Erreichung durch Bundesgesetz. Ein Bedürfnis nach bundesgesetzlicher Regelung liegt vor, wenn die *Rechtseinheit erforderlich* ist.

Die Wirtschafts- oder Sozialeinheit kann im Gegensatz zur Rechtseinheit unabhängig von einer gesetzlichen Bestimmung bestehen: wenn die wirtschaftlichen Bedingungen oder sozialen Verhältnisse tatsächlich gleich sind. In diesem Fall ist überhaupt keine gesetzliche Regelung zur Schaffung der Einheitlichkeit erforderlich. Die Unterwerfung einer bestehenden Einheitlichkeit unter einheitliche Bundesnormen kann aber zu ihrer Erhaltung oder Förderung erforderlich sein. Fehlt die tatsächliche Einheitlichkeit, kann ihre Schaffung durch bundesgesetzliche Regelung erforderlich sein. Das Bundesverfassungsgericht sagt in E 13,230 (234) mit Recht, der Bundesgesetzgeber sei „nicht darauf beschränkt, einer bereits bestehenden Einheitlichkeit der Lebensverhältnisse mit bundeseinheitlicher Gesetzgebung lediglich zu folgen"[184a]. Die Möglichkeit eines einheitlichen Vorgehens der Länder muß auch bei der „Rechts- oder Wirtschaftseinheit" als Alternative ausscheiden. Die zur Rechtsein-

---

[184a] *Hesse* Grundzüge S. 94 meint, bei dieser Auslegung des Art. 72 II sei kaum ein Fall denkbar, in dem Art. 72 II die Gesetzgebungsbefugnis des Bundes einschränken könnte. Er übersieht dabei die Schranke der Erforderlichkeit.

heit angestellten Erwägungen gelten auch hier: eine bundesgesetzliche Regelung ist immer dann erforderlich, wenn die Wirtschafts- oder Sozialeinheit erforderlich ist.

Maunz[185] vertritt eine der hier abgelehnten Auffassung ähnliche Auslegung. Er ersetzt das Wort „erfordert" in Nr. 3 durch „dient". Nach ihm besagt Nr. 3:

> „Eine einheitliche Regelung im ganzen Bundesgebiet durch Bundesgesetz ist zulässig, wenn das Bundesgesetz der Einheitlichkeit der Rechtsordnung im Bundesgebiet dient."

Er meint, diese selbstverständliche Wirkung fast aller Bundesgesetze sei damit Voraussetzung ihres Erlasses; Nr. 3 enthalte eine Tautologie. Da außerdem nach *Maunz* die Nr. 1 und 2 keine selbständige Bedeutung haben, vielmehr in der Nr. 3 enthalten sind, falle „praktisch jedes vernünftige Bundesgesetz über die in Art. 74 aufgeführten Gegenstände" unter Nr. 3 und erfülle damit die Voraussetzungen des Art. 72 II. Ausgeschlossen sei nur ein Gesetz, aus dessen Inhalt und Zweckrichtung hervorgeht, „daß es der Rechts- und Wirtschaftseinheit entweder nicht dienen will oder nicht dienen kann". Es sei der ganze Zweck des Art. 72 II, Bundesgesetze auszuschließen, deren einziger Inhalt es ist, das Weitergelten von Landesgesetzen anzuordnen[186,187].

Diese Auffassung ist jedoch abzulehnen. Es kann nicht angenommen werden, daß es der einzige Zweck des Art. 72 II sein soll, den ungewöhnlichen Sonderfall eines die Weitergeltung von Landesrecht anordnenden Bundesgesetzes auszuschließen[188]. Die Ersetzung von „erfordert" durch „dient" ist unbegründet. Sie übergeht auch völlig den Begriff des Bedürfnisses. Es ist ferner nicht verständlich, warum *Maunz*, nachdem er „praktisch jedes vernünftige" Bundesgesetz im Bereich der konkurrierenden Zuständigkeit von Art. 72 II gedeckt sein läßt, von Schranken[189] spricht und für die Auffassung der Bedingungen des Art. 72 II als justitiable Rechtsbegriffe eintritt[190]; denn welche „Schranken" in Art. 72 sollten dann noch überprüfbar sein? Nach dieser Lehre wäre die konkurrierende Zuständigkeit nach Art. 72 eine bedingungsfreie Vorranggesetzgebung; sie stellte noch geringere Anforderungen als Art. 9 WRV, da nicht einmal ein „Bedürfnis" gefordert wird.

---

[185] *Maunz-Dürig* Art. 72 Rdn. 23; ebenso *v. Mangoldt-Klein* Art. 72 Anm. IV 4 d S. 1443.
[186] Verweis in Art. 72 Rdn. 23 auf Rdn. 12.
[187] *Maunz* bedenkt wohl nicht die andere nach seiner Prämisse mögliche Folgerung, daß der Sinn des Art. 72 II auch darin bestehen kann, regional beschränkte oder nach Ländern differenzierende Bundesgesetze auszuschließen. Darüber infra S. 61 f.
[188] Vgl. infra S. 74.
[189] Art. 72 Rdn. 12.
[190] Art. 72 Rdn. 15, 16.

Gegen *Maunz* spricht auch das Südweststaaturteil[191], in dem das Bundesverfassungsgericht eine Zuständigkeit aus Nr. 3 für eine bundesgesetzliche Landtagsverlängerung von vornherein ablehnte, obwohl das Bundesgesetz nicht die Weitergeltung von Landesrecht anordnete. Dagegen hat sich das Bundesverfassungsgericht im Ladenschlußurteil, E 13, 230 (233), über die Erforderlichkeit mißverständlich geäußert:

„Der Bundesgesetzgeber hat sich dann aber gemäß Art. 72 Abs. 2 Nr. 3 GG zu fragen, ob die von ihm angestrebte Einheitlichkeit der Lebensverhältnisse sein eigenes Tätigwerden erfordert; nur dann darf er die Bedürfnisfrage bejahen."

Die Frage, ob die vom Bund angestrebte Einheitlichkeit sein eigenes Tätigwerden erfordere, ist falsch gestellt: auf welche Weise als durch eigenes Tätigwerden, also durch Gesetzgebung, könnte der Bundesgesetzgeber ein von ihm erstrebtes Ziel erreichen? Nicht das eigene Tätigwerden, sondern das Maß an Einheitlichkeit muß erforderlich sein.

e) *Erforderlichkeit der Rechtseinheit.* Unterschiedliche Landesrechte allein machen die Rechtseinheit nicht erforderlich: die ungleiche Behandlung der Bürger in einem Land gegenüber den Bürgern in einem anderen Land ist die notwendige Folge des bundesstaatlichen Aufbaus. Durch die Zulassung (ausschließlicher und konkurrierender) Landesgesetzgebung hielt das Grundgesetz unterschiedliche rechtliche Ordnungen in den Gliedstaaten für zulässig oder gar wünschenswert und engte insoweit eine Berufung auf Art. 3 ein [192, 193].

Einheitliche Rechtsregeln, selbst über regionale Angelegenheiten, sind erforderlich, damit sich der Rechts- und Wirtschaftsverkehr und der persönliche Verkehr der Bundesbürger ungehindert und unbeschwert durch die Landesgrenzen im Bundesgebiet abspielen kann. Die unterschiedliche rechtliche Behandlung eines Sachverhaltes in den verschiedenen Ländern erzeugt Rechtsunsicherheit und Behinderungen für den landesgrenzüber-

---

[191] BVerfGE 1, 14 (35).

[192] BVerfGE 10, 354 (371); 12, 139 (143); 12, 319 (331); BadWürtt.VGH ESVGH 17, 118 (119); *Maunz-Dürig* Art. 72 Rdn. 1 Fn. 1 S. 3, Art. 20 Rdn. 26; *v. Mangoldt-Klein* Art. 72 Anm. III 2 c S. 1435; *Wengler* JZ 1965, 136 li; *Pikalo* NJW 1959, 1612.
A. A. wohl BReg. in der Begr. zum BVFG, BT-DrS I Nr. 2872, S. 22 li (Die Flüchtlinge erwarteten mit Recht eine gleiche Rechtsstellung, unabhängig vom Aufenthaltsort); 2. Sonderaussch. Wasserhaushaltsgesetz in der Begr. zum WHG, BT-DrS II Nr. 3536 S. 2 r; Benter S. 71.

[193] Im Gegensatz dazu dient die Wahrung der Rechtseinheit durch Revision zu den Bundesgerichten wegen Verstoßes gegen das materielle Recht (dazu: *Bettermann* NJW 1954, 1308 sub II; *ders.* NJW 1956, 439; *ders.* JZ 1958, 236 sub III; *Schwinge* Grundlagen des Revisionsrechts (2. Aufl. 1960) S. 26 f.) der Verwirklichung des Gleichheitssatzes, *Bettermann* JZ 1958 , 237 sub 1 („vor den gleichen Gesetzen müssen alle gleich sein, also gleich behandelt werden."); vgl. BVerfGE 10, 285 (296). Vgl. auch Art. 95 GG.

schreitenden Verkehr. Die Vermeidung solcher Mißlichkeiten ist einer der Gründe für die Schaffung eines Bundesstaates.

Der Begriff der Rechtseinheit wurde im vorigen Jahrhundert auf die Kodifizierung des bürgerlichen, des Handels- und des Strafrechts bezogen[194]. Diese Rechtsnormen betreffen weder überregionale, noch Angelegenheiten mit überregionaler Wirkung: die Regelung eines Landes z. B. auf dem Gebiet des Kaufrechtes kann das Interesse eines anderen Landes an einer eigenen Regelung nicht beeinträchtigen; Konflikte löst das Kollisionsrecht. Die Rechtseinheit auf diesen Gebieten fordert aber der Rechts- und Wirtschaftsverkehr[195].

Die Rechtseinheit erfordert z. B. auch eine einheitliche Verwaltungsgerichtsordnung[196]. Unterschiedliche Verwaltungsgerichtsordnungen der Länder erschweren dem Bürger — besonders „überregionalen" wirtschaftlichen Unternehmen — die Durchsetzung von Interessen in verschiedenen Ländern. Sie behindern einen Anwalt bei der Vertretung eines Klienten in verschiedenen Ländern[197]. Außerdem erleichtert ein einheitliches Verfahrensrecht die Revision zu den Bundesgerichten[198]. Eine landesunterschiedliche Zuerkennung der Flüchtlingseigenschaft ruft beim Wechsel des Wohnsitzes in ein anderes Land Rechtsunsicherheit hervor[199].

Die Erforderlichkeit der Rechtseinheit könnte dagegen bei den Abschnitten des Versammlungsgesetzes angezweifelt werden, die sich mit dem Ablauf von Versammlungen befassen. Auch bei Organisationen, die sich über das ganze Bundesgebiet erstrecken, sind die Veranstalter von Versammlungen in aller Regel die örtlichen Gruppen. Landesregeln über die Leitung von Versammlungen behindern weder diese noch die etwa aus anderen Teilen des Bundesgebietes zugereisten Redner. Es fehlt an der zur Begründung der Erforderlichkeit nötigen Außenbeziehung der Angelegenheit. Doch gibt es dafür schon seit 1908 eine einheitliche Regelung[200].

---

[194] Z. B. *Lasker,* Bezold I S. 492; *Miquel,* Bezold I S. 496, III S. 1047; *Gerber,* Bezold I S. 509.

[195] A. A. BAG 2, 343 (die Zuständigkeit zum Erlaß des BGB folge aus Nr. 1, 2 und 3).

[196] Für das Gerichtsverfassungs- und Verfahrensrecht aller Rechtsgebiete ergibt sich die Bundeszuständigkeit aus Nr. 3 Fall 1: *Zinn* DÖV 1949, 278 r; *Friesenhahn* DV 1949, 481 sub 9; *Loening* DÖV 1949, 325 r; *ders.* SJZ 1950, 255; zweifelnd *Laforet* zit. bei *Grewe* WB S. 41. BadWürtt.VGH ESVGH 17, 118 (119) weist für die VwGO auf das Vorliegen des Art. 72 II ohne Angabe einer Nummer hin.

[197] BReg. in der Begr. zur VwGO (BT-DrS III Nr. 55 S. 25 li) unter Hinweis auf Art. 72 II ohne Angabe einer Nummer; *Bauer* SJZ 1946, 149 li.

[198] Vgl. BReg. in der Begr. zum SGG, BT-DrS I Nr. 4357 S. 21.

[199] BReg. in der Begr. zum BVFG (BT-DrS I Nr. 2872 S. 22) weist auf den Zusammenhang einer einheitlichen Regelung mit der Freizügigkeit hin. Vgl. mit §§ 1 bis 20 BVFG aber § 9 I UmsiedlG, der die Flüchtlingseigenschaft nach dem Abgabeland bestimmt.

[200] § 5 ff. VereinG 1908, Bundesrecht geworden nach Art. 125; jetzt § 5 ff. VersG.

Einheitliches Recht fördert die Rechtswissenschaft. Diese Nebenwirkung ist zwar nützlich und wünschenswert, kann aber nicht die Bundeszuständigkeit begründen. Mit diesem Argument könnte der Bund jede Rechtsmaterie an sich ziehen.

Die Erforderlichkeit der Rechtseinheit kann auch nicht mit den Schwierigkeiten begründet werden, das maßgebliche Recht zu ermitteln und die Betroffenen mit dem positiven Recht im Bundesgebiet vertraut zu machen[201]. Die Bundesverfassung nimmt diese notwendig durch die Existenz von Landesrecht geschaffenen Schwierigkeiten in Kauf.

Abzulehnen ist auch die Meinung, eine Rechtseinheit könne mit der Begründung geschaffen werden, die Verschiedenheit der Rechte fördere „partikularistische oder gar separatistische Tendenzen"[202].

Das Bundesverfassungsgericht meinte, für die Bundeskompetenz über die Ladenschlußzeiten spreche der Zusammenhang mit dem bundesgesetzlich geregelten Schutz der Arbeitszeit und mit § 105a ff. der Gewerbeordnung[203]. Diese Begründung ist abzulehnen. Weder ein Bedürfnis nach Bundesregelung bei sachlich verwandten Gesetzen noch die Zweckmäßigkeit einer einheitlichen Regelung verwandter Materien kann eine Zuständigkeit nach Nr. 3 begründen. Die Erforderlichkeit muß immer mit dem Nachteil unterschiedlicher Landesregelungen oder mit dem Vorteil einer Bundesregelung für den grenzüberschreitenden Rechts- oder Wirtschaftsverkehr begründet werden.

Die Erforderlichkeit der Rechtseinheit folgt auch nicht aus der Gefahr einer Rechtszersplitterung innerhalb der einzelnen Länder[204]. Hier Abhilfe zu schaffen, ist Aufgabe der Länder. Der Bund ist für die Rechtsvereinheitlichung innerhalb eines Landes nicht zuständig und nicht berufen, einen Mangel an Initiative der Länder zu ersetzen. Er soll Rechtsunterschiede zwischen den Ländern beseitigen oder ausgleichen.

Überregionale Angelegenheiten nach Nr. 1 oder Angelegenheiten mit überregionaler Wirkung nach Nr. 2 haben oft auch eine regionale Seite. Für diese besteht keine Bundeszuständigkeit aus Nr. 1 oder Nr. 2. Da eine verschiedene Behandlung zu Schwierigkeiten und zu Rechtsunsicherheit führen würde, besteht — gewissermaßen kraft Sachzusammenhanges — eine Bundeszuständigkeit nach Nr. 3 für die ganze Angelegenheit. Der Bund kann nach Nr. 1 oder 2 nicht den Personen- oder Güterverkehr innerhalb der Grenzen eines Landes normieren. Regelt er aber den über-

---

[201] So aber *Wengler* Rechtsgleichheit S. 265/66 Fn. 48. Vgl. auch BReg. in BT-DrS III Nr. 1888 S. 18/19 (Unübersichtlichkeit der Rechtsquellen).
[202] So aber *Wengler* a.a.O.
[203] BVerfGE 13, 230 (234); ebenso Aussch. für Arbeit Begr. zum LadSchlG, BT-DrS II Nr. 2810 S. 1/2.
[204] So aber BReg. in BT-DrS II Nr. 2072 S. 19; 2. Sonderaussch. Wasserhaushaltsgesetz in BT-DrS II Nr. 3536 S. 1; BReg. in BT-DrS III Nr. 1769 S. 2; *Wolters* BR 1960 Steno. S. 390 B; BReg. in BT- zu DrS Nr. 2380 S. 1.

regionalen Verkehr, wird er auch zur Regelung des regionalen Verkehrs zuständig[205]. Dasselbe gilt z. B. für das Kartellrecht, das Wasserhaushaltsrecht[206] oder das Vereinsrecht. In diesen Fällen soll nicht die Rechtszersplitterung zwischen den Ländern, sondern die zwischen Bund und Ländern verhindert werden.

Die freiwillige Angleichung von Landesgesetzen über eine bestimmte Angelegenheit[207] und langjährige Bestrebungen zur Vereinheitlichung des Rechts auf einem Gebiet[208] können die Notwendigkeit einer bundesgesetzlichen Regelung indizieren.

f) Erforderlichkeit der Wirtschaftseinheit.

Nach den Ausführungen oben S. 47 f. vermögen die Länder die von Nr. 3 erfaßten Aspekte der Wirtschaft wirksam und ohne Beeinträchtigung anderer Länder zu regeln. Die Landesmaßnahmen können sich aber nachteilig auf die Gesamtwirtschaft in der Bundesrepublik auswirken: Unterschiedliche landesgesetzliche Regelungen können wirtschaftliche Schranken zwischen den Ländern errichten, ein Gefälle zwischen den Ländern schaffen, zu einer ungleichmäßigen Verteilung des wirtschaftlichen Potentials führen etc. Tatsächliche Verschiedenheiten zwischen den Ländern können der Gesamtwirtschaft abträglich sein. Der Bund nimmt die Interessen der Gesamtwirtschaft gegenüber den einzelnen „Landeswirtschaften" wahr. Die Wirtschaftseinheit ist erforderlich, wenn Landesregelungen oder das Untätigbleiben der Länder sich nachteilig auf die Gesamtwirtschaft auswirkt, so daß die Schaffung eines einheitlichen Wirtschaftsgebietes die Gesamtwirtschaft fördert.

Art. 72 II Nr. 3 Fall 2 bezieht sich auf den ganzen Art. 74. „Wirtschaft" i. S. der Nr. 3 ist daher umfassender als „Recht der Wirtschaft" i. S. des Art. 74 Nr. 11: es schließt alle wirtschaftlichen Aspekte der in Art. 74 aufgezählten „Gebiete" ein[209]. Nur diese Auslegung ist sinnvoll; denn auf den meisten Gebieten des Art. 74 können sich die gesetzlichen Regelungen auf die Gesamtwirtschaft auswirken.

Ein Gesetz ist zur Schaffung eines einheitlichen Wirtschaftsgebietes und damit zur Wahrung der Wirtschaftseinheit z. B. erforderlich, wenn es

---

[205] Z. B. PBefG, GüKG. Die BReg. weist in der Begr. zum BFStrG (BT-DrS I Nr. 4248 S. 13) auf Nr. 1 und Nr. 3 hin.

[206] Die BReg. und der 2. Sonderaussch. Wasserhaushaltsgesetz weisen in ihren Begr. zum WHG (BT-DrS II Nr. 2072 S. 19 und BT-DrS II Nr. 3536 S. 2) auf Nr. 1 und 3 hin, allerdings mit anderer Begründung.

[207] Vgl. BReg. in der Begr. zur VwGO, BT-DrS III Nr. 55 S. 25.

[208] Vgl. *Sellmann* DVBl. 1955, 170 li.

[209] *Loening* DÖV 1949, 326 li geht jedoch zu weit, wenn er eine Bundeszuständigkeit zur Regelung der Rechtsmittelfristen im Verwaltungsprozeß aus Nr. 3 Fall 2 begründet.

die einheitliche Ausbildung des Nachwuchses regelt[210] oder wenn es für gleiche Zugangsmöglichkeiten[211] zu Berufen oder Gewerben in allen Ländern sorgt. Zwar könnte jedes Land diese Angelegenheiten wirksam regeln, ohne die „Interessen anderer Länder" (Nr. 2) zu beeinträchtigen. Unterschiedliche Ausbildungs- und Zulassungsvoraussetzungen würden aber im deutschen Wirtschaftsgebiet Grenzen errichten. Eine unterschiedliche Ausbildung von Handwerkern würde die wirtschaftliche Freizügigkeit beeinträchtigen. Unterschiedliche Voraussetzungen für die Eröffnung von Apotheken oder Einzelhandelsgeschäften in verschiedenen Ländern könnten eine Ballung des Nachwuchses in einigen Ländern bewirken und damit die Gesamtwirtschaft stören. Hieraus könnten überregionale Probleme i. S. der Nr. 1 entstehen. Aber auch, wenn z. B. die Lage der Bezirksschornsteinfeger noch kein überregionales Problem darstellte, würde Nr. 3 eine einheitliche Altersregelung decken. Die unterschiedliche Altersregelung bringt zwar weder für die (bezirksgebundenen) Bezirksschornsteinfeger noch für die Hauseigentümer Nachteile, sie wirkt sich aber auf die Verteilung des Nachwuchses und auf die Berufsstruktur im Gesamtstaat aus.

Die dem Bund als der staatlichen Organisation eines einheitlichen Wirtschaftsgebietes obliegende Wahrung der Wirtschaftseinheit umfaßt auch Maßnahmen zur Hebung und Förderung der Gesamtwirtschaft oder von Zweigen der Gesamtwirtschaft ohne Rücksicht auf die Ländergrenzen. So ist z. B. die Flurbereinigung zwar durchaus regional und lokal „radiziert"; sie verlangt auch keine bundeseinheitliche Planung. Gleichwohl ist sie im Interesse der Gesamtwirtschaft erforderlich, weil sie die Rentabilität der Landwirtschaft erheblich erhöht, dadurch Devisen sparen und die Einfuhrabhängigkeit mindern hilft[212]. Ein anderes Beispiel bildet die Förderung von Notgebieten eines Landes, etwa der Zonenrandgebiete, soweit sie gesetzliche Maßnahmen nötig macht.

Eine zur Wahrung der Wirtschaftseinheit erforderliche Regelung muß sich *meßbar* und *spürbar* zugunsten der Gesamtwirtschaft auswirken. Ein Gesetz, das einheitliche Kittel für Ladenverkäufer vorschriebe, würde die Wirtschaftseinheit insofern fördern, als anderenfalls eine Verkäuferin in einem anderen Land, das besondere Arbeitskleidung verlangt, keine Anstellung annehmen könnte, ohne sich einen neuen Kittel zu kaufen. Das Bundesgesetz würde vielleicht in minimaler Weise ihren Entschluß erleichtern, Arbeit in einem anderen Land anzunehmen. Der Einfluß

---

[210] Z. B. HandwO. Die BReg. weist in der Begr. zum MassG (BT-DrS III Nr. 41 S. 6) auf Art. 72 II Nr. 3 hin.

[211] Z. B. EinzelhG, ApothG.

[212] So BReg. in BT-DrS I Nr. 3385 S. 32. Das Bedürfnis kann jedoch entgegen der BReg. (S. 34) nicht darauf gestützt werden, daß die Probleme der Flurbereinigung sich in den verschiedenen Ländern gleichen, und daß eine bundeseinheitliche Regelung die Bundesfinanzierung erleichtere.

einer solchen Bundesregelung wäre aber so gering, daß er der Erforderlichkeit i. S. des Art. 72 II nicht genügt. Ebenso liegt es, wenn ein Land eine über das Bezirksschornsteinfegergesetz hinausgehende zusätzliche Altersversorgung schafft. Das hat kaum einen Einfluß auf die Verteilung des Nachwuchses und kann die Erforderlichkeit einer bundesgesetzlichen Begrenzung der Altersversorgung nicht begründen[213].

Die Bundeszuständigkeit ist fraglich bei einigen Aspekten des Ladenschlußgesetzes. Jedes Land kann wirksam die Ladenschlußzeiten in seinem Gebiet regeln. Läßt das Land A im Gegensatz zum Nachbarland B Sonntagsverkäufe oder längere Öffnungszeiten zu, so werden die Grenzbewohner des Landes B teilweise die Einkaufsmöglichkeiten im Lande A ausnutzen. Das mag den Einzelhändlern im Lande B nachteilig sein, verletzt aber kein Interesse des Landes B an einer eigenen Regelung seiner Ladenschlußzeiten. Die Regelung der Ladenschlußzeiten dient nicht dazu, das Kaufen, sondern das Offenhalten der Läden zu verhindern. Eine Zuständigkeit des Bundes ergibt sich daher nicht aus Nr. 1 oder 2. Das Gesetz ist auch nicht zur Wahrung der Wirtschaftseinheit erforderlich: Die unterschiedlichen Einnahmen durch unterschiedliche Öffnungszeiten bewirken kein wesentliches wirtschaftliches Gefälle zwischen den Ländern. Die Einnahmeverschiebungen, die sich in den Grenzbezirken ergeben können, sind unerheblich. Etwas anderes mag bezüglich der Regelung der verkaufsoffenen Sonntage vor Weihnachten gelten[214].

Das Erfordernis der Einheitlichkeit muß für jede „Angelegenheit" gesondert beurteilt werden. Die Erforderlichkeit für einheitliche Wirtschaftsregelungen kann nicht allgemein, in abstracto, bejaht werden[215]. Denkbar bleibt immer eine Landesregelung nach Art. 72 II, 74.

Die Erforderlichkeit ergibt sich auch nicht allgemein aus „den die Landesgrenzen überschreitenden einheitlichen Wirtschaftsräumen"[216]. Die Erforderlichkeit einheitlicher Wirtschaftsräume gerade in Bezug auf die im Gesetz geregelte Angelegenheit ist zu beweisen.

g) Die *Einheitlichkeit der Lebensverhältnisse* ist *erforderlich*, wenn Landesgesetze oder tatsächliche Verschiedenheiten Schranken, soziales Gefälle oder soziale Spannungen[217] zwischen den Ländern schaffen.

Nr. 3 Fall 3 gibt z. B. eine Bundeszuständigkeit für das jetzt im Bundessozialhilfegesetz geregelte Fürsorgerecht (falls sie nicht schon aus Nr. 2 fließt). Unterschiedliche Regelungen der verschiedenen Länder auf dem Gebiet des Soziallebens können insbesondere der Wirtschaftseinheit

---

[213] Vgl. § 2 II SchornstFG.
[214] Vgl. Abg. *Sabel* BT II Steno. S. 6043 C.
[215] So aber *Schlochauer* S. 51.
[216] So BReg. in BVerfGE 13, 230 (234).
[217] So BReg. in der Begr. zum LohnzG, BT-DrS I Nr. 1885 S. 3.

abträglich sein. Verschiedene Regelungen des Arbeitsrechtes in den einzelnen Ländern machen beispielsweise einige Länder für Arbeitnehmer oder Arbeitgeber anziehender oder abstoßender[218]. Insofern sagt Nr. 3 Fall 3 nicht mehr als Fall 2 aus. Manche Gesetze können sowohl unter dem Aspekt der Wirtschaftseinheit als auch unter dem Aspekt der Regelung der Lebensverhältnisse gesehen werden. Man kann z. B. den Einfluß des Ladenschlußgesetzes auf den Handel, auf die Arbeitszeit der Arbeitnehmer oder die Einkaufsgewohnheiten der Käufer betonen.

Im Verfahren um die Verfassungsmäßigkeit des Ladenschlußgesetzes haben sich die Beschwerdeführer zu Unrecht auf die unterschiedlichen Einkaufsgewohnheiten der Käufer in den verschiedenen Ländern berufen[219]. Erheblich wäre das Argument gewesen, die bundesgesetzliche Angleichung dieser regionalen Sachverhalte sei nicht erforderlich. Ebensowenig folgt — entgegen der Ansicht der Bundesregierung[220] — eine Bundeszuständigkeit schon aus dem Bestehen einheitlicher Lebensbedingungen: die Erforderlichkeit einer bundeseinheitlichen Normierung der Lebensbedingungen muß erwiesen werden.

h) Fraglich ist, ob sich die Worte „über das Gebiet eines Landes hinaus" auch auf die „Rechts- oder Wirtschaftseinheit" oder nur auf die „Einheitlichkeit der Lebensverhältnisse" beziehen. Im ersteren Fall müßte ein Komma hinter „Lebensverhältnisse" stehen, im zweiten Fall hinter „hinaus". Die Verfassungsgeber haben weder das eine noch das andere Komma gesetzt. Die Entstehungsgeschichte zeigt jedoch, daß die Worte von „insbesondere" bis „hinaus" als Einheit eingefügt worden sind. Daraus kann man schließen, daß sie zusammengehören, die Klausel sich also nur auf die Lebensverhältnisse bezieht[221].

Die Worte könnten eine Bestimmung über den *Geltungsbereich* der nach Nr. 3 Fall 3 ergehenden Bundesgesetze enthalten[222]. Die Formel könnte besagen, es sei *immer ausreichend*, wenn die Lebensverhältnisse für mindestens zwei Länder einheitlich geregelt werden. Der Geltungsbereich eines Gesetzes brauchte sich danach nur auf zwei Länder zu erstrecken. Eine solche Auslegung, nach der die Wahrung einer auf zwei Länder beschränkten Einheitlichkeit immer zulässig ist, obwohl die Lebensverhältnisse sich auf drei oder mehr Länder erstrecken und Art. 3 keine Differenzierungen zuläßt, ist abzulehnen[223].

---

[218] Die BReg. verweist in der Begr. zum UrlG (BT-DrS IV Nr. 785 S. 1 sub II) auf Nr. 3 Fall 3.

[219] BVerfGE 13, 230 (234 sub b). Auf regionale Unterschiede beruft sich in ähnlicher Weise die Bay. Staatsregierung (mitgeteilt in BVerfGE 5, 25 (26), BayVGHE nF 7, 160 (164/165); vgl. *Sellmann* DVBl. 1955, 170 li).

[220] BVerfGE 13, 230 (234).

[221] A. A. *Maunz-Dürig* Art. 72 Rdn. 23 ohne Begründung.

[222] So *Menger-Erichsen* VerwArch 1966, 66.

[223] Siehe infra S. 64 f.

Die Formel könnte besagen, es sei *immer erforderlich*, daß eine Regelung für mindestens zwei Länder getroffen wird. Der Geltungsbereich eines Gesetzes müßte sich danach auf mindestens zwei Länder erstrecken. Ein auf ein Land beschränktes Bundesgesetz kann jedoch die Lebensverhältnisse in diesem Land den in anderen Ländern bestehenden anpassen und damit die Einheitlichkeit herstellen[224]. Kein Grund für eine abweichende Lösung ist ersichtlich. Die Klausel bezieht sich nach alledem nicht auf den Geltungsbereich der Gesetze zur Wahrung der Einheitlichkeit der Lebensverhältnisse.

Die Klausel schließt lediglich Gesetze zur Wahrung der Einheitlichkeit der Lebensverhältnisse *innerhalb eines Landes* aus. Die zu regelnden Lebensverhältnisse müssen in mehr als einem Land bestehen oder für mehr als ein Land vereinheitlicht werden. Dieses Ergebnis folgt aber bereits aus der oben S. 35 f. aufgezeigten Überlegung, daß es nicht Aufgabe des Bundesgesetzgebers ist, an Stelle des Landesgesetzgebers zu handeln.

Andererseits entfällt eine Bundeszuständigkeit nicht, wenn die regionalen Unterschiede oder Gefällesituationen, die das Gesetz ausgleichen will, *auch* innerhalb eines einzelnen Landes bestehen. Die Bundeszuständigkeit fehlt nur, wenn die Unterschiede *nur* innerhalb eines Landes bestehen. Ein Gesetz kann daher z. B. den Abbau des sozialen Gefälles zwischen Stadt und Land beabsichtigen.

Die Formel „über das Gebiet eines Landes hinaus" könnte daher ersatzlos wegfallen.

III. Regelungspflicht des Bundes bei Vorliegen eines Bedürfnisses?

Als Zuständigkeitsnorm bestimmt Art. 72 II, *ob* und *in welchem Umfang*, in welchem Maß, der Gesetzgeber handeln *darf* oder *kann*. Nur „soweit" ein Bedürfnis besteht, ist er regelungsbefugt[225]. Die Zuständigkeitsnormen räumen normalerweise nur das Recht zu handeln ein, begründen aber keine Rechtspflicht zum Tätigwerden. Ob, wann oder wie der Gesetzgeber von seiner Kompetenz Gebrauch macht[226], liegt normalerweise in seinem (Handlungs-) Ermessen[227] oder — wie das Bundesver-

---

[224] Infra S. 65.

[225] *Bettermann-Goessl* S. 126.

[226] *Geiger* Beiträge S. 174; *Küchenhoff* JR 1959, 282 r.

[227] Gesetzgeberisches Ermessen ist der Sache und der Terminologie nach überwiegend anerkannt: *Lerche* Übermaß S. 87 f. (m. w. Nachw.); *ders.* DVBl. 1958, 528; *ders.* Staatslexikon III Sp. 14; *Maunz-Dürig* Art. 20 Rdn. 117; *Geiger* Beiträge S. 174; *ders.* BVerfGG S. 206; *Scheuner* Smend-Festschrift S. 281/82; *ders.* DVBl. 1952, 615 r; *ders.* DVBl. 1958, 849 li; *Hamann* NJW 1955, 970; *Krauss* ARSP 44, 108 (1958); *Rüpke* S. 24 f. (m. w. Nachw.); *Spanner* BayVBl. 1958, 4 sub IV, 38; *Friesenhahn* ZSchwR nF 73, 150; *Achterberg* DVBl. 1967, 218 sub 3; st. Rspr. BVerfG z. B. BVerfGE 3, 162 (LS 4); 4, 144 (155); 6, 55 (71); w. Nachw. bei: *Lerche* Übermaß S. 87 Fn. 213, S. 88 Fn. 214; *Maunz-Dürig* Art.

fassungsgericht seit einigen Jahren bevorzugt — in seiner „Gestaltungsfreiheit"[228,229]. Es ist zwar denkbar, daß eine Kompetenznorm auch einen
Regelungsauftrag an den Gesetzgeber erteilt; hierfür bietet Art. 72 II jedoch keinen Anhaltspunkt. Es wäre undurchführbar und ohne verfas-
sungsgeschichtliches Vorbild, wenn der Bundesgesetzgeber zur Regelung
aller Gebiete der konkurrierenden Gesetzgebung bei Vorliegen eines Bedürfnisses verpflichtet wäre. Danach kann der Bundesgesetzgeber von
dem Gebrauch seiner Kompetenz absehen, obwohl ein Bedürfnis für eine
bundesgesetzliche Regelung besteht[230]. Soweit ein Bedürfnis besteht, ist
der Gesetzgeber nur regelungsbefugt, nicht regelungsverpflichtet. Der
Bundesgesetzgeber erließ z. B. das Gesetz über das Apothekenwesen erst
im Jahre 1960, obwohl die Erforderlichkeit nach Nr. 3 und damit ein Bedürfnis sicherlich schon 1950 bestand.

IV. Bundeseinheitlichkeit der bundesgesetzlichen Regelung?

1. Bundesgesetzlich gleich bundeseinheitlich?

a) Das Bundesverfassungsgericht führt in E 18,407 (414) aus, die Kom-
petenzzuweisung an den Bund auf dem Gebiet der Gesetzgebung werde
von dem Prinzip beherrscht, daß dort, wo nach der Natur des zu regelnden Gegenstandes bei seiner rechtlichen Ordnung regionale Verschiedenheiten grundsätzlich nicht geduldet werden können oder gar nicht denkbar seien, dem Bund die ausschließliche Kompetenz zustehe. Auf bestimmten anderen Gebieten habe der Bund die konkurrierende Kompetenz, wenn ein Bedürfnis nach bundesgesetzlicher Regelung gemäß Art.
72 II vorliegt.

---

20 Rdn. 117 S. 50 Fn. 3; *Rüpke* S. 23 Fn. 31, S. 24. Über die Begründung vgl.
Lerche a.a.O. mit *Geiger* a.a.O.
　　A. A., Ermessen gebe es nur bei Maßnahmegesetzen *Forsthoff* Jellinek- Ge-
dächtnisschrift (1955) S. 233 f.; *Menger* VVDStRL 15, 31 (1957).
[228] Seit dem 15. Band spricht das BVerfG fast ausschließlich von *Gestaltungsfreiheit*: 15, 142; 17, 242; 17, 388; 17, 23/24; 17, 330; 18, 124; 18, 269, 273,
oder *gesetzgeberischer Freiheit* (Entscheidungsfreiheit, Entschließungsfreiheit
des Gesetzgebers): 15, 125; 16, 141; 17, 130; 17, 217; 17, 203, oder manchmal
Spielraum: 17, 284; 15, 234; 18, 267. „Gesetzgeberisches Ermessen" nur noch
in 15, 318 (aber nur im Hinweis auf 13, 331); 18, 132. Für „Gestaltungsfreiheit":
Küchenhoff JR 1959, 282 r; *Scheuner* DÖV 1960, 610 r; *Lerche* AöR 90, 344/45
(1965); *Hesse* Grundzüge S. 162/63, 210/11; *Stauder* ZStaatsw. 123, 159.
　　Richtig zum Verhältnis von Zuständigkeit und Gestaltungsfreiheit bei Art.
72 II BadWürtt.VGH ESVGH 17, 118 (119). Gegen diese Terminologie *Rüpke*
S. 29.
[229] Besser ist der von *Bettermann* Staat 1962, 92 geprägte Ausdruck „Regelungsfreiheit".
[230] Ebenso *Maunz-Dürig* Art. 72 Rdn. 21, Art. 74 Rdn. 2; *Thieme* VVDStRL
19, 156 (1961) (Aussprache).

„Die dort aufgestellten Voraussetzungen laufen im Ergebnis ebenfalls darauf hinaus, daß ‚Bedürfnis nach bundesgesetzlicher Regelung‘ mit ‚Bedürfnis nach bundes*einheitlicher* Regelung‘ gleichzusetzen ist" (im Original kursiv)[231].

Wären „bundesgesetzliche" und „bundeseinheitliche" Regelung identisch, wäre der Bundesgesetzgeber nur zum Erlaß bundeseinheitlicher Regelungen *zuständig*. Der Nebensatz in Art. 72 II primo „soweit ein Bedürfnis .... besteht" besagt, in welchem Umfang der Bundesgesetzgeber regelungsbefugt, d. h. zuständig ist[232]. Während die Worte „bundesgesetzliche Regelung" nur das Ziel des Bedürfnisses beschreiben[233], würden die Worte „bundeseinheitliche Regelung" auch an der Einschränkung des Maßes der Kompetenz teilnehmen, denn sie würden „bundes*un*einheitliche Regelungen" ausschließen.

Im Wortlaut des Art. 72 II findet sich jedoch nicht „bundeseinheitlich", sondern „bundesgesetzlich". Dem Austausch der Begriffe kann nicht zugestimmt werden.

b) Das Bundesverfassungsgericht kann nicht meinen, Bundesgesetze auf dem Gebiet der konkurrierenden Gesetzgebung müßten notwendig für alle Länder gelten. Die in einem Gesetz geregelte Angelegenheit kann sich ihrer Natur nach auf wenige Länder beschränken und den Anwendungsbereich des Gesetzes in entsprechender Weise einengen[234]. Das gilt z. B. für die Umsiedlung von Flüchtlingen aus einigen Ländern in andere Länder durch das Umsiedlungsgesetz, die Bestimmung des Arbeitgebers für unständige Arbeitnehmer in den deutschen Seehäfen durch das Gesamthafenbetriebsgesetz oder die Privatisierung des (in Niedersachsen belegenen) Volkswagenwerks durch das entsprechende Privatisierungsgesetz[235]. Es wäre nichts dagegen einzuwenden, wenn z. B. das Gesamthafenbetriebsgesetz seine Anwendung ausdrücklich auf die in Betracht kommenden Länder Hamburg, Bremen, Niedersachsen und Schleswig-Holstein beschränkte. Es ist auch denkbar, daß in Nr. 1 die überregionale Angelegenheit nur zwei Länder betrifft oder in Nr. 2 die Regelung nur eines Landes die Interessen eines oder mehrerer Länder beeinträchtigt, weil z. B. zwei Länder das von einem Land subventionierte Produkt herstellen. Eine bundesrechtliche Steuererleichterung für den Seeschiffbau ist praktisch eine Begünstigung der Küstenländer, auch wenn sie für das ganze Bundesgebiet gilt[236].

---

[231] Gleiches Ergebnis bei OLG Köln DÖV 1954, 506 (507 r); *Haas* DVBl. 1954, 241 r sub I. A. A. *Wengler* JZ 1965, 136 r; *ders.* Rechtsgleichheit S. 264 f., 268/69. Dagegen: *Menger-Erichsen* VerwArch. 1966, 65.
[232] *Bettermann-Goessl* S. 126.
[233] Supra S. 31.
[234] *Wengler* Rechtsgleichheit S. 269.
[235] VWPrivG.
[236] *Wengler* Rechtsgleichheit S. 272 Fn. 61.

Das Bundesverfassungsgericht hätte diese Fälle wahrscheinlich als bundeseinheitliche Regelung bezeichnet[237]. Der Gegensatz zu „bundeseinheitlicher Regelung" ist — wie dem Zusammenhang der Entscheidung zu entnehmen ist[238] — eine „regionale Verschiedenheiten duldende Regelung". Damit können nur solche Gesetze gemeint sein, die ihren Geltungsbereich auf einige Länder beschränken, obgleich dieselbe Regelung für alle Länder getroffen werden kann und solche Gesetze, die zwar für das ganze Bundesgebiet gelten, aber für einige Länder Sonderregelungen treffen. In diesen Fällen liegt ein „Bedürfnis" für eine das ganze Bundesgebiet umfassende Regelung vor.

c) Das Bundesverfassungsgericht bleibt die Begründung für den Austausch der Begriffe und die Beschränkung des Gesetzgebers auf einheitliche für das ganze Bundesgebiet geltende Gesetze schuldig. Art. 9 WRV sprach sogar von einem „Bedürfnis für den Erlaß einheitlicher Vorschriften"; dennoch konnte nach der überwiegenden Lehre sich das Reich darauf beschränken, einheitliche Vorschriften für einige Länder (mindestens zwei) zu schaffen[239]. Das Bundesverfassungsgericht setzt sich nicht damit auseinander.

Menger und *Erichsen* meinen[240], das „ebenfalls" in dem oben angeführten Satz aus der Entscheidung des Bundesverfassungsgerichts verweise auf die „Natur des zu regelnden Gegenstandes", der regionale Differenzierungen dann nicht dulde oder undenkbar mache, wenn das Bedürfnis nach bundesgesetzlicher[241] Lösung vorliegt — also auf die Begründung der ausschließlichen Kompetenz. Das überzeugt nicht. „Ebenfalls" deutet auf die Folgerung „bundeseinheitliche Regelung", nicht auf deren Begründung. Die bundeseinheitliche Regelung wird für Art. 71, 73 mit der Natur des zu regelnden Gegenstandes, bei Art. 72, 74 mit den in Art. 72 II aufgestellten Voraussetzungen begründet. Weshalb aus den Voraussetzungen des Art. 72 II immer folgt, daß eine bundesgesetzliche Regelung eine bundeseinheitliche Regelung sein müsse, sagt das Bundesverfassungsgericht nicht. Es beschränkt sich auf die Behauptung, die Voraussetzungen des Art. 72 II „laufen im Ergebnis ... darauf hinaus".

Selbst wenn man der von *Menger-Erichsen* vorgeschlagenen Interpretation des Urteils folgt, bliebe die Einfügung von „bundeseinheitlich" falsch. In einzelnen Fällen sind, wie die Beispiele auf S. 65 zeigen werden, trotz Bedürf-

---

[237] A. A. *Menger-Erichsen* VerwArch. 1966, 66, die aus dem Vorhandensein dieser Gesetze den Haupteinwand gegen die These des BVerfG herleiten.
[238] BVerfGE 18, 407 (414/15).
[239] *Giese* RV Art. 9 Anm. 1 S. 56; *Poetzsch-Heffter* Art. 9 Anm. 3 S. 115; *Lassar* HBDStR I § 27 S. 308; *Anschütz* Art. 9 Anm. 1 S. 85; *Jellinek* Verfassung und Verwaltung des Reichs und der Länder (3. Aufl. 1927) S. 23; *Hatschek* I S. 98; *Walz* S. 290.
A. A. *Finger* Staatsrecht des Deutschen Reichs (1923) S. 204 (territorial beschränkte Gesetze unter Art. 7 nicht aber unter Art. 9 zulässig); A. *Arndt* Verfassung des Deutschen Reichs (3. Aufl. 1927) Art. 9 Anm. 2 S. 81.
[240] VerwArch. 1966, 65.
[241] *Menger-Erichsen* schreiben „bundeseinheitlicher Lösung". Ihrem Gedankengang nach müßte es „bundesgesetzlich" heißen.

nisses nach bundesgesetzlicher Regelung, regional differenzierende oder territorial beschränkte Regelungen nicht nur denkbar, sondern auch tatsächlich vorhanden und sinnvoll.

Auch abgesehen von der Argumentation des Bundesverfassungsgerichts kann weder aus dem Wortlaut noch aus dem Sinn des Art. 72 II eine Beschränkung der Zuständigkeit oder des gesetzgeberischen Ermessens auf den Erlaß bundeseinheitlicher Normen hergeleitet werden. Danach liegt es grundsätzlich in der Gestaltungsfreiheit des nach Art. 72 II zuständigen Bundesgesetzgebers, ob er bundeseinheitliche, regional beschränkte oder regional differenzierte Regelungen schafft. Dieser Ansicht ist auch das Bundesverwaltungsgericht, das die Schaffung regional verschiedener Notariatsverfassungen im Bundesgebiet für zulässig hält[242]. Ebenso kann der Bundesgesetzgeber grundsätzlich ergänzende oder abweichende Regelungen durch alle oder einzelne Länder zulassen[242a].

2. Der Gleichheitssatz als Korrektiv regional differenzierter Bundesregelungen. Die von Art. 72 II eingeräumte gesetzgeberische Regelungsfreiheit ist den sich aus der Verfassung ergebenden Schranken unterworfen. Eine dieser Schranken ist der Gleichheitssatz des Art. 3, wenn diese Vorschrift entsprechend der Rechtsprechung des Bundesverfassungsgerichtes auch die Rechtsetzungsgleichheit einschließt[243].

Eine bundesgesetzlich erlaubte regionale Rechtsverschiedenheit verstößt dann nicht gegen Art. 3, wenn der Bundesgesetzgeber „sich von sachlichen, in der Eigenart der zu regelnden Materie begründeten Erwägungen"[244] hat leiten lassen[245]. *Wengler* hat nachgewiesen, „daß die regionale Rechtsverschiedenheit mit einer Verschiedenheit der ‚örtlichen Verhältnisse' begründet sein muß, um *sachlich* begründet zu sein"[246]. Es bestehe eine „Vermutung" dafür, daß die zu treffende gesetzliche Regelung für das ganze Herrschaftsgebiet des betreffenden Gesetzgebers einheitlich sein müsse, um dem Gleichheitssatz zu genügen[247]. Der Gesetzgeber

---

[242] Das BVerwG, VerfRspr. Art. 12 GG (b) Nr. 191 S. 259 = MDR 1962, 503 (504 r) = NJW 1962, 602 (nur LS) = DÖV 1963, 35 (nur LS) sagte: „Eine Verpflichtung des Gesetzgebers, die Notariatsverfassung im gesamten Bundesgebiet gleich zu gestalten, kann auch nicht aus Art. 72 Abs. 2 Nr. 3 GG hergeleitet werden. Wenn dort dem Bund das Gesetzgebungsrecht auf dem Gebiet der konkurrierenden Gesetzgebung nur insoweit eingeräumt ist, als ein Bedürfnis nach bundesgesetzlicher Regelung zur Wahrung der Rechts- oder Wirtschaftseinheit besteht, so bedeutet das nicht, daß der Bund, sofern er von diesem Recht Gebrauch macht, alle bestehenden Sonderregeln beseitigen muß." Vgl. BVerfGE 17, 381 (388/89).
[242a] BadWürtt.VGH ESVGH 17, 118 (119); infra S. 67, 69, 75.
[243] Hierzu: *Bettermann* Staat 1962, 87; *Maunz-Dürig* Art. 20 Rdn. 118; *Fuss* JZ 1959, 329; *Geiger* Beiträge S. 167; *Maunz* StR S. 112; *Rüpke* passim; *Schubach* Die Rechtsprechung des Bundesverfassungsgerichts zum Allgemeinen Gleichheitssatz (Diss. Münster 1964) S. 22 f.
[244] BVerfGE 17, 381 (388).
[245] *Pikalo* NJW 1959, 1612.
[246] JZ 1965, 135 r.
[247] *Wengler* a.a.O.; *ders.* Rechtsgleichheit S. 268. Vgl. *Benter* S. 71/72.

habe gleichsam den Nachweis zu erbringen, daß eine Verschiedenheit der örtlichen Verhältnisse eine regionale Differenzierung des Rechts als angebracht erscheinen lasse und daß die gegebenen Verschiedenheiten und die Verschiedenheit der getroffenen Regelung zueinander in einer sachlichen Beziehung stünden[248]. Dieser Grundsatz gilt sowohl für die ausschließliche wie die konkurrierende Bundesgesetzgebung[249].

Ein Verstoß gegen Art. 3 entfällt, wenn ein regional beschränktes Bundesgesetz oder eine auf einige Länder beschränkte Sonderregelung in einem Gesetz gerade die einheitliche Regelung einer Angelegenheit im Bundesgebiet herstellen will, indem sie tatsächlich bestehende Unterschiede ausgleicht. Die Förderung der Zonenrandgebiete oder des Kohlenbergbaues in Nordrhein-Westfalen wären hier zu nennen. Die Landwirtschaft in besonders unfruchtbaren Gegenden oder von Unwettern heimgesuchten Ländern kann in einem Gesetz anders behandelt werden, als die Landwirtschaft in klimatisch günstiger gestellten Ländern. In diesen Fällen ist trotz gebotener regionaler Differenzierung Gleichheit der Auswirkungen im Gesamtbild der Regelung erforderlich[250].

Eine Differenzierung ist auch dann sachlich begründet, wenn ein Land die Angelegenheit oder einen Teil davon bereits zufriedenstellend geregelt hat und das Bundesgesetz dieses Landesgesetz in die Bundesregelung einbezieht, statt es aufzuheben oder die Folgen des Art. 31 GG eintreten zu lassen. § 4 des Entwurfes eines Hafensonderbetriebsgesetzes[251] sah die Weitergeltung der dieselbe Angelegenheit regelnden Verordnung des Landes Bremen vor. Im Bundesrat wurde der Entwurf abgelehnt[252], teils weil man § 4 mit Art. 72 II für unvereinbar hielt[253], teils weil die sachliche Notwendigkeit für ein solches Gesetz verneint wurde[254]. Die verfassungsrechtlichen Bedenken überzeugen nicht: Wenn die Wahrung der Einheitlichkeit der Lebensverhältnisse (oder der Wirtschaftseinheit) für die unständigen Hafenarbeiter in allen Ländern einen besonderen Arbeitgeber erfordert, und wenn das Bremer Gesetz diese Forderung bereits wirksam erfüllt, so genügt zur Wahrung der Einheitlichkeit ein Bundesgesetz für

---

[248] *Wengler* JZ 1965, 135 r.
[249] A. A. *Wengler* a.a.O., der ihn auf die ausschließliche Bundes- oder Landeskompetenz beschränkt.
[250] Vgl. *Wengler* JZ 1965, 136 li.
[251] BT-DrS I Nr. 632 S. 5; BR-DrS 1950 Nr. 31.
[252] BR 1949/50 Steno. S. 225 C; BT-DrS I Nr. 632 S. 6. Der Entwurf wurde später Gesetz ohne § 4 (BT-DrS I Nr. 971; BR 1949/50 Steno. S. 440 D).
[253] *Renner* BR 1949/50 Steno. S. 199 B/C, 200 A, C, 202 A; *Seydel* ebd. S. 199 D, 201 C; *Ankermüller* ebd. S. 225 A/B; BR in BT-DrS I Nr. 632 S. 6; vgl. BT I Steno. S. 2516 D.
[254] *Katz* BR 1949/50 Steno. S. 201 D, 225 A; *Halbfell* ebd. S. 225 B; vgl. *Schiller* ebd. S. 440 C. Die BReg. nahm in ihrer Stellungnahme zu der Ablehnung zu den Argumenten aus Art. 72 II nicht Stellung (BT-DrS I Nr. 632).

die Länder ohne eigene Regelung[255]. Gleiches gilt für den Vorbehalt im Wohnungsbaugesetz zugunsten der bayerischen Sondervorschriften über die Grundsteuervergütung[256]. Hätten alle Länder außer Bremen Hafensonderbetriebsgesetze, so wäre die Einheit durch ein auf Bremen beschränktes Gesetz gewahrt worden. Hätte Bremen keine eigene Regelung dieser Angelegenheit gehabt, wäre es aber dennoch von der bundesgesetzlichen Regelung ausgenommen worden, so müßten besondere örtliche Verhältnisse nachgewiesen werden, die eine Regelung für Bremen überflüssig machten[257].

Auf ungewöhnliche Weise stellte möglicherweise das Apotheken-Stopp-Gesetz[258] eine Rechtseinheit her. Es stellte hinsichtlich der Erlaubnis zur Errichtung neuer Apotheken den am 1. 10. 1945 in den einzelnen Ländern bestehenden Rechtszustand wieder her und verbot seine Veränderung bis zum Inkrafttreten einer bundesgesetzlichen Regelung. Zu diesem Stichtag bestand tatsächlich eine, wenn auch auf Landesrecht beruhende einheitliche Regelung über die Vergabe des Apothekenbetriebsrechtes, die später durch differenzierendes Besatzungs- und Landesrecht aufgelöst worden war[259]. Indem der Bundesgesetzgeber auf einen Stichtag vor Beginn dieser Entwicklung zurückgriff, schuf er eine bundesgesetzliche[260] und — nach einer Ansicht[261] — zugleich eine bundeseinheitliche Regelung. Diese Auslegungsmöglichkeit sah der Bayerische Verwaltungsgerichtshof[262,263] nicht. Er meinte: Der Bundesgesetzgeber überschreite sein Ermessen, wenn er einerseits unterstelle, die Wahrung der Rechts- und Wirtschaftseinheit erfordere eine einheitliche Regelung im Bund, und andererseits gleichzeitig bestimme, daß der Zustand der Verschiedenheit in den Ländern vorerst aufrechtzuerhalten sei[264].

Örtliche Besonderheiten, die eine sachliche Differenzierung erlauben, liegen auch vor, wenn der Bundesgesetzgeber auf historische Besonder-

---

[255] Vgl. *Katz* BR 1949/50 Steno. S. 202 A.

[256] § 11 WoBauG; vgl. die Begr. der BReg. in BT-DrS I Nr. 567 S. 22 zu § 10.

[257] Ein Bundesgesetz kann also speziell auf das Gebiet eines Landes beschränkt werden. A. A. wohl *Wengler* Rechtsgleichheit S. 268/69.

[258] § 1 ApothStoppG. Nach BVerfGE 5, 25 aus nicht mit Art. 72 II zusammenhängenden Gründen verfassungswidrig.

[259] *Bernhardt* DÖV 1953, 373; *Schiedermair-Blanke* Apothekengesetz (1960) S. 45; *Sellmann* DVBl. 1955, 169 li (zu Art. 72 I).

[260] BayVGHE nF 7, 160 (163 sub 1 d).

[261] *Bernhardt* a.a.O.

[262] BayVGHE nF 7, 160 (165).

[263] Ähnlich VG Stuttgart DVBl. 1956, 174 (175) = VerfRespr. Art. 72 Abs. 1 Nr. 1 (das Gesetz erfülle die in Art. 72 II aufgestellten Voraussetzungen nicht, sondern stelle vielmehr umgekehrt fest, daß keine der Voraussetzungen gegeben sei).

[264] Eine hier nicht zu erörternde andere Frage ist, ob das Gesetz aus anderen Gründen der Verfassung widerspricht, etwa wegen seines Charakters als Sperrgesetz; dazu infra S. 70.

heiten einzelner Länder Rücksicht nimmt. So kann der Bundesgesetzgeber verschiedene Notariatssysteme (Anwaltsnotariat und Nur-Notariat) im Bundesgebiet vorsehen oder zulassen[265]. Die Wahrung der Wirtschaftseinheit verlangt, daß Aufgaben und Aufbau der Industrie- und Handelskammern einheitlich geregelt werden[266]. Hierzu gehört auch die Bezeichnung „Industrie- und Handelskammer"; abweichende Bezeichnungen in den Ländern würden zu Verwirrungen und Mißverständnissen führen. Der Bundesgesetzgeber kann aber aus Rücksicht auf historische Eigenarten Länder zur Weiterführung der bisherigen Bezeichnung ermächtigen[267]. Werden historisch gewordene regionale Rechtsunterschiede aufrecht erhalten, so müssen jedoch die „Vorteile und Nachteile der verschiedenen möglichen gesetzgeberischen Lösungen ... sich im wesentlichen ausgleichen"[268]. Die verschiedenen Notariatsformen müssen z. B. eine im Effekt gleichwertige Rechtsfürsorge gewähren[269].

Ebenso kann der Bundesgesetzgeber bei der Ausgestaltung des Verfahrens und der Bestimmung der zuständigen Behörden Rücksicht auf Besonderheiten der Länder nehmen, indem er Sonderregelungen für einzelne Länder schafft oder abweichende Regelungen in einzelnen oder allen Ländern zuläßt[270]. Zulässig ist auch, den Ländern die Annahme einer vom Gesetz bereits ausgearbeiteten bestimmten Alternativlösung oder ergänzenden Vorschrift freizustellen[271]. Hier bleibt dem Landesgesetzgeber die Anpassung an die besonderen örtlichen Verhältnisse überlassen.

Im Gegensatz zu der hier dargelegten Auffassung sieht *Wengler*[272] in der Verschiedenheit oder Gleichartigkeit der örtlichen Verhältnisse ein entscheidendes *Auslegungskriterium* für Art. 72 II, d. h. für das Vorliegen oder Nichtvorliegen der Bundeszuständigkeit. Das kann nicht richtig sein: Die Verschiedenheit oder Gleichartigkeit der örtlichen Verhältnisse ist schon nach dem Wortlaut kein Auslegungskriterium für Nr. 1 oder 2. Der Gesichtspunkt ist aber auch für Nr. 3 irrelevant: Gerade die Verschiedenheit der örtlichen Verhältnisse kann die Erforderlichkeit eines Bundesgesetzes zur Wahrung der Einheitlichkeit begründen; gerade die

---

[265] § 3 BNotO verstößt nicht gegen Art. 3: BVerfGE 17, 381; BVerwG MDR 1962, 503 = supra Fn. 242; OVG Münster DNotZ 1959, 438 mit zust. Anm. *Saage* DNotZ 1959, 439. Vgl. auch Art. 138 GG.
[266] Der BT-Aussch. für Wirtschaftspolitik weist in der Begr. zum IHKG auf Art. 72 II Nr. 3 Fall 1 und 2 hin (BT-zu DrS II Nr. 2380 S. 2).
[267] § 13 IHKG; § 1 BremIHKG („Handelskammer Bremen"), § 1 HambIHKG („Handelskammer Hamburg").
[268] *Wengler* JZ 1965, 135 r.
[269] *Wengler* JZ 1965, 135 r, 136 r.
[270] So z. B. § 188 BBauG; vgl. die Begr. der BReg. in BT-DrS III Nr. 336 S. 120 zu § 225; § 73 II VwGO.
[271] BadWürtt.VGH ESVGH 17, 118 (119/20) (zu § 47 VwGO. Betonung des Gesichtspunktes des Herkömmlichen); § 8 I WoBauG. Vgl. infra S. 69.
[272] JZ 1965, 136 li.

Einheitlichkeit der örtlichen Verhältnisse kann es nach Lage des Falles überflüssig machen. Der oben erwähnte aus Art. 3 GG abgeleitete Grundsatz gilt für den zuständigen Bundes- oder Landesgesetzgeber für den jeweiligen Geltungsbereich der Gesetze. Art. 72 II beantwortet aber erst die Frage nach der Zuständigkeit. Aus einem für den zuständigen Gesetzgeber geltenden Grundsatz kann nichts für die Verteilung der Zuständigkeit hergeleitet werden. Art. 3 beschränkt die Handlungsfreiheit des zuständigen Bundesgesetzgebers, kann aber keine Zuständigkeit begründen oder ausschließen.

V. Einzelfragen bei der Anwendung des Art. 72 II GG

1. Bedürfnis bei Ermächtigung der Länder zu eigenen Regelungen.

Ebenso wie bei Art. 71 kann der Bund im Bereich der konkurrierenden Gesetzgebung die Länder zu eigenen Regelungen ermächtigen[273]. *Maunz-Dürig* und *v. Mangoldt-Klein* fordern auch für solche Ermächtigung die Erfüllung der Voraussetzungen des Art. 72 II[274]. Hierbei sind jedoch Unterscheidungen nötig.

a) „Ermächtigt" der Bundesgesetzgeber die Landesgesetzgeber, *ergänzende* oder *weitergehende* Vorschriften zu erlassen[275], so gehört dieser (den Ländern überlassene) Bereich nicht zu der „geregelten Angelegenheit" i. S. des Art. 72 II. Der Bundesgesetzgeber hat insoweit von seinem Gesetzgebungsrecht i. S. des Art. 72 Abs. I keinen Gebrauch gemacht. Die Bedürfnisprüfung nach Abs. II entfällt. Die sog. „Ermächtigung" schafft keine neue Befugnis, sondern umschreibt nur den sich bereits durch Auslegung der Norm ergebenden Umfang der geregelten Angelegenheit[276]. Dabei ist es unerheblich, ob der Bundesgesetzgeber mangels oder trotz Bedürfnisses untätig geblieben ist: Wenn für eine bundesgesetzliche Regelung des den Ländern überlassenen Bereiches ein Bedürfnis fehlt, enthält die Ermächtigung nur eine Klarstellung. Wenn zwar ein Bedürfnis besteht, der Bundesgesetzgeber aber derzeit von einer eigenen Regelung absieht, sind die Landesgesetzgeber eben deshalb zuständig. Dasselbe gilt, wenn das Bundesgesetz das *Unberührtbleiben* oder die Weitergeltung landesrechtlicher Vorschriften bestimmt oder lediglich auf das Landesrecht verweist[277]. In diesen Fällen liegt

---

[273] *Maunz-Dürig* Art. 72 Rdn. 7; *Maunz* BayVBl. 1955, 2 sub 5; *v. Mangoldt-Klein* Art. 72 Anm. III 1 b S. 1433.

[274] A.a.O. *Maunz-Dürig* vertritt entgegen der Behauptung von *v. Mangoldt-Klein* keine andere Ansicht.

[275] Z. B. § 12 IHKG; § 24 GeschlKrG. Eine solche Ermächtigung meint wohl *Maunz-Dürig* Art. 74 Rdn. 3.

[276] So auch Aussch. für Wirtschaftspolitik in der Begr. zum IHKG, BT-zu DrS II Nr. 2380 S. 3 zu § 10. Es handelt sich in der Terminologie der BVerfGE 18, 407 (415 sub 4) um den Fall, in dem der Bund in Ausübung seiner konkurrierenden Gesetzgebungsbefugnis nur einen Teil einer Materie regelt und „der Rest für die Regelung durch den Landesgesetzgeber frei" bleibt.

eine konstitutive Ermächtigung zur Rechtsetzung, wie sie z. B. Art. 80 regelt, nicht vor.

Trifft der Landesgesetzgeber in Ausübung seiner konkurrierenden Gesetzgebungsbefugnis eine Regelung auf dem Teil des Gebietes, auf dem der Bundesgesetzgeber von seiner Kompetenz keinen Gebrauch gemacht hat (Art. 72 I), so setzt er Landesrecht. Das ist — anders als bei der konstitutiven Ermächtigung des Art. 80[278] und des Art. 71[279] — unbestritten. Eine echte konstitutive Ermächtigung des Landesgesetzgebers zum Erlaß von Landesrecht auf dem Gebiet der konkurrierenden Gesetzgebung, durch die der Bund von seiner Kompetenz i. S. des Art. 72 I Gebrauch macht, ist nicht vorstellbar. Der Bund kann die Länder nicht zu etwas ermächtigen, was sie bereits auf Grund der Verfassung tun können.

b) Etwas anderes gilt, wenn ein Bundesgesetz nur *bestimmte alternative* oder *ergänzende Regelungen* durch die Länder zuläßt[280] oder wenn es die „Ermächtigung" durch Grundsätze, Umfangs-, Inhalts- oder Zweckbestimmungen *einschränkt*. In diesem Fall haben die Länder nur die Wahl, untätig zu bleiben oder sich den Anforderungen des Bundes zu fügen. Das Bundesgesetz läßt in diesen Fällen dem Landesgesetzgeber das „ob", nicht das „wie" der Regelung offen. Dieser (den Ländern bedingt vorbehaltene[281]) Bereich gehört zu der vom Bundesgesetz „geregelten Angelegenheit" i. S. des Art. 72 II. Eine Bedürfnisprüfung für die Ermächtigung ist erforderlich.

Eine Bedürfnisprüfung ist auch erforderlich, wenn die Länder kraft ausdrücklicher Anordnung des Bundes Bundesrecht setzen[282]. Ob eine solche Ermächtigung möglich ist, ist auch nach BVerfGE 18,407 noch offen und soll hier nicht entschieden werden. In diesem Fall macht entweder der ermächtigende Bundesgesetzgeber selber oder der ermächtigte Landesgesetzgeber von der Bundeskompetenz i. S. des Art. 72 I Gebrauch. Die Ermächtigung des Bundesgesetzgebers oder die Rechtsetzung des Landesgesetzgebers muß die Voraussetzungen des Art. 72 II erfüllen. Die zweite Lösung ist vorzuziehen, da erst bei der Rechtsetzung durch den Landes-

---

[277] So auch *Maunz-Dürig* Art. 74 Rdn. 11. Z. B. §§ 103, 142 FlurbG; §§ 5 III, 44 WoBauG; Art. 59 ff. EGBGB.
[278] BVerfGE 18, 407 (416); *Menger-Erichsen* VerwArch. 1966, 64 f., 68 (m. w. Nachw.).
[279] BVerfGE 18, 407 (415); *v. Mangoldt-Klein* Art. 71 Anm. IV 11 S. 1426 (m. w. Nachw.); *Maunz-Dürig* Art. 71 Rdn. 10.
[280] Z. B. § 73 II VwGO, dazu BVerfGE 20, 238 (m. Anm. *Bettermann* NJW 1967, 435); § 47 VwGO, dazu BadWürtt.VGH ESVGH 17, 118 (119) (Ermächtigung an die Länder, „die bundesrechtliche Regelung in bestimmten Beziehungen zu ergänzen"). Vgl. supra S. 67 und infra S. 74 f.
[281] Über die unbedingte Zulassung abweichender Landesregelungen infra S. 74 f.
[282] Eine solche Ermächtigung meint wohl *v. Mangoldt-Klein* Art. 72 Anm. III 1 b S. 1433, wenn er sagt, nur wenn der Bundesgesetzgeber „Gebrauch gemacht" habe, könne er ermächtigen.

gesetzgeber das Ausmaß der Inanspruchnahme der konkurrierenden Gesetzgebung, also die Abgrenzung der geregelten Angelegenheit, erkennbar wird.

2. *Sperrgesetze.* Sperrgesetz ist ein Bundesgesetz, das die Länder an der Gesetzgebung hindert, ohne selber eine sachliche Regelung zu treffen[283]. Ein Teil der Lehre hält derartige Gesetze für unzulässig, weil in ihrem Erlaß kein Gebrauchmachen i. S. des Art. 72 I liege[284]. Diese Streitfrage soll hier dahinstehen. Hier soll nur die Frage untersucht werden, ob solche Gesetze bei unterstellter Vereinbarkeit mit Art. 72 Abs. I auch mit Abs. II vereinbar sind, ob also für solche Gesetze ein Bedürfnis i. S. des Art. 72 II bestehen kann.

Bei einem Sperrgesetz muß ein Bedürfnis für den Bereich gegeben sein, für den der Bund die Länder an einer eigenen Gesetzgebung hindert. Insoweit macht der Bundesgesetzgeber von seiner Kompetenz Gebrauch. Es gilt also für ein Sperrgesetz dasselbe wie für den Sperrbereich eines jeden Gesetzes, d. h. für den durch Auslegung zu ermittelnden Bereich, auf dem die Länder von einer eigenen Regelung ausgeschlossen sind, ohne daß der Bund eine positive Regelung getroffen hat. Für die Bedürfnisprüfung ist es also gleich, ob der Bundesgesetzgeber die Ladenschlußzeiten zur Nachtzeit festlegt und mit dieser Regelung die Länder auch von einer eigenen Gesetzgebung über die Ladenschlußzeiten zur Tageszeit ausschließt[285] oder ob er nur negativ bestimmt, die Länder dürften keine Regelungen der Ladenschlußzeiten treffen.

Die Bedingung der Nr. 1 kann ein Sperrgesetz nicht erfüllen: Wenn die Angelegenheit wegen ihrer Überregionalität nicht wirksam von einem Land geregelt werden kann, kann ein Verbot aller Regelungen niemals Abhilfe schaffen. Nach Nr. 2 könnte ein Sperrgesetz zulässig sein, wenn jede denkbare Landesregelung die Interessen anderer Länder oder der Gesamtheit verletzen würde. Der Bundesgesetzgeber könnte z. B. der Ansicht sein, daß jede Subvention eines Industriezweiges durch ein Land die Interessen anderer Länder beeinträchtigt. Nach Nr. 3 wäre ein Sperrgesetz dann denkbar, wenn die Nichtregelung oder die Unterlassung der Neuregelung einer Angelegenheit zur Wahrung der Rechts- oder Wirtschaftseinheit erforderlich ist. Der Bundesgesetzgeber, der einer laissez-faire-Wirtschaftstheorie anhängt, könnte zur Wahrung der Wirtschaftseinheit allen Ländern die Einführung von Kartellgesetzen untersagen[286].

---

[283] *Bettermann-Goessl* S. 112; *Leonhardt* S. 23.
[284] *Bettermann-Goessl* S. 112; *Leonhardt* S. 23 f.; *Weber* DÖV 1954, 418; *Maunz* StR S. 196; *Heeger* S. 33; Bayerische Staatsregierung, berichtet in BVerfGE 5, 25 (26). Für Zulässigkeit: *Ipsen* RdA 1954, 82; *Maunz-Dürig* Art. 72 Rdn. 5, Art. 74 Rdn. 11, 13; *Nawiasky-Lechner* Ergänzungsband S. 69 sub b; *Zinn* AöR 75, 298. Ein Sperrgesetz ist z. B. § 88 I Satz 2 BetrVG, vgl. BVerfGE 7, 120 (124).
[285] Vgl. supra S. 32.
[286] Zu allgemein über die Bedeutung des Art. 72 II für Sperrgesetze *Maunz-Dürig* Art. 72 Rdn. 5 Fn. 4, Art. 74 Rdn. 13.

Nach alledem sind Sperrgesetze durch Art. 72 II nicht ausgeschlossen: ein Bedürfnis für sie kann bestehen.

3. Wegfall des Bedürfnisses. Muß das Bedürfnis nach bundesgesetzlicher Regelung nur bei Erlaß eines Bundesgesetzes vorliegen oder muß es auch für den weiteren Bestand des Gesetzes bestehen? Nach *Fröhler*[287] ist die Zuständigkeit nicht nur gegeben „soweit", sondern auch nur „solange" die Voraussetzungen des Art. 72 II vorliegen: Ein zunächst vorliegendes Bedürfnis nach bundesgesetzlicher Regelung eines Gebietes könne später wegfallen; dann sei der Bund verpflichtet, das betreffende Rechtsgebiet den Ländern zur Regelung wieder freizugeben. Ipso iure werde es allerdings kein Landesrecht[288].

Diese Lehre zieht entgegen dem klaren Verfassungswortlaut das „solange" des Art. 72 Abs. I in den Abs. II. Aus dem Fehlen des „solange" in Abs. II kann aber nur geschlossen werden, daß das Bedürfnis lediglich beim Erlaß des Gesetzes vorliegen muß. Es gibt auch keinen sonstigen Grund für die Einbeziehung des „solange" in den Abs. II. Das Postulat, das Bedürfnis nicht nur beim Erlaß, sondern auch für die ganze Geltungsdauer zu verlangen, ist vor allem völlig unpraktisch. Bei welchen Gelegenheiten sollte der Bundesgesetzgeber das Weiterbestehen des Bedürfnisses prüfen? Wie könnte die Verpflichtung des Bundes erzwungen werden? Überdies ist der spätere Wegfall eines zunächst bestehenden Bedürfnisses zur bundesrechtlichen Regelung einer Angelegenheit praktisch kaum vorstellbar: Überregionale Angelegenheiten müßten regional werden, überregionale Wirkungen müßten fortfallen, die Rechtseinheit auf einem Gebiet müßte überflüssig werden. Sollte tatsächlich ein Bedürfnis fortfallen, so hat der Bundesgesetzgeber höchstens ein nobile officium zur Aufhebung seiner Regelung und Freigabe der Angelegenheit an die Landesgesetzgebung[289].

4. Bedürfnis bei Änderung und Aufhebung von Bundesgesetzen.

a) Das Bedürfnis bei *Änderungen* oder Ergänzungen von Bundesgesetzen ist umstritten. Einige Autoren[290] fordern bei jeder Gesetzesänderung eine Bedürfnisprüfung für die Änderung. Andere Autoren[291] wollen den Bund bei Änderungen und Ergänzungen von Bundesgesetzen

---

[287] DVBl. 1950, 491/92. Gegen ihn *Benter* S. 17; *v. Mangoldt-Klein* Art. 72 Anm. IV 4 f. S. 1444.
[288] Die Länder haben nach *Fröhler* jedoch einen durchsetzbaren Anspruch auf Eröffnung der Zuständigkeit.
[289] Vgl. BVerfGE 1, 283 (295).
[290] *Maunz-Dürig* Art. 72 Rdn. 18; *v. Mangoldt-Klein* Art. 72 Anm. IV 6 b S. 1446.
[291] *Kern* MDR 1950, 69 sub 2; *Zinn* WB S. 59/60; *v. Mangoldt* Art. 72 Anm. 3 S. 387; unklar *Hamann* Art. 72 Anm. B 4 S. 325. Die Autoren geben für ihre Ansicht allerdings keine nähere Begründung.

von einer neuen Bedürfnisprüfung freistellen; habe der Bund von seinem Gesetzgebungsrecht auf einem Gebiet der konkurrierenden Gesetzgebung einmal Gebrauch gemacht, so sei er bei weiterer Betätigung auf diesem Gebiet vom Bedürfnis des Art. 72 II freigestellt. Eine Mittelmeinung[292] hält eine erneute Bedürfnisprüfung für überflüssig, wenn der Bund eine Materie einmal abschließend geregelt und dadurch die Landeszuständigkeit beseitigt habe. Habe er den Ländern durch eine beschränkte bundesgesetzliche Regelung Raum für eigene gesetzgeberische Betätigung freigelassen, könne er diesen Raum später nur unter den Bedingungen des Art. 72 II einschränken.

Die uneingeschränke Freistellung des Bundes von der Bedürfnisprüfung bei Gesetzesänderungen oder -ergänzungen ist abzulehnen. Sonst könnte der Bundesgesetzgeber durch die Regelung einer (unwesentlichen) Angelegenheit auf einem Gebiet des Art. 74 das ganze Gebiet von der Bedürfnisprüfung freistellen und im Ergebnis eine bedürfnisfreie Zuständigkeit schaffen. Diese Lehre findet keine Stütze im Grundgesetz: sie übersieht das „soweit" in Art. 72 I und II.

Die uneingeschränkte Bedürfnisprüfung für jede Gesetzesänderung oder -ergänzung ist ebenfalls abzulehnen. Bei dieser Meinung könnte der Fall eintreten, daß sowohl der Bundes- als auch die Landesgesetzgeber von der Regelung einer Angelegenheit ausgeschlossen sind: Das Land durch die Art. 31, 72 I, weil der Bund die Materie bereits geregelt hat; und der Bund durch Art. 72 II, weil kein Bedürfnis für die bundesgesetzliche Änderung besteht. Der Bundesgesetzgeber hat beispielsweise durch die Regelung des Ladenschlusses zur Nachtzeit die ganze Ladenschlußzeit zu einer bundesrechtlichen Angelegenheit gemacht und die Länder von einer Regelung der Ladenschlußzeit zur Tageszeit ausgeschlossen[293]. Der Bund könnte von einer eigenen Erstreckung der Regelung auf die Tageszeit ebenfalls ausgeschlossen sein, weil ein Bedürfnis i. S. des Art. 72 II hierfür verneint wird. Die Auslegung eines Artikels des Grundgesetzes, nach der weder der Bundes- noch die Landesgesetzgeber auf einem Gebiet Recht setzen könnten, hat das Bundesverfassungsgericht mit Recht als „unhaltbar" bezeichnet[294].

Die richtige Antwort ergibt sich aus dem Verhältnis von Art. 72 II zu Art. 72 I und 31. Eine neue Bedürfnisprüfung für ein Bundesgesetz zur Änderung oder Ergänzung eines Gesetzes ist dann nötig, wenn es Regelungen enthält, die die Länder bis zum Erlaß dieses Gesetzes noch selber treffen konnten. Im Bereich der bundesrechtlichen Sperre der Landesgesetzgebung durch Art. 72 I oder 31 kann dagegen für ein neues Bundesgesetz kein neues Bedürfnis verlangt werden. Eine neue Bedürfnisprü-

---

[292] *Hoepfner* MDR 1949, 654 sub b, c; ihm folgend *Benter* S. 18.
[293] Vgl. supra S. 32.
[294] BVerfGE 6, 309 (352 sub c).

fung ist also nicht erforderlich, wenn ein Gesetz im Rahmen einer bereits geregelten Angelegenheit verbleibt. Sie ist stets dann notwendig, wenn die Grenzen der bereits geregelten Angelegenheit überschritten werden, wenn also der bundesrechtliche Sperrbereich erweitert wird. Die geregelte Angelegenheit umfaßt dabei nach den Ausführungen auf S. 32 die tatsächliche Regelung und den durch Auslegung zu ermittelnden Bereich der Sperrwirkung eines Gesetzes. Der oben erwähnten Mittelmeinung ist daher im Ergebnis zuzustimmen. Nach ihr sind immer entweder die Länder oder der Bund zur Regelung befugt.

Soll die Altersversorgung des Schornsteinfegergesetzes auf Gesellen ausgedehnt werden, so ist eine (erneute) Bedürfnisprüfung erforderlich. Das Gesetz zur Ordnung des Schornsteinfegerwesens regelt die Frage nicht und schließt die Länder von einer eigenen Regelung nicht aus. Die vom Bürgerlichen Gesetzbuch geregelten Angelegenheiten umfassen nicht das Recht der Jagd- und Fischereipacht. Die Ausdehnung der Bundesgesetzgebung auf diese Rechtsinstitute ist oder war bedürfnisprüfungspflichtig[295]. Bei einer Änderung der Arbeitszeitordnung braucht dagegen ein Bedürfnis nicht mehr geprüft zu werden; denn auf diesem Gebiet haben die Länder seit der AZO keine Kompetenzen mehr[296].

Es spielt keine Rolle, ob ein Gesetz geändert oder ergänzt wird oder ob ein neues Gesetz unter gleichzeitiger Aufhebung eines alten Gesetzes die gleiche Angelegenheit neu regelt. Die hier entwickelten Grundsätze gelten auch für Recht, das nach Art. 125 Bundesrecht geworden ist: Eine Bedürfnisprüfung ist nicht erforderlich, solange das das alte Recht ergänzende oder ersetzende Gesetz dieselbe Angelegenheit regelt.

b) Bei der *Aufhebung* eines Bundesgesetzes findet Art. 72 II nach übereinstimmender[297] und richtiger Ansicht keine Anwendung. Ein weiterbestehendes Bedürfnis nach bundesgesetzlicher Regelung hindert den Bundesgesetzgeber nicht an der Aufhebung eines Gesetzes. Art. 72 II dient dem Schutz der Länder und kommt bei einer Erweiterung ihrer Kompetenzen nicht zur Anwendung. Das Ergebnis hängt damit zusammen, daß der Bundesgesetzgeber auch bei Vorliegen eines Bedürfnisses nicht zu einer entsprechenden Regelung verpflichtet ist[298].

---

[295] Vgl. *Nipperdey* NJW 1951, 897.

[296] Abzulehnen daher BVerfGE 1, 283 (298): „In Anbetracht der abschließenden Regelung in § 22 AZO ist es Aufgabe des Bundesgesetzgebers zu entscheiden, inwieweit eine Änderung der Vorschrift tunlich und dabei ein Bedürfnis nach bundesrechtlicher Regelung zu bejahen ist." Zutreffend ist diese Ausführung allerdings, wenn das BVerfG nicht das besondere Bedürfnis des Art. 72 II sondern das supra S. 31 behandelte „allgemeine Regelungsbedürfnis" meint.

[297] *Hoepfner* MDR 1949, 654 sub a; *Benter* S. 18; *v. Mangoldt-Klein* Art. 72 Anm. IV 6 c S. 1446; IV 6 a S. 1445; *Kern* MDR 1950, 69 sub 1; *Hamann* Art. 72 Anm. B 4 S. 325; *Maunz-Dürig* Art. 72 Rdn. 18, Rdn. 5 Fn. 1; *Giese* GG Art. 72 Anm. II 3 S. 116; *Zinn* WB S. 60.

[298] Vgl. supra S. 60 f.

Nach der Aufhebung eines Bundesgesetzes auf dem Gebiet der konkurrierenden Gesetzgebung werden nach Art. 72 I die Länder wieder uneingeschränkt zuständig. Eine spätere Neuregelung der früher bereits bundesrechtlich geregelten Angelegenheit ist bedürfnisprüfungspflichtig[299]. Die erneute Erfüllung der Bedürfnisvoraussetzungen entfällt jedoch, wenn Aufhebung und Neuregelung uno actu erfolgen. Einer solchen Regelung dürfte es gleichstehen, wenn zwar ein zeitlicher Auseinanderfall besteht, Aufhebung und Neuregelung aber in einem engen zeitlichen und sachlichen Zusammenhang stehen.

5. *Gesetze, die das Nichtvorliegen eines Bedürfnisses nach bundesgesetzlicher Regelung offenbaren.* Das Vorliegen der Voraussetzungen des Art. 72 II muß der Bundesgesetzgeber vor seinem Tätigwerden prüfen und bejahen. Von dieser Feststellung wäre er auch dann nicht entbunden, wenn die Bejahung in seinem Ermessen stehen sollte. Im Normalfall nimmt der Bundesgesetzgeber, wenn er ein Gesetz im Bereich der konkurrierenden Gesetzgebung erläßt, seine Zuständigkeit an. In einigen Fällen kann aber bereits die Art der getroffenen Regelung zum Ausdruck bringen, daß nach Ansicht des Gesetzgebers die Voraussetzungen des Art. 72 II nicht vorliegen. Ein solches Gesetz ist verfassungswidrig mangels Zuständigkeit. In diesem Fall ist es unerheblich, ob objektiv ein Bedürfnis nach bundesgesetzlicher Regelung der Angelegenheit vorliegt, der Gesetzgeber also ein anderes Gesetz über die Angelegenheit erlassen könnte.

Ein Beispiel für ein bundesgesetzliches Eingeständnis fehlenden Bedürfnisses ist das die Weitergeltung des bisherigen Landesrechts anordnende Apotheken-Stopp-Gesetz, wenn man annimmt, das Gesetz habe lediglich den buntscheckigen z. Z. des Erlasses bestehenden Rechtszustand eingefroren und somit nichts zur Rechtseinheit beigetragen[300]. Der Bundesgesetzgeber hätte das Bedürfnis für dieses Gesetz selbst verneint[301]. *Maunz-Dürig*[302] betonen mit Recht, daß ein Bundesgesetz, das die Länder zum Gesetzeserlaß verpflichtet (und damit in den Ländern unterschiedliche Regelungen zuläßt), das Nichtvorliegen der Voraussetzungen des Art. 72 II manifestiert.

Ein bundesgesetzliches Eingeständnis fehlenden Bedürfnisses liegt weiter vor, wenn der Bundesgesetzgeber von seiner Kompetenz nur be-

---

[299] Vgl. *Maunz-Dürig* Art. 73 Rdn. 11, Art. 74 Rdn. 6. A. A. *Kern* MDR 1950, 69 sub 2.

[300] Eine mögliche andere Auslegung supra S. 66. Nicht differenzierende Ablehnung des ApothStoppG durch *v. Mangoldt-Klein* Art. 72 Anm. IV 4 g S. 1444.

[301] *Maunz-Dürig* Art. 72 Rdn. 12 nennt als weiteres Beispiel das WoBauG. Dieses Beispiel trifft jedoch nicht zu.

[302] Art. 74 Rdn. 4. Auch abgesehen von Art. 72 II wäre ein solches Bundesgesetz verfassungsgeschichtlich ohne Vorbild.

dingt Gebrauch macht, indem er dem Landesgesetzgeber *abweichende Regelungen* gestattet, ohne dafür bestimmte Alternativen anzubieten oder ihn durch Grundsätze zu binden. Der Bundesgesetzgeber läßt in diesen Fällen dem Landesgesetzgeber das „wie" und das „ob" offen. Ein solches bedingtes Gebrauchmachen schränkt den Landesgesetzgeber nur insofern ein, als er die Angelegenheit nicht mehr ungeregelt lassen kann: entweder gilt die Bundesregelung oder er muß sie durch eine eigene Regelung ersetzen[303]. Ob diese Gestaltung freilich vorliegt, muß von Fall zu Fall genau geprüft werden; sie hängt nicht nur vom Wortlaut des Bundesgesetzes ab. Unter diesem Gesichtspunkt ist es z. B. verfassungswidrig, wenn der Bundesgesetzgeber kleine Gewässer von wasserwirtschaftlich untergeordneter Bedeutung in das Wasserhaushaltsgesetz einbezieht, es aber den Ländern anheimstellt, abweichende Regelungen für sie zu treffen[304].

Aus den gleichen Gründen ist die von einigen Autoren vorgeschlagene[305] „*subsidiäre Gesetzgebung*" über Gegenstände der konkurrierenden Gesetzgebung mit Art. 72 II unvereinbar. Sie soll darin bestehen, daß der Bund ein Gesetz beschließt und verkündet, es aber den Ländern überläßt, ob und wieweit sie es für ihren räumlichen Geltungsbereich in Kraft setzen wollen.

6. Art. 72 II und die ungeschriebenen Gesetzgebungskompetenzen. Bei den in Lehre und Rechtsprechung anerkannten ungeschriebenen Gesetzgebungskompetenzen kraft Sachzusammenhanges und kraft Natur der Sache ist im Rahmen dieser Untersuchung zu fragen, ob Art. 72 II Argumente für oder gegen diese Kompetenzen zu entnehmen sind (b) und ob Art. 72 II die Ausübung dieser Kompetenzen limitiert (c). Zuvor bedarf jedoch die Stellung der ungeschriebenen Kompetenzen im System der Kompetenzen des Grundgesetzes der Klärung (a).

a) Kompetenzen kraft Sachzusammenhanges[306] ergeben sich aus dem inneren Zusammenhang von ausdrücklich verteilten Materien mit anderen Materien. Ungeschriebene Bundeskompetenzen kraft Sachzusammenhanges lassen sich in das grundgesetzliche Kompetenzsystem eingliedern: sie sind je nach der Materie, zu der sie im inneren Sachzusammenhang stehen, ausschließliche oder konkurrierende und Voll- oder Rahmenkom-

---

[303] *Doehl* AöR nF 12, 100 (1927) (mit Beispielen aus älteren Gesetzen). Vgl. supra S. 64, 67, 69.
[304] § 1 II WHG. Ähnlich z. B. Art. 122 EGBGB. *v.Mangoldt-Klein* Art. 31 Anm. IV 3 f. S. 773 hält es dagegen allgemein für zulässig, daß Bundesrecht sich gegenüber entgegenstehendem Landesrecht für nachgiebig erklärt.
[305] *Herrfahrdt* BK Art. 72 Anm. III; *Maunz* BayVBl. 1955, 2 sub 7. Dagegen, aus mit Art. 72 II nicht zusammenhängenden Gründen *Maunz-Dürig* Art. 70 Rdn. 19.
[306] Supra Fn. 99.

petenzen. Gesetzgebungskompetenzen aus der Natur der Sache[307] sind dagegen immer nur ausschließliche Kompetenzen[308]. Die Natur der Sache und der Sachzusammenhang vermögen nicht nur Kompetenzen des Bundes, sondern auch solche der Länder zu begründen[309].

b) Aus Art. 72 II ergeben sich keine Schlüsse für und gegen die Zulässigkeit ungeschriebener Bundeskompetenzen. Die Vorschrift hat mit Gesichtspunkten des Sachzusammenhangs nichts zu tun. Auch für die Zulässigkeit oder Unzulässigkeit von Kompetenzen aus der Natur der Sache gibt Art. 72 II nichts her. Er kann nicht allein, sondern immer nur in Verbindung mit einer anderswo normierten (konkurrierenden) Gesetzgebungszuständigkeit Kompetenzen begründen. Nötig ist immer eine Norm, die die fragliche Materie der konkurrierenden Bundeskompetenz überweist. Auch wenn die Voraussetzungen des Art. 72 II noch so dringlich und offenkundig vorliegen, kann die Vorschrift allein keine Bundeskompetenz begründen und an der Zugehörigkeit der Materie zur Landeskompetenz nichts ändern[310]. Art. 72 II begründet keine Bundeskompetenzen, sondern beschränkt sie oder ihre Ausübung.

Nach einer neueren Lehre[311] reicht die Überregionalität einer Angelegenheit zur Begründung einer Bundeszuständigkeit kraft Natur der

---

[307] Dazu *Bettermann-Goessl* S. 172 (m. w. Nachw.); *Bullinger* S. 71; *v. Mangoldt-Klein* Art. 70 Anm. III 4 d S. 1401.

[308] *Weber* Spannungen und Kräfte S. 75; *Maunz-Dürig* Art. 71 Rdn. 4, Art. 74 Rdn. 5. A. A. *Kölble* DÖV 1963, 667.

[309] Auf diesen wenig bekannten Aspekt weisen mit Nachdruck *Bettermann-Goessl* S. 172 hin.

[310] BVerfGE 3, 407 (421); *Glum* S. 70; *Hamann* Art. 72 Anm. B 4 S. 325; *Hoepfner* MDR 1949, 654; *v. Mangoldt-Klein* Art. 72 Anm. IV 8 S. 1446; *Maunz* Föderalistische Ordnung S. 88; *ders.* Nawiasky-Festschrift S. 262; *Maunz-Dürig* Art. 72 Rdn. 19; *Meyers* Föderalistische Ordnung S. 54; *ders.* Klare Aufgabenteilung S. 8; *Lenz* BT IV Steno. S. 5451 D; *Mikat* BT IV Steno. S. 5454 A. Mißverständlich *Jansen* JR 1954, 407 r.
Zu unterscheiden ist die Frage, ob de constitutione lata auf den der ausschließlichen Landeskompetenz zugewiesenen Gebieten der Bund gemäß den Grundsätzen des Art. 72 II zuständig sein soll, wenn die Voraussetzungen des Art. 72 II vorliegen (dazu *Geiger* Mißverständnisse S. 27; vgl. *Menger-Erichsen* VerwArch. 1966, 65/66 und *Glum* S. 74). Zu unterscheiden ist weiter die Frage, ob Ländervereinbarungen auf Gebieten der ausschließlichen Kompetenz aus den Gründen des Art. 72 II abgeschlossen werden (*Ipsen* VVDStRL 19, 157 [Aussprache]) oder gar abgeschlossen werden sollen (*Thieme* VVDStRL 19, 156 [Aussprache]). Abwegig *Gross* NJW 1966, 1489, bei Vorliegen der Voraussetzungen des Art. 72 II bestehe eine Pflicht zur Selbstkoordinierung der Länder.

[311] *Achterberg* AöR 86, 70 Fn. 32 in Weiterführung der von *Küchenhoff* AöR 82, 473 (1957) (vgl. auch S. 472/73, 460) entwickelten Lehre. Während *Küchenhoff* die die Bundeszuständigkeit begründende Sachnatur in der Höherwertigkeit eines Bundesinteresses sieht, führt *Achterberg* die Höherwertigkeit auf die Überregionalität zurück. Aber auch schon *Küchenhoffs* Beschreibung der Bundeskompetenz kraft Natur der Sache in DVBl. 1951, 586 li enthält den Gesichtspunkt der Überregionalität. Die Verbindung von Kompetenz kraft Natur der Sache und Überregionalität findet sich schon bei *Poetzsch-Heffter* JöR 17, 13 (1929) und *Heckel* AöR nF 12, 433 (1927).

Sache aus. Danach würden die ausschließlichen Landeskompetenzen unter den Voraussetzungen des Art. 72 II Nr. 1 und 2 Bundeszuständigkeiten. Diese Lehre ist wegen ihres falschen Verständnisses der Bundeszuständigkeit kraft Natur der Sache abzulehnen. Die bisher anerkannten Fälle solcher Zuständigkeit[312] zeichnen sich gerade durch ihren fehlenden überregionalen Charakter aus: sie enthalten nicht je nach ihrer Erstreckung oder Bedeutung die beiden Möglichkeiten der Bundes- oder Landeszuständigkeit. Die von ihnen erfaßten Angelegenheiten sind vielmehr a priori den Ländern entrückt[313, 314].

c) Art. 72 II gilt auch für konkurrierende (Voll- oder Rahmen-) Kompetenzen des Bundes kraft Sachzusammenhangs. Er erfaßt — wie sich aus dem Verweis auf den „Bereich" der konkurrierenden Gesetzgebung ergibt — alle konkurrierenden Gesetzgebungskompetenzen, unabhängig von ihrer Stellung im Grundgesetz[315] und unabhängig von ihrer Existenz

---

[312] *Bundessymbole: Giese* GG Art. 30 Anm. II 2 S. 61, Art. 70 Anm. II 2 S. 114; *Giese-Schunck* Art. 30 Anm. II 2 S. 69, Art. 70 Anm. II 2 S. 127; HCh. Ber. S. 29; *Kaufmann* VVDStRL 9, 14 (1952); *Maunz-Dürig* Art. 70 Rdn. 27, Art. 71 Rdn. 4, Art. 73 Rdn. 9; *Seifert-Geeb* Art. 70 Abs. 1 Anm. I A 10 S. 141; *Wacke* S. 66 sub aa; WB S. 192 Resolution A II; BVerfGE 3, 407 (422);
Behördenorganisation und Dienstrecht des Bundes: HCh. Ber. a.a.O.; *Küchenhoff* DVBl. 1951, 586 r; *Maunz-Dürig* Art. 71 Rdn. 4; *Voigt* VVDStRL 10, 41/42 (1952); *Wacke* a.a.O.;
Organisationsgewalt: Katzenstein DÖV 1958, 596; *Kaufmann* a.a.O.; *ders.* Der Kampf um den Wehrbeitrag (Hrsg. Institut für Staatslehre und Politik e. V., München 1953) II Halbbd. 2 S. 56; *Küchenhoff* a.a.O.;
Haushaltsrecht: Wacke S. 45, 66 sub aa, 84, 102;
Sitz der Bundesregierung: Giese a.a.O.; *Maunz-Dürig* a.a.O.; WB a.a.O.; *Wacke* S. 66 sub aa; BVerfGE 3, 407 (422);
Bundesverfassung: Maunz-Dürig a.a.O.; *v. Mangoldt-Klein* Art. 71 Anm. III 3 S. 1419; *Seifert-Geeb* a.a.O; *Voigt* a.a.O.;
Bundesorden: Giese GG Art. 70 Anm. II 2 S. 114; *Maunz-Dürig* a.a.O., Art. 70 Rdn. 27; *Buchsbaum* BayVBl. 1959, 140 sub III;
Zur Staatspraxis: Katzenstein a.a.O.
[313] *Anschütz* HBDStR I S. 367; BVerfGE 11, 89 (99); 12, 205 (251); vgl. 3, 407 (422/23).
[314] Ablehnung einer Kompetenz kraft Natur der Sache bei Überregionalität: BVerfGE 12, 205 (251/52) (die Erörterungen gelten auch für die Gesetzgebungskompetenz, S. 250 letzter Satz); 15, 1 (24); *Köttgen* in Staats- und verwaltungswissenschaftliche Beiträge (Hrsg. Hochschule für Verwaltungswissenschaften Speyer 1957) S. 191; *Maunz-Dürig* Art. 71 Rdn. 5. Vgl. auch *Lieberecht* DVBl. 1967, 73.
Auch der US Supreme Court lehnte es ab, die Überregionalität einer Angelegenheit zur Begründung einer Bundeskompetenz ausreichen zu lassen, *Carter v. Carter Coal Co.*, 298 U. S. 238 (1936); insbesondere verwarf er eine Berufung auf *Randolphs* Resolution Nr. 6: „The proposition, often advanced and as often discredited, that the power of the federal government inherently extends to purposes affecting the nation as a whole with which the States severally cannot deal or cannot adequately deal ... [has] never been accepted but always definitely rejected by this Court" (S. 291).
[315] BVerfGE 1, 14 (35); *Achterberg* AöR 86, 91; *Bühler* BK Art. 105 Anm. II 3; *v. Mangoldt-Klein* Art. 72 Anm. IV 9 S. 1446, Anm. III 4 S. 1439; *Maunz-Dürig* Art. 72 Rdn. 17, 11; *Nawiasky-Leusser-Schweiger-Zacher* Art. 70 Rdn. 9 sub 2; *Seifert-Geeb* Art. 72 Anm. I A 10 S. 142; *Nawiasky-Lechner* Ergän-

kraft ausdrücklicher Enumerierung oder kraft Auslegung solcher Normen[316]. Auf ungeschriebene Kompetenzen kraft Natur der Sache hat Art. 72 II dagegen keinen Einfluß. Kompetenzen kraft Natur der Sache sind nach den Ausführungen unter a) immer ausschließliche Bundeskompetenzen. Für diese aber gilt Art. 72 II von vornherein nicht.

VI. Verhältnis des Art. 72 II GG zu anderen Verfassungsprinzipien

1. Bundestreue. Wegen der engen Verflechtung mit Art. 72 II bedarf die Frage der Klärung, ob auch das Prinzip der Bundestreue die Kompetenzverteilung des Grundgesetzes und die Kompetenzausübung beeinflußt.

a) Die Auswirkungen einer gesetzlichen Regelung im Bereich der *ausschließlichen Landesgesetzgebung* sollen nach der bundesstaatlichen Ordnung des Grundgesetzes grundsätzlich auf den Raum des Landes begrenzt bleiben[317]. Das Gleiche gilt von einer Landesregelung in dem den Ländern vorbehaltenen Bereich der Rahmenkompetenz nach Art. 75[318], wobei es unerheblich ist, ob der Bund bereits von seiner Rahmenkompetenz Gebrauch gemacht hat oder nicht. Die grundgesetzliche Kompetenzverteilung in ihrer tatsächlichen Ausgestaltung verhindert jedoch nicht, daß entgegen dem Verteilungsprinzip gesetzliche Regelungen im Bereich ausschließlicher Landeskompetenz über die Landesgrenzen hinauswirken und die Interessen anderer Länder oder des Bundes beeinträchtigen, m. a. W. überregional i. S. des Art. 72 II Nr. 2 sind. Die Rechtsfolgen des Art. 72 II treten jedoch nicht ein; diese Vorschrift allein kann Bundeskompetenzen nicht begründen (vgl. oben S. 76).

In diesem Fall kann jedoch das Prinzip der Bundestreue eingreifen[319]. Nach ihm muß der Landesgesetzgeber auf die Interessen des Bundes und

---

zungsband S. 70; *Hamann* Art. 72 Anm. B 1 S. 325; vgl. *Geiger* BayVBl. 1957, 306 sub 4.
Der ausdrückliche Verweis auf Art. 72 II bei der konkurrierenden Kompetenz in Art. 105 II ändert nichts daran.

[316] *Achterberg* AöR 86, 89, 92 und DÖV 1964, 616 f., der bei den ungeschriebenen Gesetzgebungskompetenzen eine Schranke analog Art. 72 II einführen will, verkennt, daß die konkurrierende Zuständigkeit kraft Sachzusammenhanges ohnehin das Bedürfnis nach Art. 72 II verlangt.
Er will ferner die Annex-Kompetenz (vgl. *Maunz-Dürig* Art. 70 Rdn. 32) analog Art. 72 II begrenzen, DÖV 1966, 701. Sofern eine Kompetenz ein Annex zu einem Sachgebiet der konkurrierenden Zuständigkeit ist, wird das Bedürfnis des Art. 72 II ohnehin verlangt.
Ob Art. 72 II eine sinnvolle Schranke für eine ausschließliche Bundeskompetenz abgibt, erscheint sehr zweifelhaft.

[317] BVerfGE 6, 309 (361).

[318] *Bettermann-Goessl* S. 111; *Geiger* BayVBl. 1957, 339 li; BVerfGE 4, 115 (129/130).

[319] Zu dem hier behandelten Aspekt der Bundestreue: *Bayer* S. 83, 99; *Geiger* BayVBl. 1957, 339; *ders.* Föderalistische Ordnung S. 118; *Glum* S. 52; *McWhinney* Föderalismus und Bundesverfassungsrecht (1962) S. 61; *Rupp* Carlo-Schmid-Festgabe S. 142, 144 sub 3; *Spanner* DÖV 1961, 481; *Maunz-*

der übrigen Länder Rücksicht nehmen[320]. Das Prinzip der Bundestreue bewirkt keine Kompetenzverschiebung und unterscheidet sich dadurch von Art. 72 II. Die Bundestreue beschränkt aber die Ausübung der Landeskompetenz[321]. Die Auswirkung der Gesetzgebung eines Landes auf den Bund oder auf die anderen Länder muß jedoch von einer gewissen Erheblichkeit sein[322].

Die landesgesetzliche Regelung auf dem Gebiet der ausschließlichen Landeszuständigkeit kann die *Interessen des Bundes* auf einem Gebiet beeinträchtigen, das zur ausschließlichen Kompetenz oder zur in Anspruch genommenen konkurrierenden oder Rahmenkompetenz gehört. Ebenso wie bei Art. 72 II Nr. 2 Fall 2 (vgl. oben S. 46 f.) muß es sich auch hier um eine Beeinträchtigung handeln, die nicht bereits eine Gesetzeskollision i. S. der Art. 31, 72 I enthält. In BVerfGE 6, 309 (Konkordatsurteil) berührte eine landesgesetzliche Regelung auf dem Gebiet der ausschließlichen Landeskompetenz (Schulrecht) „die nach außen gerichteten Interessen des Bundes"[323], nämlich die auswärtigen Beziehungen des Bundes (Art. 73 Nr. 1). Bei Beeinträchtigung des Bundes auf einem Gebiet seiner ausschließlichen Kompetenz ist die „Treuepflicht der Länder gegenüber dem Bund besonders ernst zu nehmen"[324]; ernster also, als wenn das Landesgesetz sich nur auf einem vom Bund in Anspruch genommenen Gebiet der konkurrierenden Gesetzgebung auswirkt[325].

Das Prinzip der Bundestreue findet auch Anwendung, wenn ein Landesgesetz auf dem Gebiet der ausschließlichen Landeszuständigkeit die *Interessen eines anderen Landes* — auf dem Gebiet seiner ausschließlichen oder konkurrierenden Kompetenz — beeinträchtigt[326]. Das Interesse des anderen Landes an einer eigenen Regelung derselben Angelegen-

---

Dürig Art. 20 Abs. 1 Rdn. 22, 23; *Scheuner* DÖV 1962, 646. Vgl. auch BVerfGE 1, 117 (131); 12, 205 (239/40).

[320] BVerfGE 4, 115 (140). Ähnlich 3, 52 (57); 6, 309 (361).

[321] Die Bundestreue beschränkt nicht die Kompetenz, sondern die Gestaltungsfreiheit des Landesgesetzgebers. BVerfGE 4, 115 („die Länder müssen die Freiheit ihrer Entscheidung der Rücksicht auf das Gesamtwohl unterordnen" [S. 141]; das Maß, in dem Bund oder Länder „von formal bestehenden Kompetenzen Gebrauch machen können, [muß] durch gegenseitige Rücksichtnahme bestimmt" sein [S. 142]; „Rechtsschranke für die Ausübung von Gesetzgebungsbefugnissen" [S. 140]; mißverständlich, wenn S. 140 von einer Schranke der Gesetzgebungsbefugnis die Rede ist); BVerfGE 8, 122 (138) (Schranke beim Gebrauchmachen der Zuständigkeiten); 14, 197 (215); *Rupp* Carlo-Schmid-Festgabe S. 115 sub 3, S. 145 sub 5; *Giese-Schunck* Art. 70 Anm. II 2 S. 127; *Geiger* Föderalistische Ordnung S. 118 sub 3, S. 124 sub 3; *Bayer* S. 83, vgl. S. 78; *Spanner* DÖV 1961, 482 r; mißverständlich *Lerche* AöR 90, 371 Fn. 110 (1965). A. A. *Hesse* Grundzüge S. 101.

[322] BVerfGE 4, 115 (140/41).

[323] BVerfGE 6, 309 (362).

[324] BVerfGE 6, 309 (362).

[325] Ähnlich *Tomerius* S. 104.

[326] BVerfGE 4, 115 (140); 3, 52 (57); 12, 205 (254); *Kölble* NJW 1962, 1082 sub 2; *Pfeiffer* NJW 1962, 566 sub 3; *Bayer* S. 89.

heit oder desselben Fragenbereiches braucht dabei nach allgemeiner und richtiger Ansicht nicht beeinträchtigt zu werden[327]. Die Behinderung oder Erschwerung der eigenen Regelung einer anderen Angelegenheit genügt. In E 4, 115 (140) untersuchte das Bundesverfassungsgericht, ob ein Landesgesetz über die Beamtenbesoldung das Finanzgefüge der übrigen Länder und des Bundes erschüttere (weil die anderen Beamten Gleichstellung mit der günstigeren Landesregelung verlangen könnten). Die Einbeziehung einer solchen mittelbaren Beeinträchtigung ist vertretbar, weil die Rechtsfolgen der Überregionalität hier mangels Kompetenzverschiebung weniger einschneidend sind als bei Art. 72 II. Sie beschränkt die Handlungsfreiheit des Landesgesetzgebers auch nicht übermäßig, weil viel schärfere Anforderungen an die Erheblichkeit der Auswirkung gestellt werden als bei Art. 72 II Nr. 2.

b) Die Bundestreue kann nur die Ausübung der ausschließlichen Gesetzgebungskompetenz der Länder beschränken. Das Prinzip hat keinen Einfluß auf die *konkurrierende Landeszuständigkeit*[328]. In diesem Bereich führt Überregionalität immer zur Bundeszuständigkeit nach Art. 72 II. Dessen spezielle Regelung schließt die Berufung auf das allgemeine Prinzip der Bundestreue aus. Will der Bundesgesetzgeber von seiner konkurrierenden Zuständigkeit keinen Gebrauch machen, kann die Bundestreue die Landeszuständigkeit nicht ausschließen, die Handlungsfreiheit des Landesgesetzgebers nicht beschränken[329].

c) Die Bundestreue beeinflußt auch nicht das Vorliegen der Voraussetzungen der konkurrierenden Gesetzgebungskompetenz des *Bundes*. Sie qualifiziert das Bedürfnis des Art. 72 II nicht, weil dieser die Frage abschließend regelt[330].

Eine andere Frage ist, ob *nach* Bejahung des von Art. 72 II geforderten Bedürfnisses das Prinzip der Bundestreue das Handlungsermessen des nunmehr zuständigen Bundesgesetzgebers einschränken kann, weil eine bestimmte Regelung die Interessen der Länder beeinträchtige[331].

2. *Subsidiaritätsprinzip.* Art. 72 II wird gelegentlich als Beispiel für die grundgesetzliche Anerkennung des sog. Subsidiaritätsprinzips[332] ange-

---

[327] Anders als bei Art. 72 II Nr. 2 Fall 1, vgl. supra S. 42, 44.

[328] Alle Fälle, in denen die Handlungsfreiheit des Landesgesetzgebers durch das Prinzip der Bundestreue beschränkt wurde, betrafen die ausschließliche Landeskompetenz: BVerfGE 3, 52 (57); 6, 309 (361); 8, 122 (138); 4, 115 (140); vgl. Bayer S. 99.
A. A. (die Bundestreue kann auch die Ausübung der konkurrierenden Landeszuständigkeit beschränken): *Bayer* S. 109/10; *Geiger* Föderalistische Ordnung S. 118 sub 3; unklar *ders.* in BayVBl. 1957, 339; *Maunz-Dürig* Art. 20 Rdn. 22 (der Grundsatz der Bundestreue finde „auch" auf den Bereich der ausschließlichen Kompetenz Anwendung).

[329] So auch *Maunz-Dürig* Art. 74 Rdn. 4.

[330] A. A. *Bayer* S. 85 sub bb.

[331] Bejahend: *Bayer* S. 85 sub bb; *Rupp* Carlo-Schmid-Festgabe S. 142 sub 1.

[332] Allgemein: *Glum* S. 47 f.; *Lerche* Übermaß S. 200; *Link* Das Subsidiari-

führt[333]. Beeinflußt dieses Prinzip Art. 72 II, indem es ihn einengt oder erweitert oder dem Ermessen des Gesetzgebers Schranken auferlegt? Das ist nicht der Fall.

a) Art. 72 II *rezipiert nicht* das Subsidiaritätsprinzip, sondern baut auf andersartigen Grundlagen und Grundsätzen auf. Das ergibt sich aus seiner Entstehungsgeschichte und vor allem aus seinem Inhalt: Das Subsidiaritätsprinzip stellt auf die tatsächliche Aufgabenerfüllung durch die niedere Gemeinschaft ab, nicht auf ihr Vermögen dazu[334]. Gerade dieser Gedanke ist aber in Art. 72 II nicht enthalten: Nach Nr. 1 kommt es nur darauf an, ob das Land die Angelegenheit regeln oder aus bestimmten Gründen nicht regeln kann. Regelt sie das Land trotz entsprechenden Vermögens nicht, wird der Bund nicht zuständig. Umgekehrt gilt dasselbe. Nr. 2 und Nr. 3 setzen voraus, daß das Land die Angelegenheit regeln kann; der Bund ist jedoch auch zuständig, wenn das Land die Angelegenheit — von seinem Standpunkt aus gesehen ganz wirksam — regelt. Die bloße Tatsache, daß die Zuständigkeit von einem „Bedürfnis" abhängt, läßt nicht auf ein Subsidiaritätsverhältnis schließen[335].

b) Das Subsidiaritätsprinzip kann im übrigen *nicht als tragendes Verfassungsprinzip* anerkannt werden[336]. Mit *Lerche*[337] muß eingewendet werden, daß das Grundgesetz „überhaupt nicht in der Lage war, auf eine wirklich verbindliche, d. h. im volleren Sinne verbindliche und gemeinsame Staats- oder Gesellschaftsideologie zurückzugreifen". Auch wenn zahlreichen Artikeln des Grundgesetzes derselbe Gedanke zugrunde liegt wie dem Subsidiaritätsprinzip, nämlich, daß zwischen Staat und Einzelmenschen eine „reiche Skala von unabhängigen Aufgabenträgern vorhanden ist"[338], so fehlt im Grundgesetz der dem Subsidiaritätsprinzip wesentliche Gedanke der Rangfolge[339].

---

tätsprinzip (1955) S. 96; *Glaser* Das Subsidiaritätsprinzip (Diss. Berlin 1965); *Bernzen* Das Subsidiaritätsprinzip als Prinzip des deutschen Staatsrechts (Diss. Kiel 1966).

[333] *Kipp* DÖV 1956, 561 li; *v. Mangoldt-Klein* Art. 72 Anm. IV 3 S. 1441; *Küchenhoff* Allgemeine Staatslehre (5. Aufl. 1964) S. 28; *Küchenhoff* BayVBl. 1958, 65 sub 2; *Thieme* S. 19; *Peters* Archiv für Kommunalwissenschaften 6 S. 9, 21 (1967) (im Ansatz verwirklicht). Vgl. auch *Herzog* Staat 1963, 412; *Schütz* S. 205 f., 223 f., 242. Nicht jedoch *Maunz-Dürig* (Art. 28 Rdn. 1, Art. 1 Abs. I Rdn. 54).

[334] *Herzog* Staat 1963, 408.

[335] A. A. *Thieme* S. 19.

[336] Anders: *Maunz-Dürig* Art. 1 Abs. II Rdn. 54; *Dürig* JZ 1953, 198; *Maunz* StR S. 68; *v. Münch* JZ 1960, 305; *Nipperdey* Soziale Marktwirtschaft in der Verfassung der Bundesrepublik (1954) S. 26; *Süsterhenn* Nawiasky-Festschrift (1956) S. 141.

[337] Verfassungsfragen um Sozialhilfe und Jugendwohlfahrt (1963) S. 27. Im Ergebnis ebenso *Lerche* VVDStRL 21, 74; *Herzog* Staat 1963, 415; *ders.* JuS 1967, 194 sub 3 a; *Thieme* S. 17/18, 21.

[338] *Thieme* S. 19.

[339] *Thieme* a.a.O.

Selbst wenn im Subsidiaritätsprinzip das „prägende Element für das grundgesetzliche Verhältnis von Ländern und Bund"[340] gesehen wird, kann es im Verhältnis von Zentralstaat zu den Gliedstaaten im Bundesstaat nur auf die verfassungsrechtliche Ausgestaltung dieses Prinzips ankommen[341]. Eine Berufung auf ein allgemeines Subsidiaritätsprinzip ist nicht möglich, anderenfalls zerfließt der Bundesstaat. Eine ganz andere Frage ist, ob das Prinzip eine Rolle spielt für die Abgrenzung der Bereiche zwischen Staat und gesellschaftlichen Gemeinschaften[342] und für die Abgrenzung zwischen Staat und nichtstaatlichen juristischen Personen des öffentlichen Rechts[343].

c) Selbst wenn Art. 72 II das Subsidiaritätsprinzip zugrunde läge, folgte daraus nichts für die Auslegung oder Anwendung dieses Artikels; denn er ist spezieller als das Subsidiaritätsprinzip. Im Gegensatz zum Subsidiaritätsprinzip normiert er genau die Voraussetzungen, bei deren Vorliegen die Kompetenzzuteilung stattfindet. Ein Rückgriff auf weitere Gründe ist nicht zulässig. Art. 72 II beantwortet auch eindeutig die beim Subsidiaritätsprinzip ungelöste Frage[344], wer zu bestimmen hat, ob die kleinere Gemeinschaft ihre Aufgaben nicht erfüllt: bei Art. 72 II ist es der Bundesgesetzgeber und möglicherweise das Bundesverfassungsgericht.

3. Prinzip der Überregionalität[345].

a) Den Nr. 1 und 2 des Art. 72 II liegt das Prinzip der Überregionalität zugrunde. *Art. 72 II ist die bedeutendste und deutlichste Ausprägung* dieses Rechtsprinzips, das bisher noch nicht untersucht worden ist[346]. Die

---

[340] *Barion* Staat 1964, 15.

[341] Vgl. zum Schweizer Verfassungsrecht *Stadler* Subsidiaritätsprinzip und Föderalismus (1951) S. 93 f., S. 167, der Föderalismus und Subsidiarität zwar vergleicht, aber nie vermengt; ebenso im Ergebnis *Schütz* S. 168 f., 224, 242.

[342] Dazu: *Lerche* Verfassungsfragen um Sozialhilfe und Jugendwohlfahrt (1963) S. 26 f.; *Dürig* JZ 1953, 198; *Gass* DÖV 1960, 781; *Utz* Formen und Grenzen des Subsidiaritätsprinzips (1956) S. 45 f. Kritisch *Rendtdorf* Staat 1962, 405 f.; *Barion* Staat 1964, 10 f. Die Diskussion entbrannte an §§ 1 II, 2 I BSHG und §§ 5 III Satz 2, 1 III JWohlfG.

[343] Ablehnend *Stern* BK Zweitbearbeitung Art. 28 Rdn. 2; *Thieme* S. 20. Vgl. *Maunz-Dürig* Art. 28 Rdn. 1.

[344] *Herzog* Staat 1963, 420/21; *Krüger* Staatslehre S. 774.

[345] Statt „Überregionalität" müßte es eigentlich „Überländermäßigkeit" heißen. Dieser Ausdruck hat sich — wohl wegen seiner Häßlichkeit — nicht durchgesetzt. In einigen Gesetzen findet sich der Ausdruck „übergebietlich" z. B. § 7 I Nr. 3 GetrPrG, § 6 II c ZuckG, §§ 10 III b, 11 II GetrG, §§ 22 I, 23 I d SchwBG. Das Wort Überregionalität findet sich in der Gesetzessprache nicht. Neue Fälle der Überregionalität sind enthalten im Entwurf eines Art. 85 a GG und in § 1 I Nr. 6, 7 des Entwurfes einer Verwaltungsvereinbarung über Finanzierungszuständigkeiten. In: Kommission für die Finanzreform, Gutachten über die Finanzreform in der Bundesrepublik Deutschland (1966), Textziffern 81 ff., 139. Dazu: *Konow* DÖV 1966, 368; *Liebrecht* DVBl. 1967, 72; *Hüttl* DVBl. 1967, 433.

[346] Vgl. aber den Definitionsversuch bei *Meyers* Föderalistische Ordnung S. 54.

folgenden Ausführungen zeigen, daß die bei Art. 72 II gewonnenen Er-
kenntnisse zum Verständnis der Überregionalität auch außerhalb der
konkurrierenden Gesetzgebungszuständigkeit beitragen. Andererseits bestätigt die Allgemeingültigkeit der bei Art. 72 II gewonnenen Ergebnisse
ihre Richtigkeit. Zahlreiche einfache Bundesgesetze enthalten das Prinzip der Überregionalität. Diese Gesetzestechnik ist im Wirtschaftsrat des
Vereinigten Wirtschaftsgebietes der Bizone entstanden. Ihr Vorbild ist
wahrscheinlich die Proklamation Nr. 5[347].

b) Überregionalität ist eine *Kompetenzbedingung*: zur Regelung derselben Angelegenheit ist im Falle der Überregionalität der Bund, sind
bei fehlender Überregionalität die Länder zuständig[348]. Eine von vornherein den Ländern entrückte Angelegenheit, die nur einheitlich geregelt
werden kann, ist nicht überregional. Bei Art. 72 II begründet die Überregionalität eine konkurrierende Bundesgesetzgebungszuständigkeit. Bei
zahlreichen Bundesgesetzen führt die Überregionalität zu einer ausschließlichen Vollzugs- und damit Verwaltungszuständigkeit des Bundes. Diese Bundeszuständigkeit tritt entweder automatisch ein[349] oder
subsidiär, d. h. nur wenn die beteiligten Länder sich über die Regelung
der Angelegenheit nicht einigen[350], oder sie ist von einem Antrag eines
beteiligten Landes abhängig[351]. Nach anderen Gesetzen ist der Bund
zum Vollzug normalerweise zuständig, kann aber bei fehlender Überregionalität die Zuständigkeit auf die Länder übertragen[352]. In anderen
Fällen bleibt die Landeszuständigkeit nach Art. 84 I, 85 I GG zwar erhalten, die Entscheidung der nach außen handelnden Behörde hängt
aber von einer Mitwirkung des Bundes[353] oder der beteiligten Länder[354]

---

[347] Supra S. 22.
[348] Ausnahmen: § 4 ZuckG; § 7 FischG.
[349] §§ 1, 2 BKrimAG (vgl. auch § 6 II); §§ 6, 10 FleischSichG; § 10 III b
GetrG; § 7 I Nr. 3 GetrPrG; § 2 GenVereinG; § 44 I Nr. 1 d GWB; §§ 3, 8 Kart-
SichG; § 20 I Nr. 1, 3 MFG; §§ 52 II, 53 PBefG aF; § 2 PreisG; §§ 4, 5 RNährst-
AuflG; § 63 II SaatgG; § 22 I SchwBG; § 3 GewWSichG; § 13 III SVAG; § 3
VereinG; § 3 VersG; § 2 III BAG; § 2 I 1. DVO BAG; § 3 I, 4 I ViehFlG; § 9
WiSichG; Entsch. § 28 WoGemG; §§ 6 II c, 13 ZuckG; § 10 I TierzG; § 9 Verk-
SichG; § 11 ErnSichG. Vgl. Art. 89 II Satz 2, 87 III GG; §§ 26 f., 33 BVFG.
§ 7 FischG; § 3 I Satz 3 HArbG; § 20 I Nr. 1 MFG; § 2 1. DVO TierzG; §§ 19,
20 ViehFlG; § 4 ZuckG.
Der zuständige Bund muß im Benehmen mit den Ländern handeln bei: § 52
II PBefG aF; § 10 I TierzG; § 4 ZuckG.
[350] § 1 IV EnergNotG; § 4 IV DemontageAusglG; § 3 III AusfZentrVertG
(vgl. § 8); § 12 IV BAnstAVAVG (Anhörungspflicht des zust. Bundes); § 3 I
Satz 2, 3 HArbG.
[351] § 2 V UmsiedlG (Anhörungspflicht des zust. Bundes); § 4 II BAG (Befugnis des Bundes, Zuständigkeit zu übernehmen); §§ 9, 12 II Satz 6, 20 II
Satz 3 MFG; § 92 III GüKG; § 11 IV PBefG.
[352] § 10 MindArbBedG; § 10 I DVO TVG; § 4 III AufbVerwVerkG (hat zu
übertragen). Vgl. Art. 89 II Satz 3 GG; § 3 I BAG.
[353] § 2 I BewNotG (Einspruch); § 1 I ÜbergebietlVerkehrG (Zustimmung);
§ 3 I Satz 2 HArbG (Einvernehmen). Vgl. § 31 III WHG (Vermittlung).
[354] § 48 II GrStDV; § 64 II PBefG; § 5 III RaumOG (Handeln der Länder

ab. Die Zuständigkeit zu jeglicher Art von Verwaltungshandeln[355] kann durch die Überregionalität bedingt sein[356].

Eine Untersuchung der auf die Überregionalität des Verwaltungshandelns abstellenden Gesetze zeigt, daß alle sich auf die Prinzipien der Nr. 1 oder 2 des Art. 72 II zurückführen lassen: die Zuständigkeit kraft Überregionalität ist immer durch die Unwirksamkeit einer einzelstaatlichen Regelung (Nr. 1) oder die Auswirkung einer einzelstaatlichen Regelung auf andere Länder (Nr. 2) bedingt.

c) Bei einigen Gesetzen tritt die Verschiebung oder Beschränkung der Verwaltungskompetenz (wie bei Art. 72 II Nr. 1) dann ein, wenn die zu regelnde Angelegenheit sich über den Bereich eines Landes hinaus auf mehrere Länder[357] oder auf das ganze Bundesgebiet[358] erstreckt. Die ganze Angelegenheit kann das Land wegen der Beschränkung seiner Hoheitsgewalt auf sein eigenes Gebiet nicht regeln[359]. Eine auf den landesbezogenen Teil der Angelegenheit beschränkte Regelung wäre wohl rechtlich wirksam, im Interesse einer sinnvollen Regelung der gesamten Angelegenheit aber praktisch „nicht wirksam". Anders als Art. 72 II machen die Gesetze die Kompetenzverschiebung nicht ausdrücklich von der Unwirksamkeit abhängig. Dieses Kriterium ergibt sich aber aus der Natur der im Gesetz umschriebenen von der Verwaltung zu regelnden

---

im Einvernehmen). § 3 III FlurbG; § 26 WassSichG (Bestimmung des zuständigen Landes im Einvernehmen). § 2 1. DVO TierzG; § 368 k I, III GKAR (Land mit besonderer Verbindung zu der Angelegenheit handelt im Einvernehmen mit den beteiligten Ländern). Vgl. auch §§ 52, 53 PBefG nF.

[355] Für Verordnungen: § 12 II Satz 6 MFG; § 10 TierzG; § 2 PreisG (str. *Bettermann* JZ 1952, 65; *ders.* Grundfragen des Preisrechts für Mieten und Pachten (1952) S. 91; BVerfGE 8, 274 (305)).
Für Verwaltungsakte: § 10 III b GetrG; § 3 GewWSichG; § 7 I Nr. 3 GetrPrG; § 2 PreisG (vgl. BVerwGE 4, 24 (28); BVerfGE 8, 274 (324, 331)).
Für Einzelanweisungen: § 6 GewWSichG; § 4 IV DemontageAusglG; § 92 GüKG.
Für Verwaltugsvorschriften: § 63 II SaatgG.
Für Aufsichtsbefugnisse: §§ 2 III, 4 I BAG; § 2 I 1. DVO BAG.
Für alle auf einem Gebiet erwachsenen Verwaltungsaufgaben: § 44 GWB; § 9 MFG; § 3 I HArbG; §§ 4, 5 RNährstAuflG.
[356] Verfassungsrechtlich problematisch ist nur die Ermächtigung von Bundesministerien zum Erlaß von Verwaltungsakten (sog. „überregionale Verwaltungsakte"). Die Frage nach der Zulässigkeit einer solchen Ermächtigung soll hier dahingestellt bleiben. Vgl. dazu *Köttgen* JöR nF 11, 210/11 (1962); *Bullinger* JuS 1964, 228; *Schmitt-Lermann* DÖV 1962, 667; BVerfGE 11, 6; BVerwGE 4, 24.
[357] Supra Fn. 349, die im ersten Absatz genannten Gesetze.
[358] Supra Fn. 349, die im zweiten Absatz genannten Gesetze.
[359] BVerwGE 4, 24 (28); OVG Münster NJW 1956, 1253 li; RGSt 58, 242 (243); *Kölble* Gemeinschaftsaufgaben S. 57; *Bullinger* JuS 1964, 229 r; vgl. *Platz* DÖV 1966, 181.
Davon ist zu unterscheiden, ob Landesverwaltungsakte, die Bundesrecht vollziehen, regelmäßig im ganzen Bundesgebiet Geltung haben. Statt aller *Ule* JZ 1961, 622; BVerwG NJW 1959, 2324 = VerfRspr. Art. 72 Abs. 2 Nr. 6 = DVBl. 1960, 692 Nr. 231 (nur LS); BVerfGE 11, 6 (19).

Angelegenheit. Eine Angelegenheit ist in diesem Sinne überregional, wenn ein Verband[360], der Tätigkeitsbereich eines Unternehmens[361] oder ein Planungsgebiet[362] sich auf mehrere Länder erstreckt; wenn zwei Länder an der Regelung notwendig beteiligt sind, weil die betroffenen Gemeinden in zwei verschiedenen Ländern liegen[363]; oder wenn Gewässer, Verkehrslinien und Wasserversorgungsanlagen[364] oder ein zu erforschender Sachverhalt[365] Landesgrenzen überschreitet.

d) In einer zweiten Gruppe von Gesetzen ist die von der Verwaltung zu regelnde Angelegenheit auf das Gebiet eines Landes begrenzt und kann wirksam von diesem geregelt werden. Die Regelung würde sich aber (wie bei Art. 72 II Nr. 2) auf andere Länder auswirken, weil sie ein sich über mehrere Länder erstreckendes Markt- oder Wirtschaftsgebiet beeinflußt. Dadurch würde das Interesse der anderen Länder an einer eigenen Regelung des sich auf ihrem Gebiet befindlichen Teils des Marktes beeinträchtigt. Nordrhein-Westfalen kann in seinem Gebiet die Fleischbeschaugebühren wirksam erhöhen. Da die nordrhein-westfälischen Fleischfabriken aber einen großen Teil ihrer Produkte in andere Bundesländer „exportieren", der von der Preisregelung beeinflußte Markt sich also über die Landesgrenzen erstreckt, wirkt sich die Preiserhöhung auf den Fleischmarkt anderer Länder aus. Das Preisgesetz begründet daher für die Preisregelung in einem grenzüberschreitenden Markt die Bundeszuständigkeit[366]. Nach demselben Prinzip wird das Bundeskartellamt zuständig, wenn die Wirkung eines wettbewerbsbeschränkenden Verhaltens, d. h. der betroffene Markt, über das Gebiet eines Landes hinaus-

---

[360] § 2 GenVereinG; § 2 1. DVO TierzG; § 3 II VersG (vgl. *Füßlein* VersG (1954) § 3 Anm. 9 S. 37); § 3 II VereinG; § 20 ViehFlG; § 7 FischG; § 368 k I, III GKAR. Vgl. Art. 87 III GG.

[361] Entsch. § 28 WoGemG; §§ 2 III, 4 BAG; § 2 I 1. DVO BAG; § 64 II PBefG. Vgl. auch §§ 1, 2, 6 BKrimAG.

[362] § 5 III RaumOG; § 3 III FlurbG; §§ 3, 8 KartSichG; §§ 6, 10 FleischSichG. Ähnlich: für Energiebezirke § 3 III AusfZentrVertG (vgl. *Bartholomeyczik* Elektrizitäts-, Gas- und Wasserwirtschaft (1950) ENG C IX § 1 Anm. 6 S. 52 und Vorbem.); § 1 I, IV EnergNotG; für Verwaltungsbezirke § 12 IV BAnst-AVAVG.

[363] § 48 II GrStDV. Ähnlich: § 2 V UmsiedlG; § 4 IV DemontageAusglG; §§ 9 VI, 22 I SchwBG; §§ 26 f. BVFG.

[364] § 31 III WHG; § 26 WassSichG; § 6 AusfZentrVertG; § 92 III GüKG; §§ 11 IV, 64 II PBefG; §§ 52, 53 PBefG aF und nF; Münchner Abkommen v. 13. 3. 1950 (abgedruckt bei *Fischerhof* Energiewirtschaftsrecht und Atomenergierecht § 1 Anm. 1 S. 344 und bei *Eiser-Riederer-Sieder* Energiewirtschaftsrecht I § 1 S. 72 (Loseblatt Stand 1. 11. 1961)). Vgl. auch § 4 III AufbVerwVerkG und § 10 DVO TVG i. V. § 5 TVG (vgl. *Maus* Tarifvertragsgesetz (1956) § 5 Rdn. 61 S. 539).

[365] § 9 WiSichG; § 9 VerkSichG; § 11 ErnSichG.

[366] § 2 II PreisG. Zur Abgrenzung des Preisgebietes *Zipfel* Preisrecht Einf. C II 1 b S. XXXIX f. (Loseblatt Stand 1. 5. 1963). Ähnliche Erwägungen bei § 7 I Nr. 3 GetrPrG; § 10 III b GetrG; §§ 4, 6 II c, 13 I, V ZuckG; § 20 I Nr. 3 MFG; § 3 GewWSichG. Vgl. auch § 10 MindArbBedG.

reicht[367]. Erstreckt sich ein Heimarbeitsgebiet, in dem Heimarbeit für einen Wirtschaftszweig oder eine Beschäftigungsart geleistet wird, über mehrere Länder, so führen möglicherweise verschiedene Arbeitsbedingungen zur Abwanderung der Heimarbeit in Länder mit niedrigeren Arbeitsentgelten und zu einer Verletzung der Interessen der Länder mit günstigeren Regelungen[368]. In gleicher Weise würde eine einseitige Landesregelung in einem Landesgrenzen überschneidenden Einzugs- und Absatzgebiet bei der Milchversorgung[369] oder die Festsetzung von Groß- und Schlachtviehmärkten durch ein Land[370] die Interessen anderer Länder beeinträchtigen.

Die Auswirkungen müssen in dem anderen Land die Regelung *derselben* Angelegenheit durch dieses Land für seinen Herrschaftsbereich erschweren. Ebenso wie bei Art. 72 II Nr. 2 genügt es nicht, wenn eine Landesregelung die Interessen eines anderen Landes an der eigenen Regelung einer *anderen* Angelegenheit beeinträchtigt. So treten z. B. die Folgen der Überregionalität nicht ein, wenn sich Heimarbeitsbedingungen auf die konkurrierende oder abnehmende Industrie in einem anderen Land auswirken[371].

Formulierungen wie „Angelegenheiten, die nach Umfang, Auswirkung und Bedeutung den Zuständigkeitsbereich mehrerer Länder umfassen"[372] oder „die Auswirkung der zu regelnden Angelegenheit erstreckt sich auf mehr als ein Land"[373] deuten die Erheblichkeit von sich über den Bereich

---

[367] § 44 I Nr. 1 d GWB. Zur Abgrenzung des betroffenen Marktes: Verfügung MW BadWürtt.WuW/E LKartB 22 (23); Verfügung MW NRW WuW/E LKartB 63 (65); Verfügung MW NRW WuW/E LKartB 49; Bescheid Bay.MW WuW/E LKartB 14 (15); Beschluß LKartB BadWürtt.WuW/E LKartB 43; *Büntig* BB 1958, 10/11; *Fischerhof* BB 1958, 137; *Junge* in *Müller-Henneberg-Schwarz* Gesetz gegen Wettbewerbsbeschränkungen (2. Aufl. 1963) § 44 Rdn. 8 S. 916; *Langen* Kartellgesetz (3. Aufl. 1958) § 44 Anm. II 2 S. 308. Vgl. Verfügung LKartB Nds. WuW/E LKartB 77 (80).

[368] § 3 HArbG. *Fitting-Karpf* Heimarbeitsgesetz (1954) § 3 Anm. 9 S. 62, Anm. 13 S. 63; *Fitting* RdA 1950, 453; *Maus* Heimarbeitsgesetz (2. Aufl. 1962) § 3 Anm. 1 S. 105; *Gröninger* Heimarbeitsrecht (1951) § 1 Anm. 1 S. 15; *Herschel* BArbBl. 1951, 16/17; BReg. in BT-DrS I Nr. 1357 S. 31, 37/38.

[369] § 9 MFG. *Hamann* Milch- und Fettgesetz (1961) § 9 Anm. 2 S. 73; *Krönig* DVBl. 1951, 755 sub 5 (§ 18 I Satz 3 aF).

[370] §§ 3, 4 ViehFlG. Diese Märkte haben durchweg eine über die Landesgrenzen hinausreichende Bedeutung und die Anerkennung wirkt sich regelmäßig auf die Nachbarländer aus. So: BReg. in BT-DrS I Nr. 1034 S. 14, 18; BR 1950 Steno. S. 396 A; *Wittig-Kunze* Gesetz über den Verkehr mit Vieh und Fleisch (1951) § 4 S. 15; *Wittig* Das Deutsche Bundesrecht IV G 50 S. 12 zu § 4.

[371] A. A. *Fitting-Karpf* a.a.O. § 3 Anm. 14 S. 63. Wie im Text auch für das GWB „Frankfurter Kommentar" § 44 Rdn. 13 (Loseblatt 1958/1964); *Langen* a.a.O. § 44 Anm. II 2 S. 307.

[372] § 3 I HArbG. Vgl. auch § 10 MindArbBedG. Ähnlich § 6 GewWSichG: wenn die „Angelegenheit nach Art und Umfang von einer Bedeutung ist, die über den Bereich eines Landes hinausgeht". Vgl. § 9 II BVerwGG.

[373] § 20 I Nr. 3 MFG; § 9 WiSichG; § 11 I ErnSichG; § 9 VerkSichG; § 3 GewWSichG; § 6 II c ZuckG; § 10 III b GetrG. Ähnlich § 2 PreisG: „wenn die Preisbildung den Verkehr mit Gütern und Leistungen in mehr als einem Land beeinflußt oder beeinflussen kann".

eines Landes hinaus erstreckenden Wirtschaftsgebieten an. Ein Gesetz spricht ausdrücklich von Beeinträchtigung der „Belange eines Nachbarlandes"[374]. Bei der Abgrenzung des Wirtschaftsgebietes muß ein geringfügiger Absatz in anderen Ländern außer Betracht bleiben; anderenfalls wäre praktisch nie die Zuständigkeit der Landesbehörden gegeben[375].

Unter das Prinzip des Art. 72 II Nr. 2 fällt auch die von einem Teil der Lehre angenommene Bundeszuständigkeit kraft Natur der Sache für solche „überregionalen" Verwaltungsakte, die eine Genehmigung oder Erlaubnis hinsichtlich einer im genehmigenden Land befindlichen Sache oder Person aussprechen. Die Sache wird *später* in ein anderes Land verbracht, die Person kann in ein anderes Land verziehen[376]. Jedes Land kann wirksam die in seinem Bereich hergestellten Dampfkessel genehmigen[377]. Das Land B würde möglicherweise strengere Maßstäbe an die Prüfung anlegen als das Land A; es ist aber an die Genehmigung des Landes A gebunden, wenn der Kessel von A nach B verbracht wird. Das Interesse des Landes B an einer eigenen Regelung wird verletzt.

In mehreren Gesetzen ist die Bundeszuständigkeit außerdem durch die *Erforderlichkeit* einer zentralen Regelung der überregionalen Angelegenheit bedingt[378]. Einige Gesetze machen die Zuständigkeit des Bundesverordnungsgebers davon abhängig, daß die Verordnung in mehr als einem Land gelten soll[379].

e) Der Begriff der Überregionalität ist als Rechtsbegriff brauchbar, wenn er auf die Kompetenzverschiebung und Kompetenzbeschränkung in den Fällen der Unwirksamkeit einer Landesregelung und der Beeinträchtigung anderer Länder durch eine Landesregelung beschränkt wird. *Maunz*[380] meint daher zu Unrecht, Überregionalität sei ein mehr oder weniger verschwommener Begriff außerrechtlicher Art, mit dem für das Verhältnis von Bund und Ländern gar nichts gewonnen sei.

---

[374] § 12 II Satz 6 MFG.

[375] Zum GWB: *Büntig* BB 1958, 10/11; *Junge* a.a.O. § 44 Rdn. 8 S. 916; *Langen* a.a.O. § 44 Anm. II 2 S. 308; Frankfurter Kommentar a.a.O. § 44 Rdn. 15; der supra Fn. 367 genannte Beschluß LKartB BadWürtt., Bescheid Bay.MW, Verfügungen MW NRW.
Zum HArbG: *Fitting-Karpf* a.a.O. § 3 Anm. 14 S. 63; BReg. in BT-DrS I Nr. 1357 S. 21, 38 („nachhaltig").
Zum PreisG: BayObLG zitiert bei *Zipfel* a.a.O. Einf. C II 1 b S. XXXIX.

[376] *Füßlein* DVBl. 1951, 33; *Ipsen* DÖV 1956, 197 sub 2, 199. Die Diskussion über den überregionalen Verwaltungsakt hat sich fast ausschließlich mit diesem Typ befaßt, obwohl er in der Praxis fast gar nicht vorkommt. Eins der wenigen Beispiele enthält § 20 b i. V. § 20 a II Nr. 1 LebMG. Versuch einer Einteilung der überregionalen Verwaltungsakte bei *Bullinger* JuS 1964, 228.

[377] BVerfGE 11, 6.

[378] § 4 ZuckG; § 7 I Nr. 3 GetrPrG; § 2 I BewNotG; § 63 II SaatgG; § 20 I Nr. 3 MFG; § 6 II c ZuckG; § 10 III b GetrG; § 2 PreisG.

[379] § 84 GüKG; § 20 I Nr. 1, II MFG; § 10 I TierzG. Vgl. auch § 13 I, III SVAG; § 2 BewNotG; § 63 SaatgG.

[380] Föderalistische Ordnung S. 88. Ebenso *Glum* S. 74.

Dritter Abschnitt

Justitiabilität des Art. 72 II GG

Der Bundesgesetzgeber ist konkurrierend zuständig, wenn die Voraussetzungen des Art. 72 II vorliegen. Ob, wann und wie er von seiner Kompetenz Gebrauch macht, liegt — wie oben S. 60 f. dargestellt wurde — in seinem Handlungsermessen. Die Ausübung dieses Ermessens unterliegt den sich aus der Verfassung ergebenden Schranken (z. B. den Grundrechten und allgemeinen Verfassungsprinzipien wie der Bundestreue)[381]. Die gerichtliche Nachprüfung der Einhaltung dieser Schranken bei der Ausübung der konkurrierenden Gesetzgebungszuständigkeit wirft keine besonderen Probleme auf[382] und soll hier nicht erörtert werden.

Bei jeder Kompetenznorm muß jedoch zwischen der Ausübung der Kompetenz und der Feststellung der Voraussetzungen der Kompetenz unterschieden werden[383]. Umstritten ist bei Art. 72 II die Justitiabilität der Kompetenzvoraussetzungen. Die Entscheidung über das Vorliegen eines Bedürfnisses nach bundesgesetzlicher Regelung obliegt zunächst dem Bundesgesetzgeber[384]; fraglich ist, ob und wieweit diese Entscheidung gerichtlich nachprüfbar ist.

Bemerkenswerterweise ist diese Frage noch nie systematisch untersucht worden. Die weitgehenden Begriffsklärungen in der verwaltungsrechtlichen Ermessenslehre haben das Verfassungsrecht nicht befruchtet. Es ist auch ungeklärt, inwieweit die im Verwaltungsrecht entwickelten Lehren vom Ermessen und von den unbestimmten Rechtsbegriffen auf das Verfassungsrecht, insbesondere auf die Tätigkeit des Bundesgesetzgebers und auf das Bund-Länder-Verhältnis übertragen werden können.

---

[381] *Spanner* BayVBl. 1958, 4 r (vgl. *Ossenbühl* DÖV 1965, 654 sub III); *Küchenhoff* JR 1959, 282 r; *Engelhardt* JöR nF 8, 126 (1959); *Lerche* Übermaß S. 89/90; *Scheuner* Smend-Festschrift S. 281/82; *ders.* DÖV 1960, 610 sub X r; *Ehmke* Wirtschaft und Verfassung (1961) S. 30; *Stauder* ZStaatsw. 123, 162. BVerfGE 1, 14 (32 sub 1); 4, 7 (15) („Die Grenzen für die Ausnutzung einer durch das Grundgesetz gewährten Gesetzgebungskompetenz werden ausschließlich durch die Grundrechte und sonstige Verfassungsgrundsätze bestimmt"). Vgl. *Krüger* DVBl. 1953, 97; *Bachof* VVDStRL 9, 119 (1952) (Aussprache).

[382] Vgl. auch *Achterberg* DVBl. 1967, 220 sub 5.

[383] Es ist nur verwirrend, wenn *Achterberg* DVBl. 1967, 218 sub 3 diesen selbstverständlichen Sachverhalt als „Mischtatbestand" bezeichnet.

[384] BVerfGE 13, 230 (233).

I. Rechtsprechung und Lehre

1. Die Rechtsprechung zur Justitiabilität des Bedürfnisses. Das Bundesverfassungsgericht befaßte sich mit der richterlichen Nachprüfbarkeit des Bedürfnisses zuerst im Südweststaaturteil, E 1, 14 (32—36). Es sprach dem Bund die Kompetenz für die Verlängerung der Wahlperioden der Landtage Badens und Württemberg-Hohenzollerns durch das Erste Neugliederungsgesetz ab und erklärte das entsprechende Bundesgesetz für verfassungswidrig. Hilfsweise verneinte das Gericht die Bedürfnisvoraussetzungen des Art. 72 II Nr. 1 für den Fall, daß die Verlängerung durch Art. 118 gedeckt sei und damit entgegen der Hauptbegründung doch in die (konkurrierende) Bundeszuständigkeit falle (S. 35/36):

> „Die Länder konnten diese Regelung auch nach Erlaß des Neugliederungsgesetzes noch wirksam treffen. Eine Regelung der Angelegenheit durch ein Bundesgesetz war also nicht erforderlich und das Gesetz wäre nach Art. 72 Abs. 2 Nr. 1 GG nicht zulässig."

Das Gericht überprüfte in dieser Entscheidung, wenn auch nur in einer Hilfsbegründung, das Vorliegen der Voraussetzungen des Art. 72 II.

Im Schornsteinfegerurteil, E 1, 264 (272/73), brauchte das Bundesverfassungsgericht die Frage der Überprüfbarkeit nicht zu entscheiden[385]. Selbst wenn die Bedürfnisentscheidung überprüfbar sein sollte, so hatte nach Ansicht des Gerichts die Bundesregierung jedenfalls die Voraussetzungen des Art. 72 II Nr. 1 und 3 für das Gesetz zur Ordnung des Schornsteinfegerwesens ausreichend dargetan. Das Gericht sagte jedoch (S. 273):

> „Es können gewichtige Gründe dafür geltend gemacht werden, die Zuständigkeit des Bundesverfassungsgerichts zur Prüfung der Bedürfnisfrage — von Fällen eines Ermessensmißbrauchs durch den Gesetzgeber abgesehen — zu verneinen."

Erstmals im ersten Straffreiheitsurteil, E 2, 213 (224/25), erklärte das Bundesverfassungsgericht die Bedürfnisentscheidung zur Ermessensentscheidung. Das Gesetz zur Gewährung von Straffreiheit von 1949 war nach Ansicht des Gerichts von Art. 74 Nr. 1 gedeckt. Die Prüfung der Frage, ob ein Bedürfnis nach Art. 72 II Nr. 3 vorgelegen habe, lehnte es jedoch ab (S. 224/25):

> „Die Frage, ob ein Bedürfnis nach bundesgesetzlicher Regelung besteht, ist eine Frage pflichtmäßigen Ermessens des Bundesgesetzgebers, die ihrer Natur nach nicht justitiabel und daher der Nachprüfung durch das Bundesverfassungsgericht grundsätzlich entzogen ist. Zwar sind — im Gegensatz zu Art. 9 WRV — die Voraussetzungen für die Ausübung des Rechts zur konkurrierenden Gesetzgebung durch den Bund (Art. 72 Abs. 2 GG) im einzelnen

---

[385] Frage der Überprüfbarkeit ferner offengelassen in E 1, 283 (293) (betr. Art. 125 i. V. mit Art. 72 II).

bezeichnet. Hierdurch wird die Ermessensfreiheit des Bundesgesetzgebers
eingeengt, der Entscheidung der Bedürfnisfrage bleibt jedoch der Charakter
einer echten Ermessensentscheidung."

Die Frage, „inwieweit diese Entscheidung vom Bundesverfassungsgericht nachzuprüfen wäre, falls der Bundesgesetzgeber die seinem Ermessen gesetzten Grenzen verkannt oder das ihm eingeräumte Ermessen
mißbraucht hätte" (S. 225), ließ das Bundesverfassungsgericht dahingestellt. Die Präzisierung der in E 1, 264 (273), erwähnten „gewichtigen
Gründe" blieb es schuldig. Es beschränkte sich auf die Behauptung seiner
Meinung.

Das Gericht wiederholte seine „Ermessenslehre" in E 4, 115 (127), und
in E 10, 234 (245/46) („Platow-Affäre" — Gesetz zur Gewährung von
Straffreiheit von 1954). Die Behandlung der Ermessensgrenzen erörterte
das Gericht in E 10, 234 näher. Es nahm insoweit eine Prüfungsbefugnis
in Anspruch. Sie liegt in der ausdrücklichen Feststellung, daß eine Ver-
kennung der Ermessensgrenzen oder ein Mißbrauch des eingeräumten
Ermessens nicht ersichtlich sei (S. 246).

Neue Formulierungen benutzte das Bundesverfassungsgericht in den
Ladenschlußurteilen, E 13, 230 (233), und E 13, 237 (239). Das Gericht hatte
über das Bedürfnis für den Erlaß des Ladenschlußgesetzes zu entscheiden. Es bezeichnete die „Wahrung der Rechts- und Wirtschaftseinheit"
und die „Wahrung der Einheitlichkeit der Lebensverhältnisse" als Rechtsbegriffe (S. 233), meinte aber dazu (S. 233/34):

„Sie sind jedoch so unbestimmt, daß ihre Konkretisierung weitgehend darüber entscheidet, ob zu ihrer Erreichung ein Bundesgesetz erforderlich ist.
Das Bundesverfassungsgericht ist deshalb auf die Prüfung beschränkt, ob der
Bundesgesetzgeber die im Art. 72 Abs. 2 Nr. 3 verwendeten Begriffe im Prinzip zutreffend ausgelegt und sich in dem dadurch bezeichneten Rahmen gehalten hat."

In der Anwendung des Art. 72 II liege eine „politische Vorentschei-
dung", die das Bundesverfassungsgericht grundsätzlich zu respektieren
habe (S. 233).

Zu einer von der Rechtsprechung des Bundesverfassungsgerichtes ab-
weichenden Entscheidung kam der Bayerische Verwaltungsgerichtshof in
BayVGHE nF 7, 160 (164/65). Er verneinte eine Bundeszuständigkeit für
das Apotheken-Stopp-Gesetz. Für den Fall ihres Bestehens stehe ihrer
Ausübung Art. 72 II entgegen. Die Bedingungen der Nr. 1 und 2 seien
nicht erfüllt. Das Gericht könne die Frage auch prüfen, weil es dem bundesstaatlichen Aufbau der Bundesrepublik nicht entsprechen könne, wenn
die Verteilung der Gesetzgebungszuständigkeiten jeder Rechtskontrolle
entbehre. Falls jedoch mit dem Bundesverfassungsgericht die Bedürfnis-

entscheidung im Ermessen des Bundesgesetzgebers stehe, habe dieser hier jedenfalls sein Ermessen mißbraucht[386].

2. *Die Lehre zur Justitiabilität des Bedürfnisses.* Nach der überwiegenden Lehre[387] ist die Entscheidung des Bundesgesetzgebers über das Bedürfnis nach bundesgesetzlicher Regelung eine vom Bundesverfassungsgericht grundsätzlich nicht nachprüfbare Ermessensentscheidung. Die Vertreter der Injustitiabilität meinen: die Entscheidung sei politischer Natur („politisches Ermessen")[388]; die Nachprüfung der Voraussetzungen sei für ein Gericht zu schwierig[389]; das Vorliegen des Bedürfnisses in Art. 9 WRV sei eine Ermessensfrage gewesen[390]. Die Entstehungsgeschichte und der Wille der Verfassungsgeber[391] sprächen für Ermessen des Bundesgesetzgebers.

Die meisten Anhänger dieser Lehre[392] wollen aber, in Übereinstimmung mit der verwaltungsrechtlichen Ermessenslehre, eine Nachprüfung der Voraussetzungen des Art. 72 II unter dem Gesichtspunkt des Ermessensmißbrauches oder der Ermessensüberschreitung zulassen.

---

[386] BayVerfGH DÖV 1950, 342 (343) prüfte das Vorliegen des Art. 72 II im Rahmen des Art. 125 nach. Der Rspr. des BVerfG folgte dagegen das OVG Saarland AS 7, 218 (221).

[387] *Apelt* Kaufmann-Festgabe (1950) S. 15; *Benter* S. 84 f.; *Bernhardt* Abschluß völkerrechtlicher Verträge im Bundesstaat (1957) S. 139; *Geiger* BVerfGG vor § 63 S. 206; *ders.* BayVBl. 1957, 305 sub 3; *Giese* GG Art. 72 Anm. II 3 S. 116 (zweifelnd); *ders.* Bundeswasserstraßen als Gegenstand der Bundeskompetenz (1955) S. 13; *Grewe* WB S. 31 f., 172, 175, 179; *Heeger* S. 31; *Hesse* S. 15; *Ipsen* DV 1949, 491 li sub 6 e; *Katzenstein* DÖV 1958, 596 sub 4; *v. Mangoldt-Klein* Art. 72 Anm. IV 5 S. 1444; *Koellreutter* S. 226; *v. Mangoldt* Art. 72 Anm. 3 S. 387; *Model-Müller* Art. 72 Anm. 2 S. 106; *Model* Art. 72 Anm. 3; *Neis* ZBR 1954, 41 sub 4; *Nawiasky* Grundgedanken S. 39; *Otten* S. 116; *Sellmann* DVBl. 1955, 170 sub 3; *Schlochauer* S. 78; *Seifert-Geeb* Art. 72 Anm. I A 10 S. 142; *Strauß* WB S. 119; *ders.* SJZ 1949, 532; *Wimmer* WB S. 179; *Wolff* DRZ 1950, 4 sub IV r; *Zinn* AöR 75, 298; *ders.* WB S. 54, 61; *ders.* NJW 1949, 687 li; *Hamann* NJW 1955, 972 li (Kompetenzfrage sei vom Standpunkt materieller Gerechtigkeit aus indifferent). Unklar *Wernicke* BB 1951, 43; *Hoepfner* MDR 1949, 656 sub d.

[388] *Koellreutter* S. 226; *Wolff* a.a.O.; *Zinn* AöR 75, 298; *ders.* WB S. 54, 61; *Hoepfner* a.a.O.; *v. Mangoldt* a.a.O.; *Seuffert* WB S. 122.

[389] *Giese* GG a.a.O.; *Schütz* S. 207.

[390] *Grewe* WB S. 32, 178/79; *Ipsen* a.a.O.

[391] *Strauß* WB S. 119, 176; *Zinn* WB S. 98.

[392] *Benter* S. 89; *Geiger* BVerfGG a.a.O. (Ermessensmißbrauch [Willkür] und Ermessensüberschreitung); *Grewe* WB S. 31, 172, 179, 180 (allenfalls Ermessensmißbrauch); *Ipsen* a.a.O. (offensichtliche Ermessensüberschreitung); *Koellreutter* a.a.O. (offenkundiger Mißbrauch); *v. Mangoldt-Klein* a.a.O. (Ermessensfehler); *v. Mangoldt* a.a.O. (wenn überhaupt, dann bei Mißbrauch); *Schlochauer* a.a.O.; *Strauß* WB S. 119 (Mißbrauch); *Wolff* a.a.O. (offensichtlicher Ermessensmißbrauch); *Zinn* AöR 75, 298 (wenn überhaupt, dann bei Ermessensmißbrauch); *Neis* a.a.O. (offensichtliche Ermessensüberschreitung oder Ermessensmißbrauch); *Nawiasky* Grundgedanken S. 117, 39 (Rechtskontrolle in gewissem Umfang möglich); *Giese* GG a.a.O.; *Wimmer* a.a.O.; *Otten* a.a.O.; *Hoepfner* a.a.O. (Ermessensmißbrauch [?]).

Andere Autoren[393] lehnen wegen des politischen Charakters der Entscheidung über das Bedürfnis jede gerichtliche Überprüfung ab: Auch die Nachprüfbarkeit auf „Ermessensüberschreitung" sei eine politische Frage und setze außerdem grundsätzlich die Justitiabilität der Bedingungen des Art. 72 II GG voraus[394]; diese „politische" Entscheidung des Gesetzgebers sei etwas anderes als Verwaltungsermessen[395]; die Gewaltenteilung verbiete die Nachprüfung[396]; rechtspolitische Erwägungen stützten dieses Ergebnis[397]. Nach *Bachof*[398] enthält Art. 72 II nur politische Direktiven und ist keine Rechtsnorm; nach *Hans Schneider*[399] und *Herbert Krüger*[400] zählt die Bedürfnisprüfung zu den gerichtsfreien Hoheitsakten.

Eine Mindermeinung sieht in Art. 72 II voll nachprüfbare Rechtsbegriffe[401]. Sie macht gegen die Ablehnung jeder Justitiabilität oder gegen ihre Beschränkung auf Ermessensmißbrauch fünf Gründe geltend. *Erstens* könne man auf die Lehre zu Art. 9 WRV schon deshalb nicht zurückgreifen, weil Art. 72 II im Gegensatz zu Art. 9 WRV die Voraussetzungen des Bedürfnisses genau umschreibe[402]. Im übrigen dürfe man die Verfassungsauslegungen aus der Weimarer Zeit überhaupt nicht ohne weiteres für das auf anderen Anschauungen aufbauende Grundgesetz übernehmen[403]. *Zweitens* spreche die genaue Normierung der Bedürfnisgründe in Art. 72 II für eine richterlich überprüfbare Rechtsfrage[404]. *Drittens* lasse das Bundesstaatsprinzip vermuten, daß bei einer „so entscheidenden Frage, wie es die Abgrenzung der Gesetzgebungs-

---

[393] *Bachof* DRZ 1950, 342 li und Fn. 6; *ders.* VVDStRL 9, 118 f. (1952); *Dernedde* DVBl. 1950, 415; *Heimerich* WB S. 178 (Vorsitzender); *Bühler* WB S. 121, 178; *Seuffert* WB S. 122 (179, 181); H. *Schneider* Gerichtsfreie Hoheitsakte S. 34; wohl auch *Joel* WB S. 126, 177 (180). *Achterberg* DVBl. 1967, 213 sub 3 a (1) und 214 sub 2 verkennt den Unterschied zwischen dieser und der supra bei Fn. 388 erwähnten Lehre.
[394] *Bachof* VVDStRL 9, 119.
[395] *Bachof* DRZ 1950, 342 Fn. 6; *Dernedde* a.a.O.; *Seuffert* WB S. 122.
[396] *Hoepfner* MDR 1949, 656 sub 3 d; vgl. *Dernedde* DVBl. 1950, 415.
[397] *Heimerich* WB S. 178; vgl. *Dernedde* DVBl. 1950, 415; *Schütz* S. 207 f.
[398] VVDStRL 9, 119 (1952).
[399] Gerichtsfreie Hoheitsakte S. 34.
[400] DÖV 1950, 538 r. Ähnlich, aber umwegig, *Benter* S. 74 f.
[401] *Fröhler* DVBl. 1950, 492 li; *Hamann* Art. 72 Anm. B 4 S. 325; *Kratzer* DVBl. 1950, 396 sub 1 a; *ders.* BayVBl. 1961, 134 sub 1 a; *Lerche* BayVBl. 1958, 234 sub 3; *Maunz* StR S. 196; *Maunz-Dürig* Art. 72 Rdn. 15; *Mason* in Verfassungen nach dem Zweiten Weltkrieg (Hrsg. Zurcher 1956) S. 166; *Nawiasky-Lechner* Ergänzungsband S. 70; *Ringelmann* WB S. 22, 173 f., vgl. S. 120, 121, 109; *Schäfer* DRZ 1950, 29 sub dd; *Nawiasky-Leusser-Schweiger-Zacher* Art. 70 Rdn. 9 sub 2; *Spanner* BayVBl. 1958, 40 li sub IV; *Wengler* Rechtsgleichheit S. 266 Fn. 48; neuestens *Achterberg* DVBl. 1967, 217 ff. Unentschieden *Herrfahrdt* BK Art. 72 Anm. II 1, 3; *Ule* WB S. 174.
[402] *Fröhler* DVBl. 1950, 492 r; *Kratzer* DVBl. 1950, 397 r sub 1 b.
[403] *Fröhler* a.a.O.; *Kratzer* a.a.O.; vgl. *Rotberg* WB S. 123/24.
[404] *Fröhler* DVBl. 1950, 492; *Hamann* Art. 72 Anm. B 4 S. 325; *Maunz-Dürig* Art. 72 Rdn. 15; *Kratzer* DVBl. 1950, 397 li sub 1 a; vgl. *Ringelmann* WB S. 173/74.

zuständigkeiten zwischen Bund und Ländern" sei, „der Verfassungs-
gesetzgeber schwerlich eine Ermessensentscheidung gewollt haben"
könne[405]. Ohne eine justitiable Kompetenzverteilung werde das Bundesstaatsprinzip weitgehend illusorisch[406]. *Viertens* schneide die Unüberprüfbarkeit der Bedürfnisfrage aus Art. 93 I Nr. 2 und 3 einen Haupt-
anwendungsfall heraus[407]. *Fünftens* zeichne sich die neuere Rechtsprechung des Bundesverfassungsgerichtes zum gesetzgeberischen Ermessen
durch eine fortschreitende Tendenz zur Ausweitung der Prüfungskompe-
tenz aus. Wenn das Gericht im rechtsstaatlichen Bereich den Ermessens-
bereich des Staates gegenüber dem Bürger immer mehr einschränke, so
verlange das Bundesstaatsprinzip eine ähnliche Entwicklung im bundesstaatlichen Bereich[408].

II. Folgerungen aus dem historisch-systematischen Zusammenhang und aus der Entstehungsgeschichte

1. Art. 9 WRV machte das „Bedürfnis" in gleicher Weise zur Kompetenzvoraussetzung wie Art. 72 II GG. Gleichwohl sah ein Teil der Lehre in
dem „Bedürfnis" des Art. 9 keine besondere Zuständigkeitsvoraussetzung,
sondern lediglich das allgemeine Regelungsbedürfnis[409], das selbstverständliche Voraussetzung jedes gesetzgeberischen Handelns ist[410]. Bei dieser Interpretation könnte die Klausel des Art. 9 auch vor Art. 7 oder 8
WRV stehen[411]. Eine gerichtliche Überprüfung dieses Regelungsbedürfnisses kommt nicht in Betracht. Eine solche Interpretation ist jedoch für
Art. 72 II nicht mehr möglich, da die Art des Bedürfnisses in den Nr. 1 bis
3 deutlich umschrieben ist und der Begriff „Bedürfnis" die Tatbestände
der Nr. 1 bis 3 nur zusammenfaßt. Art. 72 II enthält, wie oben S. 31
dargelegt, eine echte Kompetenzvoraussetzung[412].

---

[405] *Fröhler* DVBl. 1950, 492 li.

[406] *Fröhler* a.a.O.; *Kratzer* DVBl. 1950, 397 li sub 1 b; *Maunz-Dürig* Art. 72
Rdn. 15; *Achterberg* DVBl. 1967, 219/20 sub 3; vgl. *Bullinger* S. 55.

[407] *Kratzer* DVBl. 1950, 397 li sub 1 b (zu Nr. 2); *Maunz-Dürig* Art. 72 Rdn. 15
(zu Nr. 3); *Maunz* StR S. 196 (zu Nr. 2 und 3). Dagegen *Benter* S. 23.

[408] *Maunz-Dürig* Art. 72 Rdn. 15; vgl. *Maunz* StR S. 196; *Lerche* BayVBl.
1958, 235.

[409] Vgl. supra S. 31.

[410] *V. Freytagh-Loringhoven* Weimarer Verfassung in Lehre und Wirklichkeit (1924) S. 210; *Meißner* Staatsrecht des Reichs und seiner Länder (2. Aufl.
1923) S. 34; Abg. *Graf zu Dohna* NatVers. Bd. 327 S. 1247 A (dem in seiner
Erwiderung *Preuß* in der Sache nicht widersprach); *Baade* HCh.Prot. S. 95.
Anschütz Art. 9 Anm. 3 S. 87 sieht im Erlaß eines Gesetzes nach Art. 9 WRV
nur das Gebrauchmachen einer Kompetenz, nicht auch die Feststellung der
Kompetenzvoraussetzung „Bedürfnis".

[411] *Graf zu Dohna* a.a.O.; *Meißner* a.a.O.

[412] Zu einem ähnlichen Problem beim „örtlichen Gesetzgeber" vgl. Bad.-
Württ. VGH BaWüVBl. 1962, 11 mit OVG Münster OVGE 18, 71 (unter Berufung auf Art. 72 II). Vgl. auch BadWürtt. VGH BaWüVBl. 1960, 58 (59).

Äußerungen in der Nationalversammlung von 1919 legen die Vermutung nahe, daß jede gerichtliche Überprüfung der Kompetenzvoraussetzung des Art. 9 WRV ausgeschlossen sein sollte[413]. Die überwiegende Lehre sprach sich jedoch für ein Ermessen des Gesetzgebers aus, das allenfalls auf die Einhaltung seiner Grenzen gerichtlich überprüfbar sei[414].

Aus der Einräumung von Ermessen bei Art. 9 WRV kann unter dem Grundgesetz wegen der Verstärkung der Dritten Gewalt, der allgemeinen Tendenz zur Ausdehnung der richterlichen Überprüfbarkeit von staatlichen Akten und der unterschiedlichen Fassung der beiden Vorschriften kein Argument für einen ähnlichen Umfang der Justitiabilität bei Art. 72 II hergeleitet werden. Doch spricht eine Vermutung dafür, daß dieser Umfang bei Art. 72 II nicht geringer ist, als er es bei Art. 9 WRV war. Schon aus diesem Grund ist ein Verständnis des Art. 72 II als kontrollfreie „politische Direktive", also als bloße „Gewissensschärfung" des Bundesgesetzgebers[415] abzulehnen.

2. Die Entstehungsgeschichte des Art. 72 II ist für die Frage der Justitiabilität und ihres etwaigen Umfanges unergiebig.

In Herrenchiemsee wurde unter Hinweis auf Art. 9 WRV die Frage der Justitiabilität einer Bedürfnisbedingung erörtert. Anlaß war eine Kompetenznorm für Preisrecht. Der Bundesgesetzgeber sollte zuständig sein, „soweit eine Regelung zur Versorgung der Bevölkerung unumgänglich nötig" ist, bzw. „soweit eine Regelung ... dringend erforderlich ist". Es setzte sich jedoch keine Meinung über die Justitiabilität durch[416]. Später wurde die Norm fallengelassen.

---

[413] *Preuß* VerfAussch. S. 53; *ders.* NatVers. Bd. 327 S. 1247 D; Abg. *Katzenstein* VerfAussch. S. 425; *ders.* NatVers. Bd. 327 S. 1250 B; Abg. *Koch* NatVers. Bd. 327 S. 1249 C.

[414] *Anschütz* Art. 9 Anm. 1 S. 85; *Friedheim* Kompetenzverteilung in den Bundesstaaten Österreich und Deutschland (Diss. Köln 1933) S. 20/21; *Hatschek* I S. 99 (außer bei Willkür); *Lassar* HBDStR I § 27 S. 307 (außer bei Ermessensmißbrauch); *Preuß* Reich und Länder (1928) S. 128; *Triepel* Streitigkeiten S. 94 ff., insbes. 100/101 (außer bei Willkür, Ermessensmißbrauch und -überschreitung); A. *Arndt* Verfassung des Deutschen Reichs (3. Aufl. 1927) Art. 9 Anm. 1 S. 80; *Walz* S. 290 (außer bei Ermessensmißbrauch); *Pohlandt* Reich, Länder und Selbstverwaltungskörper (1931) S. 79; *Wittmayer* Weimarer Reichsverfassung (1922) S. 203; *Jellinek* Verfassung und Verwaltung des Reichs und der Länder (3. Aufl. 1927) S. 23. In der Rspr. ist die Frage offen geblieben, vgl. *Joel* AöR 77, 154; *Stier-Somlo* in Reichsgerichtspraxis I S. 218.
Für volle Nachprüfbarkeit des Bedürfnisses: *Giese* RV Art. 9 Anm. 1 S. 57 (zweifelnd); *Poetzsch-Heffter* Art. 9 Anm. 8 S. 116, Vorbem. zu Art. 6—12 Anm. 4 S. 100.
Art. 156 II WRV räumte Ermessen mit Mißbrauchschranke ein nach *Friedländer* in Grundrechte und Grundpflichten der Reichsverfassung (Hrsg. Nipperdey 1930) III S. 337 sub b.

[415] *Bachof* VVDStRL 9, 118.

[416] HCh. Prot. S. 94—96, 100, 327 (Art. 11 Nr. 34 a), 357/58.

In seinem Schriftlichen Bericht an den Parlamentarischen Rat schreibt der Abg. Zinn[417], ein Streitfall gemäß Art. 93 könne dort nicht gegeben sein,

„wo es dem Ermessen der einen Seite anheimgegeben ist, von seiner Kompetenz Gebrauch zu machen. So hat im Bereich der konkurrierenden Gesetzgebung der Bundesgesetzgeber selbst darüber zu entscheiden, ob gegebenenfalls ein ‚Bedürfnis' nach Artikel 72 Abs. 2 vorliegt".

Später meinte Zinn[418], der Satz „soweit ein Bedürfnis nach bundesgesetzlicher Regelung besteht" sei eingefügt worden, um damit

„die Zuständigkeit oder Möglichkeit auszuschließen, das Vorliegen der Voraussetzungen durch den Verfassungsgerichtshof nachprüfen zu lassen, und zwar in Anlehnung an die Rechtsprechung zur Grundsatzgesetzgebung der Weimarer Verfassung".

Die Bedeutung dieser Äußerungen ist nicht deutlich, denn sie sind nicht frei von Widersprüchen. Der Gebrauch einer konkurrierenden Zuständigkeit liegt unbestrittenermaßen im Ermessen des Gesetzgebers. Art. 72 II regelt aber gerade, *ob* der Bundesgesetzgeber überhaupt kompetent ist. — Die Frage nach dem richterlichen Prüfungsrecht für die „Grundsätze" der Art. 10, 11 WRV wurde kontrovers beantwortet[419]. Es ist deshalb nicht deutlich, ob Zinn jegliche Justitiabilität, also auch die Nachprüfbarkeit auf Überschreitung von Ermessensgrenzen verneinte, oder nur die Einräumung eines Ermessens forderte.

Der Abg. Strauß[420] erklärte später, im Parlamentarischen Rat sei die Bedürfnisfrage als eine gesetzgeberische Ermessensfrage betrachtet worden, die zwar nicht materiell, aber auf Mißbrauch verfassungsgerichtlich nachprüfbar sein sollte. Der Abg. Katz[421] vertrat dagegen die Ansicht, das Vorliegen eines Bedürfnisses solle auch materiell nachprüfbar sein.

Es mag sein, daß die „soll-nur"-Vorschrift in Art. 34 des Herrenchiemsee-Entwurfes (oben S. 23) nur eine justizfreie „Gewissensschärfung" des Gesetzgebers beabsichtigte[422]. Daß an ihre Stelle Art. 72 II trat, läßt jedoch wiederum vermuten, daß Art. 72 II mehr als eine bloße Gewis-

---

[417] PR Schriftl. Ber. S. 47.

[418] WB S. 98. Später räumte Zinn die Möglichkeit einer Überprüfung auf Ermessensmißbrauch ein, AöR 75, 298.

[419] Die h. M. nahm Ermessen des Gesetzgebers, eine Mindermeinung volle richterliche Überprüfung an. Völlige Gerichtsfreiheit wurde nicht vertreten (Nachw. bei *Bettermann-Goessl* S. 128). Der RStGH hat nicht zu der Frage Stellung genommen (*Joel* AöR 77, 154). Das PrOVG RBesBl. 1925, 141 (142) sprach sich für volle richterliche Überprüfung aus.

[420] WB S. 119, 176.

[421] PR Schriftl. Ber. S. 34/35; berichtet von Zinn WB S. 99.

[422] Ob nach *heutiger* Auffassung des Verwaltungsrechts eine Soll-Vorschrift Ermessen einräumt (vgl. *Wolff* VerwR I § 31 II b S. 151 mit *Achterberg* DVBl. 1967, 216 Fn. 34) ist in diesem Zusammenhang (entgegen *Achterberg* DVBl. 1967, 218 sub 4) ohne Bedeutung.

sensschärfung ist. Die Ersetzung der Vorschrift des Herrenchiemsee-Entwurfes durch eine viel differenziertere und detailliertere, aber im Ergebnis völlig gleiche Vorschrift wäre wenig sinnvoll.

III. Ablehnung der Lehren von der völligen Gerichtsfreiheit

Die Bedürfnisfrage wäre der richterlichen Prüfung entrückt, wenn sie durch einen sog. *gerichtsfreien Hoheitsakt* entschieden würde[423], also einen Akt, der wegen seiner Natur a limine von der richterlichen Kontrolle freigestellt ist[424].

Dieser Auffassung stehen die Lehren gleich, die die Bedürfnisentscheidung wegen ihrer „politischen Natur" oder als kontrollose „politische Direktive" ohne Rechtsnormqualität jeder gerichtlichen Überprüfung entziehen wollen[425]. Nach allen diesen Meinungen soll die Entscheidung des Bundesgesetzgebers über das Vorliegen des Bedürfnisses nach Art. 72 II weder materiell noch auf die Einhaltung irgendwelcher „Ermessens"-grenzen gerichtlich überprüfbar sein[426].

Im Verhältnis zwischen Staat und Bürger lassen Art. 19 IV und die verwaltungsgerichtliche Generalklausel nach wohl kaum mehr bestrittener Ansicht für gerichtsfreie Hoheitsakte keinen Raum. „Es gibt keine justizlosen Hoheitsakte, keine gerichtsfreien Staatsakte mehr"[427]. Im Verhältnis zwischen Bund und Ländern wie auch im Verhältnis der Staatsorgane zueinander gilt im Ergebnis dasselbe. Im grundgesetzlichen Verfassungssystem mit seiner ausgebauten Verfassungsgerichtsbarkeit kann

---

[423] So die supra S. 92 Genannten.

[424] So h. L.: vgl. *Maunz-Dürig* Art. 19 IV Rdn. 23/24; H. *Schneider* Gerichtsfreie Hoheitsakte S. 45/46; etwas anders aber *Huber* Wirtschaftsverwaltungsrecht (2. Aufl. 1954) II S. 657. Mißbrauchs- und Willkürgrenzen nehmen an: *Scheuner* Smend-Festschrift S. 300; *Krüger* DÖV 1950, 538 f.; vgl. *Koellreutter* S. 220. Bei dieser Lehre wird die Abgrenzung zum Ermessen unklar.

[425] So die supra S. 92 Genannten. Vgl. auch die ähnliche Lehre *Forsthoff's* für den Grundrechtsbereich, DÖV 1959, 43 = Rechtsstaat im Wandel (1964) S. 181/182. Über „Verpflichtungen, über deren Dasein der Verpflichtete zu entscheiden hat" *Goldschmidt* Der Prozeß als Rechtslage (1925) S. 290 Fn. 1504.

[426] *Bachof* VVDStRL 9, 119 (1952).

[427] *Bettermann* MDR 1949, 398 sub 3 r; *ders.* DVBl. 1952, 313 li; *ders.* Grundrechte S. 788. Ebenso: *Ule* VwGO § 42 Anm. 6 S. 167 (m. w. Nachw.); *Maunz-Dürig* Art. 19 IV Rdn. 23, 24 (m. w. Nachw.); *Schlochauer* AöR 79, 192 (1953/54); *van Husen* DVBl. 1953, 71; *Obermayer* BayVBl. 1955, 174 r; *ders.* Verwaltungsakt und innerdienstlicher Rechtsakt (1956) S. 104; *Jellinek* Nachtrag (1950) zu Verwaltungsrecht (3. Aufl. 1948) S. 4 (vgl. *ders.* DRZ 1948, 271, VVDStRL 8, 160); *Bachof* Die verwaltungsrechtliche Klage auf Vornahme einer Amtshandlung (1951) S. 25; *Jesch* Bindung des Zivilrichters an Verwaltungsakte (1956) S. 20; BadVGH DÖV 1952, 412 = NJW 1952, 1070.
A. A. *v. Mangoldt-Klein* Art. 19 Anm. VII 6 b S. 576; *Klein* VVDStRL 8, 108 f., 125 (1950); *Ipsen* DV 1949, 489; *ders.* AöR 74, 506 (1948); *Loening* DVBl. 1951, 237/38; *Eyermann-Fröhler* § 42 Rdn. 35 f.; *Krüger* DÖV 1950, 536; *Sczostak* JR 1958, 445; *Wernicke* BK Art. 19 Anm. II 4 g.

es keine Akte geben, die a limine richterfrei sind[428]. Insbesondere muß dies für Akte gelten, die Zuständigkeiten betreffen[429]. Deren Wahrung und Kontrolle ist der Hauptzweck ganzer verfassungsgerichtlicher Verfahrenstypen: Das Bund-Länder-Streitverfahren soll die Zuständigkeitsverteilung zwischen Bund und Ländern sichern, das Organstreitverfahren innerhalb des Bundes und des Landes die Zuständigkeiten der Verfassungsorgane untereinander[430]. Nach *Scheuner*[431] kann die Unzuständigkeit des Bundesverfassungsgerichtes für Akte des Verfassungslebens nicht aus der Natur der Akte, sondern nur aus den Schranken der Kompetenzregeln des Gerichtes abgeleitet werden. Eine solche Schranke besteht für die Bedürfnisprüfung des Art. 72 II nicht.

Nach *Krüger*[432] folgt die Nichtjustitiabilität eines Regierungsaktes aus der Natur der Sache: die Andersartigkeit und der Mangel an Evidenz der anzuwendenden Norm schließe den richterlichen Syllogismus aus, eine Wahl trete an Stelle der Subsumtion. Sofern diese Erwägung eine Injustitiabilität bestimmter Akte überhaupt begründen kann, kommt sie jedenfalls nicht für die Bedürfnisprüfung des Art. 72 II in Betracht. Die anzuwendende Norm, der Obersatz, ist in Art. 72 II enthalten. Das „Bedürfnis" ist nicht grundsätzlich schwerer bestimmbar als andere, unzweifelhaft justitiable Verfassungsbegriffe. Die Entscheidung des Richters über das Vorliegen der Voraussetzungen des Art. 72 II kann „sich am Maßstab einer auslegungsfähigen Verfassungsnorm ausrichten"[433]. Der Richter übt daher echte Rechtsprechungsfunktion aus.

Die meisten Autoren sehen das Charakteristikum des justizfreien Hoheitsaktes in seiner politischen Natur[434]. Aus der „Politizität" eines Staatsaktes kann aber nicht auf die Gerichtsfreiheit geschlossen werden. Große politische Bedeutung haben auch zahlreiche Verwaltungsakte, die nach den Verwaltungsprozeßgesetzen ohne jeden Zweifel justitiabel sind[435]. Die meisten Streitigkeiten vor dem Bundesverfassungsgericht sind

---

[428] *Friesenhahn* ZSchwR nF 73, 151.
[429] Entsch. OVG Berlin 1, 64 (73). *Triepel* Streitigkeiten S. 43 („Kompetenz-, also Rechtsstreitigkeiten") zit. auch in BVerfGE 2, 143 (155).
[430] *Goessl* Organstreitigkeiten S. 69/70, 116/17, 174/75.
[431] Smend-Festschrift S. 300. Ähnlich *Sczostak* JR 1958, 446 li, 447 r; *Loening* DVBl. 1951, 237 li.
[432] Staatslehre S. 692 ff. Ähnlich: *Krüger* DÖV 1950, 540; *Klein* VVDStRL 8, 111 (1950).
[433] Darin liegt nach *Wintrich* Nawiasky-Festschrift (1956) S. 208 die immanente Grenze jeder Verfassungsgerichtsbarkeit.
[434] *Forsthoff* VerwR S. 467; *Ipsen* DV 1949, 489; *Eyermann-Fröhler* § 42 Rdn. 36 S. 195; vgl. *Sczostak* JR 1958, 446.
[435] *Ule* VwGO § 42 Anm. IV 6 S. 167 (m. w. Nachw.); *Schlochauer* AöR 79, 192 (1953/54); *van Husen* DVBl. 1953, 70 r; *Obermayer* BayVBl. 1955, 173 r; *ders.* Verwaltungsakt und innerdienstlicher Rechtsakt (1956) S. 97; *Forsthoff* VerwR S. 467; *Loening* DVBl. 1951, 235/36; *Benter* S. 86; *Friesenhahn* Verfassungsgerichtsbarkeit S. 128; *Achterberg* DVBl. 1967, 214 sub 2 a.

„politisch"[436] insofern als sie politische Akte zum Gegenstand oder politische Konsequenzen haben. „Verfassungsstreitigkeiten haben immer einen ‚politischen Beigeschmack oder Nachgeschmack'"[437]. Das ändert nichts daran, daß das Verfassungsgericht Rechtsentscheidungen, nicht politische Zweckmäßigkeitsentscheidungen fällt.

Justizfreie Hoheitsakte sollen „hochpolitische" oder „staatspolitische" Akte sein[438]. Diese Begriffsbestimmung paßt — sofern diese Erwägung überhaupt zur Gerichtsfreiheit bestimmter Akte führen kann — jedenfalls nicht auf die Zuständigkeitsvoraussetzungen des Art. 72 II. Mit der Überprüfung der Bedürfnisvoraussetzung reißen weder die Gerichte die politische Führung an sich[439], noch dient die Bedürfnisprüfung der „Wahrung der politischen Existenz des Staates... der Selbsterhaltung und Selbstdurchsetzung"[440], noch ist sie „eine politische Tat auf höchster Ebene der Politik..., der sich außerhalb des rechtlich geregelten öffentlichen Lebensbereiches rein im Gebiet der verantwortlichen, politischen Leitung vollzieht"[441].

Mit dem Gewaltenteilungsgrundsatz[442] kann die Injustitiabilität nicht begründet werden. Der Grundsatz steht im Grundgesetz mit seiner ausgebauten Verfassungsgerichtsbarkeit der richterlichen Kontrolle der obersten staatlichen Willensbildung nicht entgegen[443]. Aus der Tatsache allein, daß die Legislative die Bedürfnisprüfung vornimmt, läßt sich nichts für oder gegen die Justitiabilität herleiten[444].

---

[436] *Arndt* DVBl. 1951, 297; *Dreher* NJW 1951, 378 r f.; *Hamann* Art. 93 Anm. A 3, 4 S. 389/90; *Holtkotten* BK Art. 93 Anm. II A 1 c S. 23, Anm. II A 2 a S. 24; *v. Mangoldt* Art. 93 Anm. 2 S. 506; *H. Schneider* Gerichtsfreie Hoheitsakte S. 28; *Scheuner* DVBl. 1952, 295 sub 3, S. 298 r; *ders.* Smend-Festschrift S. 295; *Sczostak* JR 1958, 445; *Thoma* in Reichsgerichtspraxis I S. 197 sub VII; *Zinn* PR Schriftl. Ber. S. 48 r; *Friesenhahn* ZSchwR nF 73, 151; *Maunz-Sigloch - Schmidt - Bleibtreu - Klein* Bundesverfassungsgerichtsgesetz (Loseblatt 1965) Vorbem. Rdn. 13 f.; *Kaufmann* VVDStRL 9, 4/5 (1952); *Drath* VVDStRL 9, 63, 94, 95, 97/98, 116 sub 18 (1952); *Triepel* VVDStRL 5, 2 f., 6, 28 LS 2 (1929); *ders.* Streitigkeiten S. 15 f., 17, 18; *Thoma* JöR nF 6, 170 f. (1957); *Maunz* DÖV 1959, 1/2; *Loewenstein* Verfassungslehre (1959) S. 261; *Leibholz* Strukturprobleme der modernen Demokratie (1958) S. 169; *ders.* JöR nF 6, 120 (1957); *Roellecke* Politik und Verfassungsgerichtsbarkeit (Diss. Freiburg 1960) S. 134 f., 182 f.; BVerfG „Statusdenkschrift" JöR nF 6, 144/45 (1957); *Krüger* Staatslehre S. 703 f.
[437] *Kaufmann* VVDStRL 9, 5 (1952).
[438] Entsch. OVG Berlin 1, 64 (73); *Lerche* DVBl. 1954, 627 sub c; *Loening* DVBl. 1951, 236 r; *Forsthoff* VerwR S. 467; *Sczostak* JR 1958, 446.
[439] Begründung der gerichtsfreien Hoheitsakte bei *H. Schneider* Gerichtsfreie Hoheitsakte S. 42.
[440] Begründung der gerichtsfreien Hoheitsakte bei *Huber* Wirtschaftverwaltungsrecht (2. Aufl. 1954) II S. 656.
[441] Entsch. OVG Berlin 1, 64 (73).
[442] So die supra Fn. 396 Genannten.
[443] *Maunz-Dürig* Art. 19 IV Rdn. 24; *Friesenhahn* ZSchwR nF 73, 154; *Achterberg* DVBl. 1967, 215 sub c; vgl. *Stauder* ZStaatsw. 123, 155 f.
[444] *Achterberg* DVBl. 1967, 214 sub b. A. A. die supra Fn. 395 Genannten.

IV. Die Justitiabilität der unbestimmten Rechtsbegriffe in Art. 72 II GG

1. Unbestimmte Rechtsbegriffe und Beurteilungsermessen.

a) Art. 72 II verwendet bei der Umschreibung des Bedürfnisses *unbestimmte Rechtsbegriffe*[445] mit unterschiedlichem Bestimmungsgrad: keine wirksame Regelung durch die Gesetzgebung einzelner Länder; Beeinträchtigung der Interessen anderer Länder; Beeinträchtigung der Interessen der Gesamtheit; Wahrung der Rechts- und Wirtschaftseinheit; Wahrung der Einheitlichkeit der Lebensverhältnisse; über das Gebiet eines Landes hinaus; Erforderlichkeit. Diese Begriffe sind unbestimmt, weil sie keinen klar erkennbar oder bestimmbar eindeutigen Sinn haben. Relativ bestimmbar sind demgegenüber z. B.: bundesstaatliche Regelung; Angelegenheit; Regelung einer Angelegenheit; Land; Gebiet; Landesgesetz. Auch das „Bedürfnis" ist ein unbestimmter Rechtsbegriff; aber da er die Nr. 1 bis 3 nur zusammenfaßt, ist die Justitiabilität gerade dieses Begriffes von untergeordneter Bedeutung[446]. Entscheidend ist die Justitiabilität der in den Nr. 1 bis 3 verwendeten Begriffe.

Die unbestimmten Rechtsbegriffe befinden sich auf der Tatbestandsseite der grundgesetzlichen Norm[447]: Wenn bestimmte Materien vorliegen (Art. 74) und für die bundesgesetzliche Regelung ein Bedürfnis besteht [Tatbestand], darf der Bund etwas tun, nämlich Bundesgesetze erlassen [Rechtsfolge].

Das Bundesverfassungsgericht bezeichnete erstmalig im Ladenschlußurteil, E 13,230 (233), die Begriffe „Wahrung der Rechts- und Wirtschaftseinheit" und „Einheitlichkeit der Lebensverhältnisse" als unbestimmte Rechtsbegriffe. Man kann annehmen, daß es auch die anderen Voraussetzungen der konkurrierenden Zuständigkeit in Art. 72 II als unbestimmte Rechtsbegriffe anerkennen würde[448]. Die Tragweite dieser Entscheidung bleibt jedoch abzuwarten[449].

b) Die Erkenntnis, daß Art. 72 II unbestimmte Rechtsbegriffe verwendet, beantwortet noch nicht die Frage nach dem Umfang der Justitiabilität dieser Begriffe. Die im Hinblick auf die Justitiabilität des Art. 72 II häufig gestellte Frage „(Handlungs-) Ermessen oder unbestimmter

---

[445] Den Ausdruck „unbestimmter Gesetzesbegriff" schlagen vor: *Jesch* AöR 82, 165 f.; *Wolff* VerwR I § 31 I c S. 146; *Menger* Grundrechte S. 751; *Bachof* JZ 1955, 98 sub III r; *ders.* Rspr. BVerwG S. 229. Da es sich hier um Begriffe des Verfassungsrechts handelt, ist „Rechtsbegriff" vorzuziehen.
[446] Auf die Natur als unbestimmtes Rechtsbegriff gerade dieses Begriffs stellen dagegen ab: *Maunz* StR S. 251; *Spanner* BayVBl. 1958, 39/40; *Reuß* DVBl. 1953, 588, 649 Fn. 3. Richtig *Achterberg* DVBl. 1967, 218 sub 3.
[447] Vgl. *Bettermann-Goessl* S. 129 Fn. 119.
[448] Vgl. *Lerche* VVDStRL 21, 72 (1964); *Friesenhahn* Verfassungsgerichtsbarkeit S. 154.
[449] *Achterberg* DVBl. 1967, 213 sub 2; *Herzog* JuS 1967, 195 sub II 2.

7*

Rechtsbegriff?" ist falsch formuliert[450]. Die unbestimmten Rechtsbegriffe wären nicht justitiabel, wenn ihre Anwendung — entgegen der hier vertretenen Ansicht[451] — ein justizfreier Hoheitsakt wäre[452]. Unbestimmte Rechtsbegriffe können entweder *voll-justitiabel* sein oder einen Beurteilungsspielraum = *Beurteilungsermessen* einräumen[453].

Das Beurteilungsermessen bei einem Rechtsbegriff, dessen Anwendung der Auslegung, Tatsachenfeststellung und Subsumtion bedarf[454], unterscheidet sich vom Handlungsermessen[455]. Diese im Verwaltungsrecht entwickelte Erkenntnis muß auch für das Verfassungsrecht gelten: auch im Verfassungsrecht muß zwischen (volitivem) Handlungsermessen und (cognitivem) Beurteilungsermessen unterschieden werden[456]. Der vom Bundesverfassungsgericht benutzte Ausdruck „Gestaltungsfreiheit des Gesetzgebers"[457] paßt offensichtlich nur auf das Handlungsermessen des Gesetzgebers. Der Begriff „Beurteilungsermessen" oder „Beurteilungsspielraum" hat sich im Verfassungsrecht jedoch noch nicht durchgesetzt[458]. Wenn der Bundesgesetzgeber bei der Anwendung des Art. 72 II und damit bei der Anwendung der unbestimmten Rechtsbegriffe einen von richterlicher[459] Kontrolle freien Spielraum haben sollte, würde es sich um cognitives oder Beurteilungsermessen auf der Tatbestandsseite einer Norm handeln.

Beurteilungsermessen ist auf der Stufe der Interpretation, der Tatsachenfeststellung und der Subsumtion denkbar. Die herrschende Lehre im Verwaltungsrecht erkennt ein Beurteilungsermessen nur bei der Sub-

---

[450] So aber *Achterberg* DVBl. 1967, 213 f., 217 f.

[451] Supra S. 96.

[452] *Achterberg* DVBl. 1967, 219 sub 1. Nach Ablehnung der völligen Gerichtsfreiheit der unbestimmten Rechtsbegriffe nimmt *Achterberg* ohne nähere Begründung Beurteilungsspielraum an, DVBl. 1967, 220.

[453] So die h. L.: *Bachof* JZ 1955, 100; *Bettermann* Grundrechte S. 798; *Menger* Grundrechte S. 751 f.; *Jesch* AöR 82, 234 f. A. A.: *Czermak* JZ 1963, 278; *ders.* NJW 1961, 1906; *Kopp* DÖV 1966, 321 (immer voll justitiabel). *Ule* VerwaltungsprozeßR S. 7/8; *Wolff* VerwR I § 31 I S. 148 f. (immer Beurteilungsspielraum).

[454] *Wolff* VerwR I § 31 I S. 147; *Menger* a.a.O.; BadWürtt.VGH ESVGH 17, 101 (104).

[455] *Jesch* JZ 1958, 705; *Korbmacher* DÖV 1965, 697; *Stern* S. 19, 23; *Bachof* JZ 1955, 98 li; *Bettermann* Grundrechte S. 797.
A. A. *Klein* AöR 82, 119; *ders.* JZ 1961, 69; *Ehmke* „Ermessen" und „unbestimmter Rechtsbegriff" im Verwaltungsrecht (1960) passim.

[456] *Reuß* DVBl. 1953, 588. Vgl. *Achterberg* DVBl. 1967, 217 sub 1.

[457] Supra S. 61.

[458] Diesen Begriff verwenden im Verfassungsrecht *Bettermann* Staat 1962, 92 sub 5; *Maunz-Dürig* Art. 72 Rdn. 16; *Spanner* BayVBl. 1958, 39/40; *Achterberg* DVBl. 1967, 213 f. passim; BVerfGE 8, 1 (23); 11, 203 (210). Dagegen *Rüpke* S. 35.

[459] Freiheit von Kontrolle durch den „Instanz"-Richter und das BVerfG. Einen Auseinanderfall der Kontrollfreiheit in dieser Hinsicht kann es im grundgesetzlichen Rechtsprechungssystem nicht geben.

sumtion an[460]. Das läßt sich nicht aufrecht erhalten. Das Prüfungsermessen z. B. kann sich im Bereich der Justizausbildungsordnung auch auf die Frage erstrecken, was noch zu den prüfungsfähigen „Grundzügen des Römischen Rechts" gehört und was nicht prüfungsfähiges Detail ist. Ebenso steht es mit der Frage, welche Leistungen in abstracto gut oder nur vollbefriedigend sind. Beides sind Interpretationsfragen. Ebenso kann es einen Spielraum bei der Feststellung der (Tatsachen-) Frage geben, welche Kenntnisse der Bewerber besitzt, denn die Kenntnisse lassen sich nur durch Stichproben ermitteln.

Das Beurteilungsermessen des Gesetzgebers könnte sich dementsprechend auf einzelne oder auf alle drei Rechtsanwendungsoperationen erstrecken; der Bundesgesetzgeber könnte also Interpretations-, Tatbestandsfeststellungs- und/oder Subsumtionsermessen haben.

Daß das Ermessen des Bundesgesetzgebers bei Art. 72 II Beurteilungsermessen auf der Tatbestandsseite ist und Handlungsermessen nicht in Betracht kommt, haben Rechtsprechung und Lehre nicht hinreichend klargestellt[461]. Man muß bedenken, daß die Diskussion um die Justitiabilität des Art. 72 II in den frühen fünfziger Jahren geführt und im wesentlichen vor der Verfeinerung der verwaltungsrechtlichen Ermessenslehre abgeschlossen wurde[462]. Die Verwechslung zeigt sich z. B. daran, daß das Bundesverfassungsgericht bei Art. 72 II von Ermessensmißbrauch spricht. Ermessensmißbrauch kann es nur beim Handlungsermessen geben. „Mißbrauch" ist Ermessensgebrauch zu Zwecken, zu denen das Gesetz Ermessen nicht gewährt; mißbrauchen kann man nur Macht. Bei der Anwendung unbestimmter Rechtsbegriffe kann man hingegen falsche oder illegitime Gesichtspunkte berücksichtigen; man kann ferner irrig Tatsachen als vorliegend annehmen; man kann endlich die festgestellten Tatsachen unter den unbestimmten Begriff falsch subsumieren.

Auch wenn ein Ermessensmißbrauch beim Beurteilungsermessen theoretisch möglich wäre, bleibt fraglich, was damit in Bezug auf das gesetzgeberische Ermessen gemeint sein kann. Das gesetzgeberische Ermessen unterliegt nur den sich aus der Verfassung ergebenden, nicht den spezifisch verwaltungsrechtlichen[463] Mißbrauchsschranken. Meint man aber mit Ermessensmißbrauch einen Verstoß gegen die sich aus der Verfassung

---

[460] *Ule* Jellinek-Gedächtnisschrift (1955) S. 317; *Meyer* DÖV 1954, 369 r, 370; *Bachof* JZ 1955, 99 f.; *Menger* Grundrechte S. 751; *Ule* VwGO § 114 Anm. II 1 S. 389; *ders.* VerwaltungsprozeßR S. 7; BVerwGE 11, 139 (140); 15, 39 (41). A. A. *Haas* MDR 1953, 655 sub III.

[461] *Maunz-Dürig* Art. 72 Rdn. 15, 16 geht davon aus, daß die Vertreter der Ermessenslehre bei Art. 72 II Handlungsermessen meinen.

[462] Vgl. auch *Achterberg* DVBl. 1967, 215 sub d r.

[463] Vgl. *Wolff* VerwR I § 31 II S. 153 f.; *Eyermann-Fröhler* § 114 Anm. 15 f. S. 565.

ergebenden Ermessensschranken[464], so wird der Begriff überflüssig. Im
Verfassungsrecht wird nur im Zusammenhang mit Art. 72 II von einem
„Mißbrauch" gesprochen, der nicht in dem Verstoß gegen konkrete Verfassungsnormen besteht. Die Lehre zu Art. 72 II hat niemals versucht, die
von ihr behaupteten Ermessensgrenzen zu beschreiben. Der Verdacht
liegt nahe, daß sie zwar von Schranken sprach, im Grunde aber die völlige Unüberprüfbarkeit der Bedürfnisentscheidung meinte[465]. Es ist be-
zeichnend, daß die von der Mindermeinung gegen die Ermessenslehre
geltend gemachten Argumente eigentlich die völlige Gerichtsfreiheit der
Bedürfnisprüfung und nicht die — begrifflich immer Schranken voraus-
setzende[466] — Ermessensfreiheit bekämpfen[467].

*2. Beurteilungsermessen der Verwaltung im Verhältnis zwischen Staat
und Bürger.*

a) Der Verwaltung haben Rechtsprechung und Lehre seit 1945 Beurteilungsermessen nur in engem Rahmen zuerkannt. Grundsätzlich unterliegt die Anwendung unbestimmter Rechtsbegriffe durch die zweite Gewalt in allen drei Stadien — Interpretation, Tatsachenfeststellung, Subsumtion — in vollem Umfang der richterlichen Kontrolle. Etwas anderes
gilt nur dann, wenn wegen des besonderen Inhalts der Entscheidung
vom Richter keine besseren Ergebnisse zu erwarten sind, als vom Ver-
waltungsbeamten, weil er nach der Art seiner Tätigkeit für die Entscheidung unbefähigt oder doch ungeeignet ist. Das wird bei Prüfungsent-
scheidungen, prüfungsähnlichen Entscheidungen und bei der Beurteilung der dienstlichen Bewährung von Beamten anerkannt[468]. Die Rechtsanwendung sei hier „wegen der Vielzahl der ‚nicht mitteilbaren Imponde-
rabilien' nicht oder nur im begrenzten Umfang nachvollziehbar"[469]; die
gerichtliche Nachprüfung stoße auf „praktisch unüberwindliche Schwie-

---

[464] So wahrscheinlich *Spanner* Richterliche Prüfung von Gesetzen und Verordnungen (1951) S. 66; anders wohl *Geiger* BVerfGG vor § 63 S. 206.
[465] *V. d. Heydte* JZ 1953, 509; *Neis* ZBR 1954, 41 sub 4.
[466] *Lerche* Staatslexikon III Sp. 11; *ders.* DVBl. 1958, 528 bei und in Fn. 52.
[467] Deutlich z. B. bei *Maunz-Dürig* Art. 72 Rdn. 15.
[468] *Kellner* DÖV 1962, 576 sub IV; *ders.* NJW 1966, 859 r; *Eyermann-Fröhler*
§ 114 Rdn. 9 e S. 562; *Bachof* Rspr. BVerwG S. 230 f.; BVerwGE 5, 153 (162);
8, 192 (195); 11, 139; 15, 39 (40 f.); 12, 359 (363); 11, 165 (166 f.); 12, 29 (34). Richtige Abgrenzung in E 17, 5 (6); 16, 118 (129); 15, 251 (254).
Beurteilungsspielraum bei allen unbestimmten Rechtsbegriffen: *Ule* VerwaltungsprozeßR S. 7/8; *Wolff* VerwR I § 31 I S. 147; vgl. *Fellner* DVBl. 1966,
161 f.
Beurteilungsspielraum zu unterscheiden vom „höchstpersönlichen Fach-
urteil": *Wolff* VerwR I § 31 I S. 149; *Menger* VerwArch. 1964, 276; *Ule* VwGO
§ 114 Anm. III S. 395. Richtig dagegen *Bettermann* DVBl. 1966, 40.
Für Beurteilungsspielraum bei einigen aber nicht bei allen unbestimmten
Rechtsbegriffen: *Bachof* JZ 1955, 100 sub VI; *Jesch* JZ 1958, 705.
[469] *Bachof* Rspr. BVerwG S. 231. Ähnlich: *Jesch* AöR 82, 203, 241 f.; 230 f.;
ders. JZ 1958, 706 li; *Fellner* DVBl. 1966, 165; BVerwGE 11, 139 (140). Dagegen
Kellner NJW 1966, 860; *ders.* DÖV 1962, 575 li.

rigkeiten"[470]. Nach *Kellner*[471] handelt es sich um höchstpersönliche Ermächtigungen zu Wertentscheidungen.

Die unbestimmten Rechtsbegriffe „Bedürfnis"[472] und „Notwendigkeit"[473] räumen im Verwaltungsrecht kein Beurteilungsermessen ein, sondern sind voll überprüfbar.

b) Im Bereich des Verwaltungsrechts, also im Verhältnis der zweiten zur dritten Gewalt, sprechen gewichtige verfassungsrechtliche Gründe gegen die Gewährung von Beurteilungsermessen: *Erstens* widerspricht Beurteilungsermessen dem Sinn und Zweck des Art. 19 IV[474]. Diese Bestimmung ist nicht nur eine Garantie des Individualrechtsschutzes, sondern enthält auch eine Grundentscheidung über die Unterordnung der Exekutive unter die Judikative im Bereich der Rechtsanwendung[475]. Beurteilungsermessen „durchlöchert" die Rechtsschutzgarantie, weil sie einen justizkontrollfreien Raum ausspart. Beurteilungsermessen läuft *zweitens* dem Gleichheitssatz zuwider[476]. Die vom Beurteilungsermessen eingeräumte Möglichkeit verschiedener Beurteilung gleichliegender Fälle

---

[470] *Jesch* AöR 86, 492/93 (1961).
[471] DÖV 1963, 427 sub V; *ders.* DÖV 1962, 577; *ders.* NJW 1966, 859 li. Ähnlich BVerwGE 15, 39 (41).
[472] Aus der Rspr. seit 1954: BVerwGE 2, 276 (279); 7, 344 (348); BayVGH BayBgm. 1956, 257 f.; OVG Koblenz AS 3, 285; VGH Bebenhausen DÖV 1955, 733 (734 li); OVG Koblenz AS 2, 41; OVG Münster VerwRspr. 8, 362 (363) Nr. 86; OVG Münster OVGE 8, 277 (287); OVG Lüneburg DÖV 1961, 793; HessVGH VerwRspr. 8, 359 (361) Nr. 85 = DVBl. 1955, 327; BadWürttVGH BaWüVBl. 1062, 11 (12); 1060, 58 (59). Weitere Rspr. Nachw. bei *Klinger* Verwaltungsgerichtsordnung (1964) § 42 Anm. G II S. 216; *Eyermann-Fröhler* § 114 Rdn. 11 a S. 564; *Giese* JZ 1952, 585; *Dürig* JZ 1953, 535; *Achterberg* DVBl. 1967, 219 sub cc.
A. A. OVG Hamburg VerwRspr. 9, 96 Nr. 21; OVG Münster supra Fn. 412. Das „dienstliche Bedürfnis" z. B. in § 26 BBG räumt nach h. M. Ermessen ein. Dazu: *Fischbach* Bundesbeamtengesetz (3. Aufl. 1964) Halbbd. 1 § 26 S. 261, 270, § 27 S. 283 sub I 1; *Plog-Wiedow* Bundesbeamtengesetz (Loseblatt) § 26 S. 9 Rdn. 19 aa, § 27 S. 5 Rdn. 17; *Schillen* ZBR 1958, 74 li; *Kellner* DÖV 1962, 581; *ders.* NJW 1966, 863 r.
[473] *V. Krauss* Grundsatz der Verhältnismäßigkeit (1955) S. 62 f., 86, vgl. S. 17/18; OVG Münster BauRS 12, 10 (11); BVerwGE 16, 116 (129). A. A. OVG Hamburg VerwRspr. 13, 196 Nr. 57 = MDR 1961, 90.
Beurteilungsspielraum bei dem Rechtsbegriff der Erforderlichkeit eingeräumt kraft Gesetzes bei § 2 I BewNotG.
[474] Dazu: *Bettermann* Grundrechte S. 798; *Jesch* AöR 82, 236; *ders.* AöR 86, 491/92 (1957); *ders.* JZ 1958, 706 li; *Kellner* DÖV 1963, 428 li; *ders.* NJW 1966, 857 li; *Czermak* JZ 1963, 278 r sub I; *Reuß* DVBl. 1953, 588, 650; *ders.* DÖV 1954, 56 r, 558 f.; *Warda* Dogmatische Grundlagen des richterlichen Ermessens im Strafrecht (1962) S. 52; *Korbmacher* DÖV 1965, 698 r; *Stern* S. 19; *Wacup* Das freie Ermessen und der Beurteilungsspielraum (1963) S. 81; *Koehler* Verwaltungsgerichtsordnung (1960) § 114 Anm. B I 5 S. 913; vgl. *Rupp* Grundfragen der heutigen Verwaltungsrechtslehre (1965) S. 219 Fn. 376; BVerfGE 6, 32 (43); 10, 264 (267); 15, 275 (282); vgl. 8, 380 (396); BVerwGE 5, 153 (162); 15, 39 (42).
[475] Vgl. *Jesch* AöR 82, 236.
[476] *Bettermann* Staat 1962, 79 f.

verstößt gegen das im allgemeinen Gleichheitsgrundsatz des Art. 3 I enthaltene Gebot der Gleichbehandlung gleicher Sachverhalte. *Drittens* widerspricht Beurteilungsermessen der grundgesetzlichen Konstruktion der dritten Gewalt und ihrem Verhältnis zu den anderen Gewalten: die pyramidale Struktur der Judikative ist für die Schaffung der Rechtseinheit bei der Anwendung unbestimmter Rechtsbegriffe besonders geeignet. Beurteilungsermessen der Verwaltung bringt dagegen Rechtszersplitterung mit sich. Bedenken werden schließlich, *viertens,* aus dem Prinzip der Gesetzmäßigkeit der Verwaltung hergeleitet[477].

3. Beurteilungsermessen des Gesetzgebers im Verhältnis zwischen Staat und Bürger. Dem Gesetzgeber haben Rechtsprechung und Lehre bei der Anwendung des „grundrechtlichen" Verfassungsrechts, welches das Verhältnis von Staat und Bürger regelt, grundsätzlich ebenfalls kein Beurteilungsermessen gewährt. Der Richter prüft die richtige Anwendung dieses Rechts uneingeschränkt nach. Das gilt auch für tatsächliche Feststellungen des Gesetzgebers, von denen die Zulässigkeit seiner Rechtsetzung abhängen kann. Das Bundesverfassungsgericht läßt beispielsweise Einschränkungen der Freiheit der Berufswahl (Art. 12) nur zu, „soweit der Schutz besonders wichtiger Gemeinschaftsgüter es zwingend erfordert", es „zwingend geboten ist"[478]. Diesen unbestimmten Rechtsbegriff der „Notwendigkeit" prüft das Gericht uneingeschränkt auf allen Ebenen nach[479]. Die grundsätzliche Unzulässigkeit des Beurteilungsermessens entspricht dem Grundgesetz: die für die Verwaltung genannten Gründe gelten auch hier. Die Argumentation mit Art. 19 IV hängt nicht von der bestrittenen Frage[480] ab, ob diese Vorschrift auch unmittelbar gegen Normen Rechtsschutz gewährt. Entscheidend ist allein das in der Vorschrift enthaltene incidente Normenkontrollrecht des Richters.

Eine Ausnahme erfährt der Grundsatz voller richterlicher Überprüfung beim Gleichheitssatz. Beurteilungsermessen des Gesetzgebers ist, wenn auch nicht dem Namen, so doch der Sache nach, anerkannt bei der Anwendung des auf die Rechtsetzung erstreckten Gleichheitssatzes[481]. Das Bundesverfassungsgericht gewährt dem Gesetzgeber einen weiten Spielraum bei der Feststellung, was gleich und ungleich ist, also bei der Frage, ob die Verschiedenheit der Tatbestände so unwesentlich ist, daß sie gleich, oder so wesentlich, daß sie ungleich geregelt werden müssen. Das gleiche Recht steht das Gericht dem Gesetzgeber bei der Beurteilung der Frage

---

[477] Dazu: *Reuß* DVBl. 1953, 589; *Jesch* AöR 82, 242, 246; *Wacup* a.a.O. S. 82; *Koehler* Verwaltungsgerichtsordnung (1960) § 114 B I 5 S. 914; *Stern* S. 19.
[478] BVerfGE 7, 377 (405, 410).
[479] BVerfGE 7, 377 (LS 6 b, 7). Vgl. *Lerche* BayVBl. 1958, 234 sub III; *Scheuner* DVBl. 1958, 849.
[480] Dazu *Bettermann* AöR 86, 129 (1961).
[481] Entscheidungen bei *Leibholz-Rinck* Art. 3 Rdn. 9—16 S. 69 f.; vgl. *Huber* DÖV 1956, 174/75; BVerfGE 1, 14 (16); *Stauder* ZStaatsw. 123, 153.

zu, ob gegen diese Feststellung verstoßende Rechtsfolgen gerechtfertigt sind oder nicht[482]. Es prüft die Rechtsanwendung nur auf Willkür nach. Die problematische Erstreckung des Gleichheitssatzes auf die Rechtsetzung[483] ist nur in Verbindung mit einem weiten Beurteilungsspielraum praktikabel.

4. Beurteilungsermessen im Verhältnis zwischen Bund und Ländern. Art. 72 II betrifft nicht das Verhältnis zwischen Staat und Bürger, sondern das Verhältnis zwischen Bund und Ländern[484]. Die Ausübung der konkurrierenden Bundeskompetenz schränkt die Landeskompetenz ein. Der grundsätzliche Ausschluß von Beurteilungsermessen im Verhältnis vom Staat zum Bürger läßt sich nicht ohne weiteres auf den bundesstaatlichen Bereich übertragen. Die Anwendung von Verfassungsnormen, die „nur" Rechtsbeziehungen zwischen Bund und Ländern regeln[485], kann anderen Grundsätzen folgen.

Die geschilderten Bedenken gegen Beurteilungsermessen der Verwaltung und des Gesetzgebers im grundrechtlichen Bereich entfallen. *Erstens* ist der gerichtliche Schutz der Länder nicht derselbe wie der der Bürger. Art. 19 IV gewährleistet keinen Rechtsschutz im Verhältnis zwischen Bund und Ländern und kann folglich durch Beurteilungsermessen nicht ausgehöhlt werden. An Stelle des Art. 19 IV tritt im bundesstaatlichen Bereich nicht allein, aber in erster Linie der Art. 93 I Nr. 3[486]. Die vom Grundgesetz vorgesehenen Rechtsschutzverfahren innerhalb des Staates i. w. S. lassen sich nach Art, Umfang und Bedeutung nicht mit Art. 19 IV vergleichen[487]. Sie gewähren keineswegs für alle Streitigkeiten und keineswegs unter allen Aspekten Rechtsschutz[488]. Entgegen *Lerche*[489] ist das Bundesverfassungsgericht nicht in gleicher Weise Hüter des Landesbereiches gegenüber Zugriffen des Bundes, wie Hüter des Individualbereiches gegenüber Zugriffen des Staates. Entgegen seiner These ist es sehr wohl denkbar, daß hier mit zweierlei Maß gemessen wird. Das Grundgesetz tut das selbst und mit Recht. *Zweitens* ist der Gleichheitssatz im

---

[482] *Bettermann* Staat 1962, 92.

[483] An der Rspr. des BVerfG ist allerdings nicht ganz klar, ob sich der Gleichheitssatz nicht schon materiell auf das Willkürverbot beschränkt. Diese Auslegung dürfte jedoch nicht richtig sein.

[484] Für das Verhältnis der Verfassungsorgane innerhalb des Bundes und innerhalb der Länder werden die folgenden Ausführungen in der Regel entsprechend gelten. Doch kann die Frage für diesen Bereich dahinstehen.

[485] Die mittelbare Einwirkung solcher Normen in das grundrechtliche Verfassungsrecht über Art. 2 I GG (BVerfGE 6, 32; 10, 89 (99); 11, 105 (110); 13, 237 (239); *Friesenhahn* Verfassungsgerichtsbarkeit S. 121 f.) kann hier außer Betracht bleiben.

[486] Diese Norm regelt die „Bundesverfassungsgerichtsbarkeit": *Friesenhahn* HBDStR II § 98 S. 525, 529 sub 3, 541; *ders.* DV 1949, 485 sub 4; *ders.* Verfassungsgerichtsbarkeit S. 119; *Holtkotten* BK Art. 93 Anm. II B 3 a; *Dreher* NJW 1951, 380 r; *Scheuner* DVBl. 1952, 298 sub IV r; *Zinn* AöR 75, 304.

[487] *Leibholz-Rinck* Art. 93 Rdn. 1 S. 455.

[488] *Goessl* Organstreitigkeiten passim.

[489] BayVBl. 1958, 235. Zustimmend *Maunz-Dürig* Art. 72 Rdn. 15.

Bund-Länder-Verhältnis regelmäßig nicht im Spiel. Die Einräumung von Beurteilungsermessen bei Art. 72 II berührt ihn nicht: er ist auch dann nicht verletzt, wenn der Bundesgesetzgeber die Kompetenz zu Unrecht in Anspruch genommen hat. *Drittens* entfällt das Argument, die gerichtliche Überprüfung gewähre eine einheitliche Rechtsanwendung: es handelt sich hier nur um die Überprüfung der Rechtsanwendung eines einzigen Organs, nämlich des Bundesgesetzgebers.

Nach alledem bestehen im Bund-Länder-Verhältnis und damit auch bei Art. 72 II geringere Bedenken gegen die Einräumung von Beurteilungsermessen als im Staat-Bürger-Verhältnis. Beurteilungsspielraum erkennt das Bundesverfassungsgericht der Sache nach bereits bei der Anwendung des unbestimmten Rechtsbegriffes[490] „Bundestreue" an. Das meint das Gericht, wenn es sagt, es prüfe nur die Einhaltung der äußersten Grenzen dieser Pflicht nach; ein Landesgesetz könne nur verworfen werden, „wenn der Landesgesetzgeber seine Freiheit offenbar mißbraucht" habe[491]. Bei der Anwendung der Kompetenzvoraussetzung[492] „überwiegendes Interesse" in Art. 135 IV gewährte das Bundesverfassungsgericht dem Bundesgesetzgeber ebenfalls einen Beurteilungsspielraum[493,494].

Zur Rechtfertigung eines gesetzgeberischen Beurteilungsermessens im Rahmen des Art. 72 II müssen demnach nicht die strengen Anforderungen erfüllt sein, die für die Zulässigkeit des Beurteilungsermessens im Staat-Bürger-Verhältnis gestellt werden. Es ist nicht erforderlich, daß das Gericht seiner Struktur und Tätigkeit nach *ungeeignet* ist, die Anwendung der unbestimmten Rechtsbegriffe nachzuprüfen. Es genügt hier bereits, daß der *Gesetzgeber* zur Beurteilung *besser in der Lage* ist *als das Gericht.* Das ist immer dann der Fall, wenn die Anwendung der Rechtsbegriffe politische Werturteile erfordert[495]. Die Politizität einer Beurteilung

---

[490] Als unbestimmten Rechtsbegriff erkennen die Bundestreue an: BVerfGE 1, 299 (316); *Spanner* DÖV 1961, 482 li. Vgl. *Geiger* BayVBl. 1957, 339 r, 305 r; *Maunz-Dürig* Art. 20 Rdn. 23;*Hesse* Grundzüge S. 211.

[491] BVerfGE 4, 115 (140/41); 6, 309 (361); 14, 197 (215); *Spanner* DÖV 1961, 482, 485.

[492] So BVerfGE 12, 205 (253).

[493] BVerfGE 10, 20 (40).

[494] Ferner deutete der RStGH die Möglichkeit eines Beurteilungsspielraumes an bei der Entscheidung über die Voraussetzungen und die Notwendigkeit der angeordneten Maßnahmen im Einzelfall bei Art. 48 II WRV: RStGH in RGZ 134 Anh. 12 (20/21); 134 Anh. 26 (44); 138 Anh. 1 (36); dazu: *Joel* AöR 77, 157/58. Einen Beurteilungsspielraum räumte es bei der Nachprüfung des landesrechtlichen Notverordnungsrechts ein: RStGH in RGZ 112 Anh. 1 (9); 118 Anh. 22 (31); 124 Anh. 19 (30); dazu: *Thoma* in Reichsgerichtspraxis I S. 187 f.

[495] Vgl. *Bettermann* Grundrechte S. 798: „Bei den normativen Rechtsbegriffen dagegen, also dort, wo Werturteile zu fällen sind, ist die gesetzliche Einräumung von Beurteilungsermessen verfassungsrechtlich zulässig, soweit es sich ... um politische ... Werturteile handelt. Wo die Verfassung dem Gesetzgeber ... solchen Beurteilungsspielraum eingeräumt hat ...".

kann also, anders als nach der oben S. 96 dargestellten Lehre, nicht mehr zur völligen Justizfreiheit eines Akts, zur a limine Abweisung, führen. Sie kann jedoch dort, wo der Schutz der Bürger nicht im Spiel ist, einen begrenzten und auf die Einhaltung seiner Grenzen überprüfbaren Beurteilungsspielraum schaffen. Während eine umfassende Freistellung bestimmter Akte eines Staatsorgans mit dem grundgesetzlichen Rechtsschutzsystem unvereinbar ist, bleibt die Schaffung gerichtsfreier Enklaven bei bestimmten Fragen möglich[496].

Die Einräumung von Beurteilungsermessen bei Art. 72 II widerspricht auch nicht der „Schutztendenz der Kompetenznormen des Grundgesetzes"[497] zugunsten der Länder. Die Grundgesetzgeber wollten unter dem Eindruck der Erfahrungen unter der Weimarer Reichsverfassung und mußten unter dem Druck der Alliierten Militärgouverneure einen Bundesstaat schaffen, in dem die Gliedstaaten eine bessere Sicherung gegen den Zentralstaat genossen als früher[498]. Die Grundgesetzgeber sahen in der Begrenzung der Gesetzgebungszuständigkeit des Bundes und in der Erhaltung fester „Gesetzgebungsreservate"[499] der Länder eine Hauptgarantie für die Eigenstaatlichkeit der Länder. Die „vollständige und saubere Abgrenzung der Kompetenzen"[500] ist aber gerade bei Art. 72 II gelockert, denn hier soll die endgültige Kompetenzverteilung der weiteren Verfassungsentwicklung überlassen bleiben.

Das Beurteilungsermessen bei den unbestimmten Rechtsbegriffen des Art. 72 II paßt zur vollen Überprüfbarkeit der Rechtsbegriffe des Art. 74[501] und des Begriffes „Rahmenvorschriften" in Art. 75[502]. Die Rechtsbegriffe des Art. 74 enthalten keinen Raum für politische Wertung. Das

---

[496] Verwechslung von Beurteilungsspielraum und Gerichtsfreiheit bei *Middelhaufe* DÖD 1952, 186 r. Dagegen *van Husen* DVBl. 1953, 71 r.
[497] *Bullinger* S. 55.
[498] *Bettermann-Goessl* S. 133; *Maunz* StR S. 182 f.; *v. Mangoldt* Vorbem. vor Art. 20 S. 126; *Zinn* AöR 75, 297; *Koellreutter* S. 133 f.; *Weber* Spannungen und Kräfte S. 67. Die stärkere Sicherung kommt zum Ausdruck z. B. in Art. 20 I, 79 III GG.
[499] *Bullinger* S. 57.
[500] *Bullinger* S. 55.
[501] BVerfGE 1, 264 (271); 2, 213 (220); 4, 7 (13); 5, 25 (28); 10, 285 (290); 10, 234 (238, 245); 11, 234 (237); 11, 105 (111); 13, 230 (233); 13, 237 (239); 14, 312 (318); 15, 1; 3, 407 (411). Vgl. ferner BVerfGE 7, 244 (LS 1, 251); 15, 126 (133—139). Prüfung der Zuständigkeit findet von Amts wegen statt: 1, 264 (LS, 271); 4, 7 (13).
[502] BVerfGE 4, 115 (128); *Bettermann-Goessl* S. 129; *Grewe* WB S. 38/39; *Hamann* Art. 75 Anm. B 2 S. 339; *Herrfahrdt* BK Art. 75 Anm. II 1; *v. Mangoldt-Klein* Art. 75 Anm. III 9 S. 1693; *Maunz* StR S. 197; *Model* Art. 75 Anm. 2 S. 114; *v. Mangoldt* Art. 75 Anm. 2 S. 412; *Nawiasky* Grundgedanken S. 118; *Nawiasky-Lechner* Ergänzungsband S. 70; *Streyl* Die Beziehungen des Bundes zu den Ländern im Wasserrecht (Diss. Münster 1959) S. 52; *Schnorr* RdA 1955, 173/174; *Nawiasky-Leusser-Schweiger-Zacher* Art. 70 Rdn. 9 Nr. 3; *Tomerius* S. 75; *Heeger* S. 37.
A. A. *Giese* GG Art. 75 Anm. II 3 S. 123; *Neis* ZBR 1954, 41 sub 4.

Verhältnis von Art. 72 zu Art. 75 haben *Bettermann-Goessl* überzeugend dargetan[503]:

> „Die Beschränkung der Bundeskompetenz auf Rahmenvorschriften qualifiziert also das Bedürfnis; sie macht aus der Bedürfniskompetenz eine Notwendigkeitskompetenz ... Wird das Bedürfnis nach bundeseinheitlicher Regelung zur Notwendigkeit gesteigert, so wächst damit zugleich seine Justiziabilität."

Die Einräumung von Beurteilungsspielraum bei Art. 72 II ist also mit der vollen Justitiabilität bei Art. 75 vereinbar.

5. *Der Umfang des Beurteilungsermessens bei* den unbestimmten Rechtsbegriffen des *Art. 72 II* hängt davon ab, ob sie so bestimmt und richterlich bestimmbar sind, daß ihre Anwendung vom Richter sinnvoll kontrolliert werden kann, oder ob der Gesetzgeber von Hause aus besser zu ihrer Anwendung geeignet ist. Diese Frage kann nicht generell beantwortet werden, sondern muß für jede Stufe der Rechtsanwendung gesondert untersucht werden. Das hat die Lehre zu Art. 72 II bisher verkannt.

a) Die *Interpretation* der in Art. 72 II genannten Rechtsbegriffe ist richterlicher Erkenntnis voll zugänglich. Die Begriffe sind, wie die Ausführungen im Abschnitt II gezeigt haben, bestimmbar und nicht wesentlich unbestimmter als andere Rechtsbegriffe, die unzweifelhaft voller richterlicher Auslegung unterliegen. Zur Verdeutlichung des allgemeinen Sinngehalts[504] der Rechtsbegriffe ist der Richter offensichtlich besser geeignet als der Gesetzgeber.

b) Die *Subsumtion* unter diese Rechtsbegriffe verlangt angesichts der Unbestimmtheit der in Art. 72 II verwendeten Begriffe Urteile wertender Art, die wegen der Komplexität der dabei anzustellenden politischen Werturteile vom Richter nur im begrenzten Maße nachvollziehbar sind. Die Vornahme dieser politischen Wertungen ist eine spezifische Aufgabe des Gesetzgebers. Hier muß ihm ein Beurteilungsspielraum eingeräumt werden[505]. Die richterliche Prüfung beschränkt sich deshalb darauf, ob der Gesetzgeber sich in dem durch die unbestimmten Rechtsbegriffe be-

---

[503] S. 127, 129.

[504] *Larenz* Methodenlehre der Rechtswissenschaft (1960) S. 220 Fn. 2; *Bachof* JZ 1955, 97.

[505] *Achterberg* DVBl. 1967, 220 sub 5 und *Giese-Schunck* Art. 72 Anm. II 2 S. 150 erkennen bei der Anwendung des Art. 72 II GG einen Beurteilungsspielraum an — jedoch ohne nähere Begründung und ohne zu präzisieren, auf welcher Ebene der Spielraum zu gewähren sei. Nach *Maunz-Dürig* Art. 72 Rdn. 16 ist „ein gewisser Beurteilungsspielraum" „nicht von der Hand zu weisen". *Spanner* BayVBl. 1958, 40 f. fordert sowohl Beurteilungsspielraum als auch volle Überprüfbarkeit (Gleichstellung mit „Rahmengesetz").

zeichneten Rahmen gehalten hat, „insbesondere ob die Beurteilung, das Werturteil, des Gesetzgebers . . . vertretbar ist"[506].

Auch bei der gesetzgeberischen Beurteilung der Bundestreue[507] und beim Gleichheitssatz besteht der Spielraum des Gesetzgebers in der Frage, ob ein konkretes Verhalten gegen eine abstrakte Norm verstoßen hat, also bei der Subsumtion. Im Ladenschlußurteil, E 13, 230 (233/34), sagte das Bundesverfassungsgericht, die Konkretisierung der Rechtsbegriffe sei entscheidend für die Anwendung der Norm. „Deshalb" sei das Gericht auf die Prüfung beschränkt, „ob der Bundesgesetzgeber die in Art. 72 Abs. 2 Nr. 3 GG verwendeten Begriffe im Prinzip zutreffend ausgelegt und sich in dem dadurch bezeichneten Rahmen gehalten" habe. Es ist nicht deutlich, ob das Bundesverfassungsgericht ein Beurteilungsermessen nur auf der Ebene der Subsumtion oder auch bei der Interpretation einräumen will[508]. Gewöhnlich wird die „Konkretisierung" einer Norm nicht mehr zu ihrer Interpretation, sondern zur Subsumtion gerechnet[509]. Gerade die in E 13, 230 (233) in Bezug genommenen Rechtsbegriffe „Wahrung der Rechts- und Wirtschaftseinheit" und „Einheitlichkeit der Lebensverhältnisse" sind einer relativ eindeutigen Auslegung fähig.

Die zentralen unbestimmten Rechtsbegriffe, deren Anwendung auf die festgestellten Tatsachen für das Vorliegen der Bundeskompetenz von entscheidender Bedeutung ist, und die einen besonders weiten Beurteilungsspielraum gewähren, sind „Unwirksamkeit" in Nr. 1, „Beeinträchtigung" in Nr. 2 und „Erforderlichkeit" in Nr. 3.

c) Die in den Gesetzesmaterialien angeführten Tatsachen befassen sich meist mit der Frage, ob ein „Bedürfnis" i. S. eines allgemeinen Regelungsbedürfnisses für das Gesetz besteht. Sie sollen ganz allgemein die Vernünftigkeit, Erforderlichkeit, Nützlichkeit und Zweckmäßigkeit dieses Gesetzes rechtfertigen. Mit dieser Frage ist der Richter, der nur nach dem Vorliegen des besonderen „bundesstaatlichen" Bedürfnisses des Art. 72 II fragt, nicht befaßt. In der Regel sind allerdings in den Gesetzesma-

---

[506] *Bettermann* Grundrechte S. 798. Im Prinzip ebenso *Meyer* DÖV 1954, 370. Das BVerwG umschreibt den Umfang der verwaltungsgerichtlichen Nachprüfung bei Beurteilungsermessen der Behörde mit folgender Formel: die Nachprüfung habe sich darauf zu beschränken, „ob die Verwaltung den anzuwendenden Begriff oder den gesetzlichen Rahmen, in dem sie sich frei bewegen kann, verkannt hat oder ob sie von einem unrichtigen Sachverhalt ausgegangen ist, allgemeingültige Wertmaßstäbe nicht beachtet oder sachfremde Erwägungen angestellt hat", BVerwGE 21, 127 (130). Ebenso: 8, 272 (274); 11, 139 (140); 15, 39 (40) und in st. Rspr.

[507] Vgl. *Spanner* DÖV 1961, 482 li.

[508] Über die Schwierigkeit der Abgrenzung der verschiedenen Ebenen der Rechtsanwendung: *Korbmacher* DÖV 1965, 699; *Jesch* AöR 82, 186 f., 191 f.

[509] *Larenz* Methodenlehre der Rechtswissenschaft (1960) S. 220 Fn. 2; *Jesch* AöR 82, 191. „Anwendung" bedeutet Subsumtion, *Wolff* VerwR I § 31 I S. 147; BadWürtt.VGH ESVGH 17, 101 (104).

terialien die Tatsachen, aus denen sich das besondere Bedürfnis des Art. 72 II ergibt, und die Tatsachen, die die allgemeine Notwendigkeit des Gesetzes begründen sollen, nicht von einander getrennt. Der Richter muß die Tatsachen, die unter Art. 72 II subsumiert werden können, herausschälen.

Auch wenn die Verwaltung bei der Anwendung unbestimmter Rechtsbegriffe Beurteilungsermessen hat, prüft das Verwaltungsgericht in der Regel nach, ob die Behörde vom richtigen Sachverhalt ausgegangen ist[510]. Etwas anderes muß hinsichtlich der *Tatbestandsfeststellung* durch den Gesetzgeber gelten. Die für die Anwendung des Art. 72 II nötigen Tatfragen kann der Richter *nicht besser beantworten* als der Gesetzgeber und die helfende Ministerialbürokratie. Der Gesetzgeber hat Vermutungen anzustellen und Schätzungen vorzunehmen, die der Richter nicht nachvollziehen kann. Der Gesetzgeber ist an kein bestimmtes Verfahren zur Tatsachenfeststellung gebunden. Im Interesse der Rechtssicherheit wäre es auch ganz untragbar, die Gültigkeit von Gesetzen von der Richtigkeit der tatsächlichen Feststellungen des Gesetzgebers abhängig zu machen. Aus diesen Gründen muß der Gesetzgeber bei der Tatsachenfeststellung ein weites Ermessen haben. Der Richter kann also z. B. keine eigenen Untersuchungen darüber anstellen, ob das Flurbereinigungsgesetz die Rentabilität der Landwirtschaft erheblich erhöht, Devisen sparen und die Einfuhrabhängigkeit mindern hilft (vgl. oben S. 57). Er kann nur fragen, ob das, die Richtigkeit unterstellt, für Art. 72 II Nr. 3 Fall 2 relevante Erwägungen sind.

Diese Gründe sprechen auch gegen die richterliche Überprüfung der Tatsachenfeststellung, die der Gesetzgeber vornimmt, wenn er die Vereinbarkeit eines Gesetzes mit Art. 12 I prüft[511]. Das Bundesverfassungsgericht läßt Eingriffe in die Freiheit der Berufswahl nur zu, wenn diese zwingend notwendig sind. Dieses Kriterium setzt die Feststellung begrenzter sozialer Tatbestände voraus, z. B. der sozialen Lage der Ärzte und Zahnärzte und ihres Einkommens[512]. Das Bundesverfassungsgericht prüft solche Tatsachen uneingeschränkt nach. Die oben bezeichnete Mißlichkeit besteht auch hier: der Richter hat keine anderen und besseren Feststellungsmittel als das Parlament, und die Gültigkeit des Gesetzes hängt von recht unsicheren Feststellungen ab. Es besteht kein Grund, diese Mißlichkeiten bei der Anwendung einzelner Grundrechte über Art. 72 II auf die gesamte konkurrierende Bundesgesetzgebung zu übertragen.

d) Der Richter ist auf Gesetzesbegründungen und sonstige Gesetzesmaterialien angewiesen, wenn er die Tatsachen feststellt, aus denen die

---

[510] So die supra Fn. 460 Genannten; BVerwG supra Fn. 506.
[511] Z. B. BVerfGE 7, 377 (413); 11, 30; weitere Entscheidungen bei *Leibholz-Rinck* Art. 12 Rdn. 13 a f. S. 169; vgl. *Schefold* JZ 1967, 92 r.
[512] BVerfGE 11, 30.

Gesetzgebungsorgane die Kompetenz des Bundesgesetzgebers abgeleitet haben; wenn er die Handhabung des Beurteilungsspielraumes bei der Subsumtion überprüft; und bei der Nachprüfung der Richtigkeit der vom Gesetzgeber vorgenommenen Interpretation des Art. 72 II[513].

Eine Begründungspflicht besteht bei Gesetzen allerdings nicht. Ein Nachschieben von Gründen ist hier ebenso wie im Verwaltungsrecht möglich[514]. Deshalb ist eine Äußerung von Bundesregierung oder Bundesgesetzgeber nach § 77 BVerfGG von großer Bedeutung.

e) Das Beurteilungsermessen des Bundesgesetzgebers bei der Feststellung seiner Kompetenz gibt ihm in einem beschränkten Umfang eine *Kompetenz-Kompetenz:* soweit sein Ermessen reicht, entscheidet er endgültig über das Vorliegen seiner eigenen Kompetenz[515]. Die Anwendung der im Verwaltungsrecht entwickelten Grundsätze über das Beurteilungsermessen auf diese gesetzgeberische Freiheit bei der Feststellung der Voraussetzungen des Art. 72 II entschärft die in der Kompetenz-Kompetenz gelegene Gefahr für den Bundesstaat. Das Interesse der Länder am Schutz ihrer eigenen Zuständigkeit ist durch die Einschaltung der Gerichte gewahrt. Andererseits kann der Bund die ihm in Art. 72 II zugewiesene Aufgabe erfüllen: bei der Ausübung der konkurrierenden Gesetzgebungskompetenz den politischen Gegegenheiten und Entwicklungen Rechnung zu tragen. Die bisherige Lehre und auch die Rechtsprechung sprachen von einem Ermessen, dessen Natur und damit dessen Grenzen unklar blieben. Die Charakterisierung dieses Ermessens als Beurteilungsermessen auf der Ebene der Subsumtion und der Tatsachenfeststellung führt zu einer stärkeren Betonung der gerichtlichen Überwachung. Sie ermöglicht dem Bundesverfassungsgericht die Erfüllung seiner Funktion als „Hüter der föderalistischen Ordnung"[516].

---

[513] Diese zog das BVerfG heran z. B. in E 1, 264 (272); 13, 230 (233/34).
[514] Vgl. *Eyermann-Fröhler* § 113 Rdn. 15 f. S. 544.
[515] Vgl. Carl *Schmitt* Verfassungslehre (4. Aufl. 1965) S. 387 sub 4 b. Diese Kompetenz-Kompetenz haben *Hatschek* und *Anschütz* (supra S. 16 f.) nicht gemeint.
[516] Vgl. *Freund* The Supreme Court of the United States (1962) S. 92.

Vierter Abschnitt

Bewährung des Art. 72 GG?

Unmittelbar nach der Schaffung des Grundgesetzes glaubten einige Autoren, Art. 72 II werde die unter der Weimarer Reichsverfassung beobachtete Aushöhlung der Gesetzgebungskompetenzen der Länder durch die Zentralgewalt verhindern[517]. Sie erwarteten, daß sich an diesem Artikel heftige Kämpfe entzünden würden[518]. Das stellte sich jedoch als Irrtum heraus. Die Hürde des Art. 72 II erwies sich als niedrig. Im Bundesrat und vor allem im Bundestag wurde nur selten das Vorliegen der Bedingungen bei einem Gesetzesentwurf erörtert[519]. Es wäre allerdings denkbar, daß die Schranke des Art. 72 II bereits die Ausübung der Gesetzesinitiative beeinflußte. Hierfür gibt es jedoch keine Anhaltspunkte. Die Regierungsbegründungen von Gesetzesentwürfen aus Gebieten der konkurrierenden Gesetzgebung enthalten oft Hinweise auf das Vorliegen der Voraussetzungen des Art. 72 II. Diese sind jedoch meist sehr kursorisch und wiederholen oft lediglich den Text des Grundgesetzes. Sie erwecken durchweg nicht den Eindruck, daß die Bundesregierung sich viele Gedanken über das Vorliegen der Voraussetzungen der konkurrierenden Gesetzgebung gemacht hat.

Kenner der Verfassungswirklichkeit meinen übereinstimmend, Art. 72 II habe sich überhaupt nicht zugunsten der Länder ausgewirkt. Von einer wirklichen Gesetzgebungskonkurrenz zwischen Bund und Ländern könne nicht die Rede sein. Der Bund habe praktisch bereits alle Gebiete des Art. 74 an sich gezogen[520]. Die Zuständigkeit der Länder im Bereich des Art. 74 sei auf einige Rest- und Lückenmaterien zusam-

---

[517] *Schäfer* DRZ 1950, 29 li; *Hoepfner* MDR 1949, 654 sub II, III. A. A. *Grewe* WB S. 31.

[518] *Heimerich* BB 1949, 297 r.

[519] Diskussion im BR über den HafensonderbetriebGE supra S. 65; *Nevermann* BR 1950 Steno. S. 203 A (er meint wohl Art. 72 GG); Abg. *Besold* BT I Steno. S. 702 und Abg. *Baumgartner* BT I Steno. S. 704 B; Diskussion im BR über das SaatPflGG, BR 1956 Steno. S. 414.

[520] *Ehard* BayVBl. 1961, 2; *Geiger* Mißverständnisse S. 24; *Glum* S. 58; *Hesse* S. 14/15; *Katzenstein* DÖV 1958, 596 sub 4; *Kreutzer* Bund und Länder S. 13 f.; *Lex* Laforet-Festschrift S. 55; *ders.* Nawiasky-Festschrift S. 241/42 bes. Fn. 3; *Tomerius* S. 63; *Weber* Spannungen und Kräfte S. 75; *ders.* Verfassung der Bundesrepublik in der Bewährung (1957) S. 17; *v. d. Heydte* JZ 1953, 509; *Herzog* JuS 1967, 195 sub II 2; *Hesse* Grundzüge S. 94.

mengeschrumpft, die dem Bundesgesetzgeber nicht bedeutend oder aktuell erschienen[521]. Dieser Entwicklung haben sich die Länder und der Bundesrat kaum widersetzt[522]. Sie ist allerdings vom Verfassungsgeber schon durch die Schaffung des Art. 125 weitgehend geplant und von der Rechtsprechung, nach der Art. 72 II im Rahmen des Art. 125 nicht geprüft zu werden braucht[523], beschleunigt worden. Auch die Rechtsprechung des Bundesverfassungsgerichtes, das sich weder um eine Interpretation des Art. 72 II noch um eine Konkretisierung der Grenzen des gesetzgeberischen Ermessens bemühte, hat zu der Bedeutungslosigkeit dieses Artikels beigetragen. Die hier angestellten Untersuchungen zeigen jedoch, daß auch bei einem richtigen Verständnis des Art. 72 II und des bei der Anwendung dieses Artikels dem Gesetzgeber eingeräumten Ermessens wahrscheinlich nur sehr wenige Bundesgesetze mangels Bedürfnisses nach bundesgesetzlicher Regelung verfassungswidrig wären.

Es fragt sich, ob die Grundgesetzgeber bei der Schaffung des Art. 72 II von falschen Vorstellungen ausgegangen sind. Die Verteilung der Gesetzgebungskompetenzen in einer Bundesverfassung hängt davon ab, inwieweit nach den Vorstellungen des Verfassungsgebers in der Bevölkerung des zu schaffenden Bundesstaates regionale Interessen bestehen. Der Verfassungsgeber entscheidet, inwieweit diese anerkannt und durch die Gewährung einzelstaatlicher Gesetzgebungskompetenzen geschützt werden sollen oder inwieweit das Bundesvolk mit Hilfe zentraler Gesetzgebung homogenisiert werden soll. Die Verteilung ist „weder begrifflich notwendig, noch wertethisch determiniert oder gar a priori vorgegeben"[524]. Die Diskussion über die Gesetzgebungszuständigkeiten im deutschen Bundesstaat ist bereits 1866, wenn nicht schon 1848, geführt worden. Die damals gefundene Lösung schuf soziale und politische Realitäten, auf denen die späteren Verfassungen, hier und da korrigierend, aufbauten. Seit der Gründung des deutschen Bundesstaates sind die Deutschen mehr und mehr zu einem einheitlichen Staatsvolk zusammengewachsen, sind regionale Interessen immer schwächer geworden[525]. Die Mehrzahl der Bevölkerung hat ein starkes Verlangen nach einheitlichen rechtlichen Regelungen; regional differenzierende Gesetzgebung

---

[521] *Geiger* a.a.O.; *Hesse* S. 15; *Lex* Nawiasky-Festschrift S. 242; *Kreutzer* a.a.O.; *Tomerius* S. 63 f., 84/85.

[522] *Haas* in 10 Jahre Bundesrat (Hrsg. Bundesrat 1959) S. 124; *Katzenstein* DÖV 1958, 596 sub 4; *Kreutzer* Bund und Länder S. 13; *Lex* Laforet-Festschrift S. 55; *Tomerius* S. 63.

[523] BVerfGE 1, 283 (293) m. Anm. *Ipsen* DVBl. 1952, 569; BVerfGE 7, 18 (25); 7, 330 (337); BGHZ 11, 104 (106); *Bettermann* DRZ 1950, 529.

[524] *Bullinger* S. 73. Vgl. *Friedrich* Verfassungsstaat der Neuzeit (1953) S. 233.

[525] Vgl. *Weber* Spannungen und Kräfte S. 65; *Lassar* HBDStR I § 28 S. 312; *Poetzsch-Heffter* JöR 17, 13 (1929); *Nawiasky* Grundprobleme der Reichsverfassung (1928) S. 20/21. Siehe auch *Wheare* in Federalism Mature and Emergent (Hrsg. MacMahon 1955) S. 33 f.

wird weitgehend als ungerecht empfunden. *Scheuner*[526] drückt die Verfassungswirklichkeit treffend aus, wenn er sagt, der föderale Gedanke als Ausdruck eigener regionaler Kräfte sei schwächer geworden, und fortfährt:

> „Angesichts dieses Lebensgefühls der Bevölkerung wird daher die Formel des Art. 72 Abs. 2 Ziffer 3 GG von der Einheitlichkeit der Lebensverhältnisse, noch gedacht als Begrenzung, umgekehrt zum eigentlichen Träger der Vereinheitlichung."

Art. 72 II Nr. 3 werde zuweilen geradezu als Weisung an den Bund, Fragen an sich zu nehmen, mißverstanden[526a].

Die Schöpfer von Bundesverfassungen bei der Neugründung eines Bundesstaates wollen der künftigen Entwicklung des neuen Staates und des neuen Bundesvolkes einen Rahmen geben. Im Gegensatz dazu wollten — oder sollten — die Schöpfer des Grundgesetzes mit Art. 72 II, 74 eine bereits vollzogene soziale und politische Entwicklung rückgängig machen. Das hat sich — wie vorherzusehen war — als unmöglich erwiesen. Regionale Interessen lassen sich kaum künstlich schaffen. Die meisten Gebiete des Art. 74 wurden unter der RV 1871 und der WRV von der Reichsgesetzgebung voll in Anspruch genommen. Sie hätten deshalb unter dem GG zur ausschließlichen Gesetzgebung gerechnet werden können[527].

Dennoch enthält Art. 72 II eine zukunftsträchtige Idee. Es ist eine allgemeine Erfahrung, daß die Bevölkerung eines Bundesstaates im Laufe der Zeit mehr und mehr zusammenwächst und damit die Bedeutung der Einzelstaaten schwächer wird. Das Bund-Länder-Verhältnis, das Verhältnis regionaler und zentraler Interessen, ist niemals statisch. Mit dem Zusammenwachsen der Gesellschaft und der zunehmenden Integration der Wirtschaft, mit der steigenden Mobilität von Personen, Gütern und Ideen wächst das Bedürfnis nach einheitlicher Gesetzgebung, nimmt die Erforderlichkeit der Rechtseinheit zu. Es ist die Aufgabe einer Bundesverfassung, diesen Wandel möglich zu machen[528]. Der Forderung nach einer flexiblen Bundesverfassung wird eine Formel gerecht, die das Gleiten von Gesetzgebungskompetenzen von den Gliedstaaten auf den Bund im Falle des Bedürfnisses vorsieht. Sie ermöglicht die Anpassung der Kompetenzverteilung an veränderte Umstände, indem sie es der Entscheidung des Bundesgesetzgebers überläßt, welche Lebensgebiete bundesgesetzlich

---

[526] DÖV 1962, 645. Ähnlich *Scheuner* in Föderalistische Ordnung S. 75/76, 81; *Loewenstein* AöR 77, 416 (1951/52). Vgl. auch *Kreutzer* Bund und Länder S. 14.
[526a] *Scheuner* DÖV 1966, 517.
[527] *Glum* S. 58. Vgl. auch *Herzog* JuS 1967, 195 sub II 3.
[528] *Gruson* Föderalismus in den USA. In: Die Vereinigten Staaten von Amerika — Beispiel einer Föderation (Schriftenreihe der Zeitschrift „der föderalist", 1961) S. 20 f.

geregelt werden können[529]. Sie vermeidet die Gefahren einer nur an geringe Voraussetzungen geknüpften Verfassungsänderung nach Art des Art. 78 I RV 1871, indem sie die Kompetenzverschiebung von materiellen Bedingungen abhängig macht, deren Einhaltung die Gerichte überwachen. Sie schützt die Interessen der Gliedstaaten, indem sie die Gebiete, auf denen eine Kompetenzverlagerung stattfinden kann, genau umschreibt und damit das non plus ultra der Kompetenzverschiebung aufzeigt.

Das Prinzip des Art. 72 II ist auch dem Weg überlegen, den die Verfassung der Vereinigten Staaten von Amerika mit der „Zwischenstaatlichkeitsklausel", der „commerce clause"[530], zur Ausdehnung der Bundeskompetenzen gegangen ist. Art. 72 II ist — abgesehen davon, daß er nicht auf „commerce" beschränkt ist — nicht auf das willkürliche Element der Überschreitung von Landesgrenzen[531] angewiesen.

Bei der Schaffung einer neuen Bundesverfassung, etwa der Verfassung des Europäischen Bundesstaates, wäre die Aufnahme einer dem Art. 72 II nachgebildeten Kompetenzverschiebungsnorm zu empfehlen. Allerdings müßten die Gebiete, auf denen eine Kompetenzverlagerung stattfinden kann, genauer ausgesucht werden als beim Grundgesetz.

---

[529] Vgl. *Lukas* VVDStRL 6, 32/33 (1929).
[530] Art. I Sec. 8 Cl. 3 supra Fn. 41. Der Supreme Court las immer „among" als gleichbedeutend mit „between".
[531] *Stern* 41 A. B. A. J. 823. Auch heute noch ist eine — wenn auch nur gedankliche — Verbindung zu einer Grenzüberschreitung stets erforderlich für das Vorliegen der Bundeskompetenz. Art. 85 EWG-Vertrag folgt dem Prinzip der US Verf., wenn er vom „Handel zwischen den Mitgliedsstaaten" spricht.

8*

Leitsätze

I. Grundlegung

1. Art. 9 WRV ist das Vorbild für die Bedürfnisbedingung in Art. 72 II GG.

2. Im deutschen Verfassungsrecht finden sich keine Vorbilder für die Bedürfnisqualifizierungen in den Nr. 1 bis 3 des Art. 72 II.

3. Die Bedürfnisqualifizierungen der Nr. 1 und 2 des Art. 72 II gehen auf Vorbilder im Verfassungsrecht der USA zurück.

II. Materieller Inhalt des Art. 72 II GG

1. Das *„Bedürfnis"* ist in den Nr. 1 bis 3 abschließend geregelt.

2. Der Begriff *„Angelegenheit"* besagt dasselbe wie der zu Art. 72 I und 31 entwickelte Begriff „Gegenstand" oder „Materie" der Gesetzgebung.

3. Der Bundesgesetzgeber kann einen die Bedingungen des Art. 72 II nicht erfüllenden *Teil einer Angelegenheit* mitregeln, wenn der die Bedingungen erfüllende Teil allein nicht sinnvoll geregelt werden kann.

4. *Art. 72 II Nr. 1*

a) Nr. 1 betrifft *überregionale Angelegenheiten.* Die Bundeszuständigkeit ist im Interesse einer wirksamen Regelung der Angelegenheit gegeben.

b) Der Bundesgesetzgeber ist *nicht zuständig* zur Regelung einer regionalen Angelegenheit im Interesse eines Landes oder zur Abwendung von Nachteilen, die einem Land durch seine eigene Regelung entstehen könnten. Der Wunsch der Länder nach einer Bundesregelung ist unerheblich.

c) *Verträge der Länder* über überregionale Angelegenheiten beseitigen die Bundeszuständigkeit nicht.

5. *Art. 72 II Nr. 2 Fall 1*

a) Nr. 2 Fall 1 betrifft regionale Angelegenheiten mit *überregionaler Wirkung.* Die Bundeszuständigkeit ist im Interesse der betroffenen Länder gegeben.

b) Eine *Interessenbeeinträchtigung* liegt vor, wenn die gesetzliche Regelung eines Landes über die Landesgrenzen hinaus wirkt und dadurch ein anderes Land in der wirksamen Durchführung einer eigenen gesetzlichen Regelung über dieselbe Angelegenheit beeinträchtigt wird.

c) Die beeinträchtigende Regelung kann auch in einer Nichtregelung bestehen; eine potentielle Regelung reicht aus, und eine tatsächliche Regelung braucht nur potentiell zu beeinträchtigen.

6. *Art. 72 II Nr. 2 Fall 2*

Nr. 2 Fall 2 bezweckt den *Schutz der ausschließlichen Bundeskompetenz* vor einer mittelbaren Beeinträchtigung durch eine landesgesetzliche Regelung im Bereich der konkurrierenden Gesetzgebung.

7. *Art. 72 II Nr. 3*

a) Nr. 3 betrifft *regionale Angelegenheiten* ohne überregionale Wirkung. Die Bundeszuständigkeit ist im Interesse der Rechts- und Wirtschaftseinheit gegeben.

b) „*Wahrung*" bedeutet nicht nur das Bewahren einer bestehenden, sondern auch die Schaffung einer der Gesellschaft angemessenen Rechts- und Wirtschaftseinheit.

c) Die „*Einheitlichkeit der Lebensverhältnisse*" ist der Rechts- und Wirtschaftseinheit gleichgeordnet und bezieht sich auf die Einheitlichkeit des Soziallebens.

d) Nr. 3 verlangt, daß die „Rechts- oder Wirtschaftseinheit" erforderlich ist; die *Erforderlichkeit* bezieht sich nicht auf die „bundesgesetzliche Regelung".

e) Die *Rechtseinheit* ist erforderlich, wenn einheitliche Rechtsregeln nötig sind, damit sich der Rechts- und Wirtschaftsverkehr im Bundesgebiet ungehindert durch Landesgrenzen abspielen kann.

f) Die *Wirtschaftseinheit* ist erforderlich, wenn Landesgesetze oder tatsächliche Verschiedenheiten zwischen den Ländern sich nachteilig auf die Gesamtwirtschaft auswirken, wirtschaftliche Schranken oder Gefälle zwischen den Ländern schaffen.

g) Die *Einheitlichkeit der Lebensverhältnisse* ist erforderlich, wenn Landesgesetze oder tatsächliche Verschiedenheiten zwischen den Ländern soziale Gefälle oder Spannungen zwischen der Ländern schaffen.

h) Die Worte „*über das Gebiet eines Landes hinaus*" haben keinen Bedeutungsgehalt.

8. Auch bei Vorliegen der Voraussetzungen des Art. 72 II ist der Bundesgesetzgeber nicht zum Handeln verpflichtet.

9. Die bundesgesetzliche Regelung des Art. 72 II *muß nicht bundesein-heitlich* sein. Der Bundesgesetzgeber darf jedoch wegen Art. 3 nur insoweit regional differenzieren, als es die Verschiedenheit der örtlichen Verhältnisse rechtfertigt.

10. Ein Bundesgesetz, das den *Landesgesetzgeber ermächtigt*, weitergehende oder ergänzende Gesetze zu erlassen, ist nicht an die Voraussetzungen des Art. 72 II gebunden. Schränkt das Bundesgesetz die Ermächtigung inhaltlich ein oder erlaubt es nur bestimmte alternative Regelungen, so gelten für diese Ermächtigung die Voraussetzungen des Art. 72 II.

11. Bei *Änderung eines Bundesgesetzes* ist eine neue Prüfung der Voraussetzungen des Art. 72 II nicht erforderlich, wenn das neue Gesetz keine neue Angelegenheit regelt.

12. *Sperrgesetze* werden von Art. 72 II nicht ausgeschlossen.

13. Der spätere *Wegfall der Voraussetzungen* des Art. 72 II berührt die Geltung des Gesetzes nicht.

14. Bundesgesetze, die unterschiedliche Landesregelungen „einfrieren", die den Landesgesetzgeber generell zur Schaffung abweichender Regelungen ermächtigen oder die nur „subsidiär" gelten wollen, bringen das *Nichtvorliegen der Voraussetzungen* des Art. 72 II bereits selber *zum Ausdruck*.

15. Aus Art. 72 II ergeben sich keine Schlüsse für oder gegen die Zulässigkeit *ungeschriebener Bundeskompetenzen*. Insbesondere kann Art. 72 II keine Bundeszuständigkeit kraft Natur der Sache begründen. Art. 72 II gilt auch für konkurrierende Bundeszuständigkeit kraft Sachzusammenhanges.

16. Hat ein Landesgesetz im Bereich ausschließlicher Landeskompetenz überregionale Wirkungen, so kann das Prinzip der *Bundestreue* das Handlungsermessen des Landesgesetzgebers beschränken. Es beschränkt nicht die konkurrierende Gesetzgebung der Länder und beeinflußt nicht das Vorliegen der konkurrierenden Gesetzgebungszuständigkeit des Bundes.

17. Das *Subsidiaritätsprinzip* liegt dem Art. 72 II nicht zu Grunde. Es kann auch nicht für die Auslegung oder Anwendung des Art. 72 II fruchtbar gemacht werden.

18. Art. 72 II ist die wichtigste und deutlichste Ausprägung des Rechtsprinzips der *Überregionalität*.

III. *Justitiabilität des Art. 72 II GG*

Die Interpretation der genannten unbestimmten Rechtsbegriffe des Art. 72 II ist gerichtlich voll nachprüfbar. Der Gesetzgeber hat jedoch bei der Anwendung der unbestimmten Rechtsbegriffe hinsichtlich der Tatsachenfeststellung und der Subsumtion einen Beurteilungsspielraum.

IV. Bewährung des Art. 72 II GG

1. Die Verfassungsgeber wollten mit Art. 72 II eine bereits vollzogene politische und soziale Entwicklung rückgängig machen. Das ist ihnen nicht gelungen.

2. Die Idee der gleitenden Kompetenz ist jedoch bei der Schaffung eines neuen Bundesstaates, dessen Bevölkerung noch nicht zu einem Staatsvolk zusammengewachsen ist, zu empfehlen.

Schrifttumsverzeichnis

Die aufgeführten Schriften werden in den Fußnoten mit den hier *kursiv* gedruckten Angaben zitiert.

Abel, Albert S.: The Commerce Clause in the Constitutional Convention and in Contemporary Comment. *Minn. L. Rev. Bd. 25* (1940/41) S. 432.

Achterberg, Norbert: Zulässigkeit und Schranken stillschweigender Bundeszuständigkeiten im gegenwärtigen deutschen Verfassungsrecht. *AöR 86* (1961) S. 63.

— Die Entscheidung über das Bedürfnis für die Bundesgesetzgebung (Art. 72 Abs. 2 GG). *DVBl. 1967* S. 213.

Anschütz, Gerhard: Die Verfassung des Deutschen Reichs. 14. Aufl. Berlin 1933 (Nachdruck Darmstadt 1960).

Bachof, Otto: Beurteilungsspielraum, Ermessen und unbestimmter Rechtsbegriff. *JZ 1955* S. 97.

— Verfassungsrecht, Verwaltungsrecht, Verfahrensrecht in der Rechtsprechung des Bundesverwaltungsgerichts. Bd. I. 3. Aufl. Tübingen 1966 (*Rspr. BVerwG*).

Bayer, Hermann Wilfried: Die Bundestreue. Tübingen 1961.

Benter, Eike: Die Bedürfnisprüfung nach Art. 72 Abs. II des Grundgesetzes. Diss. Münster 1953 (Maschinenschrift).

Bezold, E.: Materialien der Deutschen Reichsverfassung. Bd. 1 Berlin 1873, Bd. 3 Berlin o. J.

Bettermann, Karl August: Rechtsgleichheit und Ermessensfreiheit. *Staat 1962* S. 79.

— Der Schutz der Grundrechte in der ordentlichen Gerichtsbarkeit. In: Die *Grundrechte*. Hrsg. von Bettermann-Nipperdey-Scheuner. Bd. III 2. Berlin 1959. S. 779.

— und Manfred *Goessl*: Schulgliederung, Lehrerbildung und Lehrerbesoldung in der bundesstaatlichen Ordnung. Berlin 1963.

Bullinger, Martin: Die Mineralölfernleitungen. Stuttgart 1962.

— Der überregionale Verwaltungsakt. *JuS 1964* S. 228.

Dernedde, Carl: Der Bund und die Länder. *DV 1949* S. 315.

Documents on the Creation of the German Federal Constitution. Hrsg. Civil Administration Division, Office of Military Government for Germany (U. S.) o. O. 1949.

Eyermann, Erich, und Ludwig *Fröhler*: Verwaltungsgerichtsordnung. Kommentar. 4. Aufl. München und Berlin 1965.

Farrand, Max (Hrsg.): The Records of the Federal Convention of 1787. 4 Bde. New Haven 1937.

Forsthoff, Ernst: Lehrbuch des Verwaltungsrechts. Bd. I. 8. Aufl. München und Berlin 1961 (*VerwR*).

Friesenhahn, Ernst: Die *Verfassungsgerichtsbarkeit* in der Bundesrepublik Deutschland. In: Verfassungsgerichtsbarkeit in der Gegenwart. Hrsg. von Mosler. Köln und Berlin 1962. S. 89.

— Wesen und Grenzen der Verfassungsgerichtsbarkeit. *ZSchwR n. F. 73* (1954) S. 129.

Fröhler, Ludwig: Wie verhält sich Art. 125 zu Art. 72 Abs. 2 Grundgesetz? *DVBl. 1950* S. 490.

Füßlein, Rudolf Werner, Klaus-Berto *von Doemming* und Werner *Matz:* Entstehungsgeschichte der Artikel des Grundgesetzes. *JöR n. F. 1* (1951).

Geiger, Willi: Das Bund-Länder-Verhältnis in der Rechtsprechung des Bundesverfassungsgerichts. *BayVBl. 1957* S. 301, 337.

— Gesetz über das Bundesverfassungsgericht. Kommentar. Berlin 1952 (*BVerfGG*).

— Der Gleichheitssatz und der Gesetzgeber. In: Staats- und verwaltungswissenschaftliche *Beiträge.* Hrsg. von der Hochschule für Verwaltungswissenschaften Speyer. Stuttgart 1957. S. 167.

— *Mißverständnisse* um den Föderalismus. Berlin 1961.

— Die wechselseitige Treuepflicht von Bund und Ländern. In: *Föderalistische Ordnung.* Hrsg. von Süsterhenn. Koblenz o. J. (1961). S. 113.

Giese, Friedrich: Die Verfassung des Deutschen Reiches. 8. Aufl. Berlin 1931 (*RV*).

— Grundgesetz für die Bundesrepublik Deutschland. Kommentar. 3. Aufl. Frankfurt 1953 (*GG*).

— und Egon *Schunck:* Grundgesetz für die Bundesrepublik Deutschland. Kommentar. 5. Aufl. Frankfurt 1960 (*GG*).

Glum, Friedrich: Die staatsrechtliche Struktur der Bundesrepublik Deutschland. Bonn 1965.

Grewe, Wilhelm: Das Grundgesetz. *DRZ 1949* S. 313.

— In welchem Rahmen wird sich die künftige Bundesgesetzgebung abspielen? In: Bundesrecht und Bundesgesetzgebung. Bericht über die Weinheimer Tagung des Instituts zur Förderung öffentlicher Angelegenheiten. Frankfurt 1950. S. 28 (*WB*).

— Das bundesstaatliche System des Grundgesetzes. *DRZ 1949* S. 349.

Goessl, Manfred: *Organstreitigkeiten* innerhalb des Bundes. Berlin 1961.

Hamann, Andreas: Das Grundgesetz für die Bundesrepublik Deutschland. Berlin usw. 1956.

Hatschek, Julius: Deutsches und Preußisches Staatsrecht. 2. Aufl. bearb. und hrsg. von Kurtzig. Bd. I. Berlin 1930.

Heeger, Hans-Otto: Die Rahmengesetzgebung, ihr Inhalt und ihre Auswirkung. Diss. Münster 1962.

Heimerich, Hermann: Deutsche Wirtschaftseinheit und konkurrierende Gesetzgebung. *BB 1949* S. 297.

Herrfahrdt, Rudolf: In: Bonner Kommentar zum Grundgesetz. 2 Bde. Loseblatt. Hamburg 1950 ff.

Herzog, Roman: Subsidiaritätsprinzip und Staatsverfassung. *Staat 1963* S. 399. S. 399.

— Zwischenbilanz im Streit um die bundesstaatliche Ordnung. *JuS 1967* S. 193.

Hesse, Konrad: Der unitarische Bundesstaat. Karlsruhe 1962.

— *Grundzüge* des Verfassungsrechts der Bundesrepublik Deutschland. Karlsruhe 1967.

von der Heydte, Friedrich August: Anmerkung zu BVerfGE v. 22. 4. 1953 (E 2, 213). JZ 1953 S. 508.

Hoepfner, W.: Zur Auslegung von Artikel 72, 125 GG. MDR 1949 S. 654.

Huber, Ernst Rudolf: *Dokumente* zur deutschen Verfassungsgeschichte. Bd. I. Stuttgart 1961. Bd. II. Stuttgart 1964.

— *Quellen* zum Staatsrecht der Neuzeit. Bd. II. Tübingen 1951.

Jesch, Dietrich: Anmerkung zu BVerwG 6. 2. 1958. JZ 1958 S. 705.

— Unbestimmter Rechtsbegriff und Ermessen in rechtstheoretischer und verfassungsrechtlicher Sicht. AöR 82 (1957) S. 163.

Joël, Curt: Die Rechtsprechung des Staatsgerichtshofs für das Deutsche Reich. AöR 77 (1951/52) S. 133.

Katzenstein, Dietrich: Rechtliche Erscheinungsformen der Machtverschiebung zwischen Bund und Ländern seit 1949. DÖV 1958 S. 593.

Kellner, Hugo: Zum Beurteilungsspielraum. DÖV 1962 S. 572.

— Der sogenannte Beurteilungsspielraum in der verwaltungsgerichtlichen Prozeßpraxis. NJW 1966 S. 857.

Kern, Ernst: Zur Auslegung von Artikel 72 und 125 GG. MDR 1950 S. 68.

Klein, Friedrich: Verfassungsrechtliche Grenzen der Gemeinschaftsaufgaben. In: *Gemeinschaftsaufgaben* zwischen Bund, Ländern und Gemeinden. Berlin 1961. S. 125.

Klein, Karl-Heinz: Die Übertragung von Hoheitsrechten. Berlin 1952.

Kleine, Heinz: Die Gesetzgebung in der Bundesrepublik — I Die Gesetzgebungskompetenz des Bundes. SJZ 1949 S. 801.

Kölble, Josef: *Gemeinschaftsaufgaben* zwischen Bund und Ländern. In: Gemeinschaftsaufgaben zwischen Bund, Ländern und Gemeinden. Berlin 1961. S. 17.

Koellreutter: Deutsches Staatsrecht. Stuttgart und Köln 1953.

Korbmacher, Günther: Ermessen — unbestimmter Rechtsbegriff — Beurteilungsspielraum. DÖV 1965 S. 696.

Kratzer, Jakob: Zu Art. 72 Abs. 2 und 125 des Grundgesetzes. DVBl. 1950 S. 396.

Kreutzer, Heinz: *Bund und Länder* in der Bundesrepublik Deutschland. In: Bund und Länder. Hrsg. von Flechtheim. Berlin 1959. S. 1.

Krüger, Herbert: Allgemeine *Staatslehre*. Stuttgart 1964.

Küchenhoff, Günther: Gleichheit und Ungleichheit im Verfassungsrecht. JR 1959 S. 281.

— Bund und Gemeinde. BayVBl. 1958 S. 65, 101.

Lammers, Hans Heinrich und Walter *Simons:* Die Rechtsprechung des Staatsgerichtshofs für das Deutsche Reich und des Reichsgerichts auf Grund Art. 13 Abs. 2 der Weimarer Reichsverfassung. Teil I—IV. Berlin 1929—1939.

Lassar, Gerhard: Die verfassungsrechtliche Ordnung der Zuständigkeiten. In: *Handbuch des Deutschen Staatsrechts*. Hrsg. von Anschütz-Thoma. Bd. I § 27 S. 301. Tübingen 1930.

Lechner, Hans: Die Stellung der Länder im Bund. *BayBgm. 1949* S. 169.

Leibholz, G. und H. J. *Rinck:* Grundgesetz für die Bundesrepublik Deutschland. Köln 1966.

Leonhardt, Paul: Die Verfassungsmäßigkeit des Kodifikationsprinzips im Rahmen der konkurrierenden Gesetzgebung. Diss. Berlin 1964.

Lerche, Peter: Zum Apothekenurteil des Bundesverfassungsgerichts. *BayVBl. 1958* S. 231.

— Föderalismus als nationales Ordnungsprinzip. *VVDStRL 21 (1964)* S. 66.

— Ermessen. In: *Staatslexikon.* Hrsg. Görres-Gesellschaft. 6. Aufl. Freiburg 1959. *Bd. 3 Sp. 12.*

— *Übermaß* und Verfassungsrecht. Köln usw. 1961.

von Lex, Ritter Hans: Grundlagen unserer föderativen Staatsordnung. In: *Festschrift* für Hans *Nawiasky.* München 1956. S. 237.

— Die Entwicklung des Verhältnisses von Bund und Ländern in der Bundesrepublik. In: *Festschrift* für Wilhelm *Laforet.* München 1952. S. 51.

Loening, Hellmuth: Regierungsakt und Verwaltungsgerichtsbarkeit. *DVBl. 1951* S. 233.

von Mangoldt, Hermann: Das Bonner Grundgesetz. Berlin und Frankfurt 1953. 2. Aufl. von Friedrich *Klein.* 2 Bde. Berlin und Frankfurt 1957/64.

Matz, Werner und Rudolf Werner *Füßlein:* Zur Entstehungsgeschichte des Grundgesetzes. *AöR 75 (1949)* S. 346.

Maunz, Theodor: Gesetzgebung und Verwaltung in deutschen Verfassungen. In: Vom Bonner Grundgesetz zur gesamtdeutschen Verfassung. *Festschrift* für Hans *Nawiasky.* München 1956. S. 255.

— Die Kulturhoheit der deutschen Länder. In: *Föderalistische Ordnung.* Hrsg. von Süsterhenn. Koblenz o. J. (1961) S. 83.

— Rahmengesetze des Bundes. *BayVBl. 1955* S. 2.

— Deutsches Staatsrecht. 13. Aufl. München und Berlin 1964 *(StR).*

— und Günter *Dürig:* Grundgesetz. Kommentar. 2 Bde. Loseblatt (Stand: 1. 3. 1966). München und Berlin.

Menger, Christian Friedrich: Der Schutz der Grundrechte in der Vewaltungsgerichtsbarkeit. In: Die *Grundrechte.* Hrsg. von Bettermann-Nipperdey-Scheuner. Bd. III 2. Berlin 1959. S. 717.

— und Hans-Uwe *Erichsen:* Höchstrichterliche Rechtsprechung zum Verwaltungsrecht. *VerwArch 57 (1966)* S. 64.

Menzel, Walter: Die verfassungspolitischen Entscheidungen im Grundgesetz. *DV 1949* S. 312.

Meyer, Georg: Lehrbuch des Deutschen Staatsrechts. 4. Aufl. Leipzig 1895. 7. Aufl. von Gerhard *Anschütz.* München und Leipzig 1919.

Meyers, Franz: *Klare Aufgabenteilung* zwischen Bund und Ländern. Vortrag. Hrsg. von der Landespresse- und Informationsstelle des Landes Nordrhein-Westfalen. Düsseldorf o. J. (1963). (= Frankf. Allg. Ztg. v. 24. 7. 1963.)

— Die föderalistische Struktur in der Bundesrepublik Deutschland. In: *Föderalistische Ordnung.* Hrsg. von Süsterhenn. Koblenz o. J. (1961) S. 43.

Model, Otto: Grundgesetz der Bundesrepublik Deutschland. 3. Aufl. Köln usw. 1960. 4. Aufl. von Klaus *Müller,* Köln usw. 1965.

— und Klaus *Müller:* Grundgesetz. Kommentar. 4. Aufl. Köln usw. 1965.

Nawiasky, Hans: Die *Grundgedanken* des Grundgesetzes für die Bundesrepublik Deutschland. Stuttgart und Köln 1950.

— und Hans *Lechner:* Die Verfassung des Freistaates Bayern, *Ergänzungsband* zu dem Handkommentar 1948. München 1953.

— Claus *Leusser,* Karl *Schweiger,* Hans *Zacher:* Die Verfassung des Freistaates Bayern. Kommentar. Loseblatt. München 1964.

Neis, K.: Voraussetzungen, Inhalt und Grenzen einer beamtenrechtlichen Rahmengesetzgebung des Bundes. ZBR *1954* S. 38.

Otten, Fritz: Wird vorkonstitutionelles Recht, das Gegenstände der Rahmengesetzgebung des Bundes betrifft, Bundes- oder Landesrecht? Diss. Münster 1965.

Poetzsch-Heffter, Fritz: Handkommentar der Reichsverfassung vom 11. 8. 1919. 3. Aufl. Berlin 1928.

Reuß, Hermann: Das Ermessen. DVBl. *1953* S. 585.

— Der unbestimmte Rechtsbegriff. DVBl. *1953* S. 649.

Ringelmann, Richard: In welchem Rahmen wird sich die künftige Bundesgesetzgebung abspielen? In: Bundesrecht und Bundesgesetzgebung. Bericht über die Weinheimer Tagung des Instituts zur Förderung öffentlicher Angelegenheiten. Frankfurt 1950. S. 21 *(WB).*

Rüpke, Giselher: Gesetzgeberisches Ermessen und richterliches Prüfungsrecht in der Rechtsprechung des Bundesverfassungsgerichts zum Gleichheitssatz. Diss. Göttingen 1961.

Rupp, Hans G.: Zum Problem der Bundestreue im Bundesstaat. In: *Festgabe* für *Carlo Schmid.* Tübingen 1962. S. 141.

Schäfer, Hans: Die Problematik des Art. 125 des Grundgesetzes. DRZ *1950* S. 26.

Scheuner, Ulrich: Der Bereich der Regierung. In: Rechtsprobleme in Staat und Kirche. *Festschrift* für Rudolf *Smend.* Göttingen 1952. S. 253.

— Struktur und Aufgabe des Bundesstaates in der Gegenwart. DÖV *1962* S. 641.

— Wandlungen im Föderalismus der Bundesrepublik. DÖV *1966* S. 513.

Schlochauer, Hans-Jürgen: Öffentliches Recht. Karlsruhe 1957.

von Schmoller, Gustav, Hedwig *Maier,* Achim *Tobler:* Handbuch des Besatzungsrechts. 2 Bde. Loseblatt (Stand: 1957). Tübingen.

Schneider, Hans: *Gerichtsfreie Hoheitsakte.* Tübingen 1951.

— Verträge zwischen Gliedstaaten im Bundesstaat. VVDStRL *19* (1961) S. 1.

Schütz, Jörg: Der Grundsatz der Subsidiarität im Grundgesetz. Diss. Würzburg 1965.

Sczostak, Günter: Zur Problematik der gerichtsfreien Hoheitsakte. JR *1958* S. 445.

Seifert-Geeb: Erläuterungen zum Grundgesetz für die Bundesrepublik Deutschland. In: Das Deutsche Bundesrecht. Sammlung der Gesetze und Verordnungen der Deutschen Bundesrepublik mit Erläuterungen und einem Überblick über das Landesrecht. Loseblatt Stand Juli 1966. Baden-Baden und Frankfurt. 1949 ff.

Sellmann: Anmerkung zu BayVGH v. 3. 12. 1954 (BayVGH nF 7, 160). DVBl. *1955* S. 168.

Spanner, Hans: Bundesverfassungsgericht und freies Ermessen. BayVBl. *1958* S. 1, 38.

Spanner, Hans: Zur Rechtskontrolle des bundesfreundlichen Verhaltens. *DÖV 1961* S. 481.

Stauder, Bernd: Gleichheitssatz, Normenkontrolle und subjektive Motive des historischen Gesetzgebers. *ZStaatsw. 123* (1967) S. 148.

Steckhan, Rainer: Die „Zwischenstaatlichkeitsklausel" des Art. 85 EWG im Lichte der amerikanischen Handelsklauselrechtsprechung. Diss. Saarbrücken 1963.

Stern, Klaus: Ermessen und unzulässige Ermessensausübung. Berlin 1964.

Stern, Robert L.: That Commerce Which Concerns more States than One. *Harv. L. Rev.* Bd. *47* (1933/34) S. 1335.

— The Scope of the Phrase „Interstate Commerce". *A. B. A. J.* Bd. *41* (1955) S. 823.

Thieme, Werner: Subsidiarität und Zwangsmitgliedschaft. Saarbrücken 1962.

Tomerius, Christian: Die Gesetzgebungszuständigkeiten der Länder. Diss. Göttingen 1964.

Triepel, Heinrich: *Streitigkeiten* zwischen Reich und Ländern, in: Festgabe für Wilhelm Kahl. Tübingen 1923.

Ule, Carl Hermann: Verwaltungsgerichtsbarkeit. In: Verwaltungsgesetze des Bundes und der Länder. Hrsg. von Brauchitsch-Ule. Bd. I 2. 2. Aufl. Köln usw. 1962 *(VwGO)*.

— *Verwaltungsprozeßrecht*. 4. Aufl. München und Berlin 1966.

Wacke, Gerhard: Das Finanzwesen der Bundesrepublik. Tübingen 1950.

Walz, Gustav Adolf: Staatsrecht. In: Das gesamte deutsche Recht in systematischer Darstellung. Hrsg. von Stammler. Teil XI. Berlin 1931.

Weber, Werner: *Spannungen und Kräfte* im westdeutschen Verfassungssystem. 2. Aufl. Stuttgart 1958.

Weinheimer Tagung: Bundesrecht und Bundesgesetzgebung. Bericht über die Weinheimer Tagung des Instituts zur Förderung öffentlicher Angelegenheiten. Frankfurt 1950 *(WB)*.

Wengler, Wilhelm: *Rechtsgleichheit* und Vielheit der Rechte. In: Hundert Jahre Deutsches Rechtsleben, Festschrift zum hundertjährigen Bestehen des deutschen Juristentages. Karlsruhe 1960. Bd. 1 S. 239.

— Anmerkung zu BVerfGE v. 5. 5. 1964 (E 17, 381). *JZ 1965* S. 135.

Wigard, Franz (Hrsg.): Verhandlungen der deutschen constituirenden Nationalversammlung zu Frankfurt am Main. Stenographischer Bericht. Bd. 4, 5: Leipzig 1848. Bd. 7: Leipzig 1849. Bd. 8: Frankfurt a. M. 1849.

Wolff, Hans J.: Verwaltungsrecht. Bd. I. 6. Aufl. Berlin und München 1965. Bd. II. 2. Aufl. Berlin und München 1966. Bd. III. 2. Aufl. Berlin und München 1967 *(VerwR)*.

Zinn, Georg August: Der Bund und die Länder. *AöR 75* (1949) S. 291.

— Erhaltung und Fortbildung der deutschen Rechtseinheit. *NJW 1949* S. 684.

Verzeichnis der angeführten Rechtsquellen

AbWoZwG = Gesetz über den Abbau der Wohnungszwangswirtschaft und über ein soziales Miet- und Wohnrecht v. 23. 6. 1960, BGBl. I S. 389.

Anordnung Nr. 1 = Anordnung/Order Nr. 1 der Militärregierung Deutschland v. 16. 8. 1948, WiGBl. 1949 Beilage Nr. 1 S. 17/18.

Anordnung Nr. 8 = Anordnung/Order Nr. 8 der Militärregierung Deutschland v. 11. 3. 1949, WiGBl. 1949 Beilage Nr. 4 S. 3.

ApothG = Gesetz über das Apothekenwesen v. 20. 8. 1960, BGBl. I S. 697.

ApothStoppG = Gesetz über die vorläufige Regelung der Errichtung neuer Apotheken v. 13. 1. 1953, BGBl. I S. 9, i. d. F. v. 4. 7. 1953, BGBl. I S. 469, i. d. F. v. 10. 8. 1954, BGBl. I S. 256, i. d. F. 2. Gesetz über die vorläufige Regelung der Errichtung neuer Apotheken (Apothekenstoppgesetz) v. 23. 12. 1955, BGBl. I S. 840. Nichtig gem. Urteil d. BVerfG v. 30. 5. 1956, BGBl. I S. 506.

ArzMG = Gesetz über den Verkehr mit Arzneimitteln (Arzneimittelgesetz) v. 16. 5. 1961, BGBl. I S. 533 i. d. F. v. 25. 7. 1961, BGBl. I S. 1076.

AtomG = Gesetz über die friedliche Verwendung der Kernenergie und zum Schutz gegen ihre Gefahren (Atomgesetz) v. 23. 12. 1959, BGBl. I S. 814.

AufbVerwVerkG = Gesetz über den Aufbau der Verwaltung für Verkehr v. 12. 9. 1948, WiGBl. S. 95. Aufgelöst durch VO v. 4. 9. 1951, BGBl. I S. 826.

AusfZentrVertG = Ausführungsbestimmungen zum Zentrallastverteilungsgesetz v. 19. 8. 1948, WiGVBl. S. 83.

AusländerG = Ausländergesetz v. 28. 4. 1965, BGBl. I S. 353.

AZO = Arbeitszeitordnung v. 30. 4. 1938, RGBl. I S. 447, §§ 22, 23 und 27 I S. 2, aufgehoben durch § 31 Abs. 2 Nr. 1 LadSchlG.

BAG = Gesetz über die Errichtung eines Bundesaufsichtsamtes für das Versicherungs- und Bausparwesen v. 31. 7. 1951, BGBl. I S. 480.

BAnstAVAVG = Gesetz über die Errichtung einer Bundesanstalt für Arbeitsvermittlung und Arbeitslosenversicherung v. 10. 3. 1952, BGBl. I S. 123.

BBauG = Bundesbaugesetz v. 23. 6. 1960, BGBl. I S. 341.

BBG = Bundesbeamtengesetz i. d. F. v. 22. 10. 1965, BGBl. I S. 1776.

Besatzungsstatut = Besatzungsstatut v. 10. 4. 1949, ABlAHK Nr. 1 v. 23. 9. 1949 S. 2, 13; abgedruckt bei *v. Schmoller-Maier-Tobler* II § 100 (Dokumente) S. 14; *Documents* S. 116. Im wesentlichen aufgehoben durch Protokoll über die Beendigung des Besatzungsregimes in der Bundesrepublik Deutschland v. 23. 10. 1954, BGBl. 1955 II S. 215.

BetrVG = Betriebsverfassungsgesetz v. 11. 10. 1952, BGBl. I S. 681.

BewNotG = Gesetz über Notmaßnahmen auf dem Gebiet der Wirtschaft, der Ernährung und des Verkehrs (Bewirtschaftungsnotgesetz) v. 30. 10. 1947, WiGVBl. 1948 S. 3; § 2 neugefaßt durch Zweites Gesetz über den vorläufigen Aufbau der Verwaltung des Vereinigten Wirtschaftsgebietes (Zweites Überleitungsgesetz) v. 19. 1. 1949, WiGBl. S. 9; verl. durch G v. 21. 1. 1950, BGBl. I S. 7, G v. 14. 7. 1950, BGBl. S. 326, G v. 9. 10. 1950,

BGBl. S. 689, G v. 9. 1. 1951, BGBl. I S. 45 bis 31. 3. 1951; erstreckt auf die Länder der französischen Zone durch G v. 21. 1. 1950, BGBl. S. 7.

BFStrG = Bundesfernstraßengesetz v. 6. 8. 1953, BGBl. I S. 903, i. d. F. v. 6. 8. 1961, BGBl. I S. 1742.

BKrimAG = Gesetz über die Einrichtung eines Bundeskriminalpolizeiamtes (Bundeskriminalamtes) v. 8. 3. 1951, BGBl. I S. 165.

BNotO = Bundesnotarordnung (BNotO) v. 24. 2. 1961, BGBl. I S. 98.

BremIHKG = Gesetz über die Industrie- und Handelskammern im Lande Bremen v. 6. 5. 1958, GBl. S. 47, Sonderband Sammlung des Bremischen Rechts 70 - b - 1.

BSeuchG = Gesetz zur Verhütung und Bekämpfung übertragbarer Krankheiten beim Menschen (Bundes-Seuchengesetz) v. 18. 7. 1961, BGBl. I S. 1012.

BSHG = Bundessozialhilfegesetz v. 30. 6. 1961, BGBl. I S. 815.

BVerfGG = Gesetz über das Bundesverfassungsgericht v. 12. 3. 1951, BGBl. I S. 243.

BVerwGG = Gesetz über das Bundesverwaltungsgericht v. 23. 9. 1952, BGBl. I S. 625; aufgehoben durch § 195 Abs. 2 Nr. 1 VwGO.

BVFG = Gesetz über Angelegenheiten der Vertriebenen und Flüchtlinge (Bundesvertriebenengesetz) v. 19. 5. 1953, BGBl. I S. 201, i. d. F. v. 23. 10. 1961, BGBl. I S. 1883.

B-VG = Bundes-Verfassungsgesetz v. 1. 10. 1920, i. d. F. der Verordnung des Bundeskanzlers v. 1. 1. 1930, BGBl. Nr. 1 (Bundes-Verfassungsgesetz i. d. F. v. 1929) (Österreich).

DemontageAusglG = Gesetz zum Ausgleich volkswirtschaftlicher Demontagefolgen (Demontageausgleichsgesetz) v. 19. 5. 1948, WiGVBl. S. 43.

1. DVO BAG = 1. Durchführungsverordnung zum Gesetz über die Errichtung eines Bundesaufsichtsamtes für das Versicherungs- und Bausparwesen (Überleitungs- und Einrichtungsverordnung) v. 13. 2. 1952, BGBl. I S. 94.

1. DVO TierzG = 1. Durchführungsverordnung zum Tierzuchtgesetz v. 25. 5. 1950, BGBl. S. 227, i. d. F. v. 4. 3. 1958, BGBl. I S. 130.

DVO TVG = Verordnung zur Durchführung des Tarifvertragsgesetzes v. 7. 6. 1949, WiGBl. S. 89.

EinzelhG = Gesetz über die Berufsausübung im Einzelhandel v. 5. 8. 1957, BGBl. I S. 1121.

EnergNotG = Gesetz über Notmaßnahmen auf dem Gebiet der Elektrizitäts- und Gasversorgung (Energienotgesetz) v. 10. 6. 1949, WiGBl. S. 87; verl. durch G v. 7. 6. 1950, BGBl. S. 204, G v. 29. 3. 1951, BGBl. I S. 224, G v. 5. 4. 1952, BGBl. I S. 227, G v. 28. 3. 1953, BGBl. I S. 89, G v. 23. 4. 1955, BGBl. I S. 181 bis zum 31. 3. 1956; erstreckt auf die Länder der französischen Zone durch VO v. 3. 1. 1950, BGBl. I S. 3.

Entsch. § 28 WoGemG = Entscheidung über die sachliche Zuständigkeit zur Anerkennung von Organen der staatlichen Wohnungspolitik nach § 28 des Wohnungsgemeinnützigkeitsgesetzes v. 11. 11. 1953, BGBl. I S. 1523.

ErnSichG = Gesetz über die Sicherstellung der Versorgung mit Erzeugnissen der Ernährungs- und Landwirtschaft sowie der Forst- und Holzwirtschaft (Ernährungssicherstellungsgesetz) v. 24. 8. 1965, BGBl. I S. 938.

EWG = Vertrag zur Gründung der Europäischen Wirtschaftsgemeinschaft, BGBl. 1957 II S. 766.

FinVerfG = Gesetz zur Änderung und Ergänzung der Finanzverfassung v. 23. 12. 1955, BGBl. I S. 817.

FischG = Gesetz über den Verkehr mit Fischen und Fischwaren (Fischgesetz) v. 31. 8. 1955, BGBl. I S. 567.

FleischSichG = Gesetz zur Sicherung der Fleischversorgung im Wirtschaftsjahr 1947/1948 v. 3. 10. 1947, WiGVBl. S. 5; gemäß § 14 am 30. 6. 1948 außer Kraft getreten.

FlüNotG = Gesetz über Leistungen zur Unterbringung von Deutschen aus der sowjetischen Besatzungszone oder dem sowjetischen Sektor von Berlin (Flüchtlings-Notleistungsgesetz) v. 9. 3. 1953, BGBl. I S. 45.

FlurbG = Flurbereinigungsgesetz v. 14. 7. 1953, BGBl. I S. 591.

GenVereinG = Gesetz über genossenschaftliche Vereinigungen v. 23. 8. 1948, WiGVBl. S. 83; erstreckt auf die Länder der französischen Zone durch VO v. 13. 12. 1949, BGBl. 1950 S. 2.

GesamthafenbetriebG = Gesetz über die Schaffung eines besonderen Arbeitgebers für Hafenarbeiter (Gesamthafenbetrieb) v. 3. 8. 1950, BGBl. S. 352.

GeschlKrG = Gesetz zur Bekämpfung der Geschlechtskrankheiten v. 23. 7. 1953, BGBl. I S. 700.

GetrG = Gesetz über den Verkehr mit Getreide und Futtermitteln (Getreidegesetz) v. 4. 11. 1950, BGBl. S. 721, i. d. F. v. 24. 11. 1951, BGBl. I S. 901; § 10 i. d. F. v. 5. 8. 1951, BGBl. I S. 487; § 17 i. d. F. v. 24. 11.1951, BGBl. I S. 899.

GetrPrG = Gesetz über Preise für Getreide inländischer Erzeugung für das Getreidewirtschaftsjahr ... sowie über besondere Maßnahmen in der Getreide- und Futtermittelwirtschaft (Getreidepreisgesetz) v. 21. 7. 1951, BGBl. I S. 451; v. 9. 7. 1952, BGBl. I S. 369; v. 6. 8. 1953, BGBl. I S. 889; v. 10. 7. 1954, BGBl. I S. 180; v. 4. 7. 1955, BGBl. I S. 373; v. 22. 6. 1956, BGBl. I S. 511; v. 19. 8. 1957, BGBl. I S. 1239; v. 12. 7. 1958, BGBl. I S. 450; v. 26. 6. 1959, BGBl. I S. 298; v. 28. 7. 1960, BGBl. I S. 597; v. 19. 6. 1961, BGBl. I S. 772; § 8 G v. 1951 = § 6 G v. 1952, 1953 = § 7 G v. 1954 ff. (zitiert ist § 7).

GewO = Gewerbeordnung v. 21. 6. 1869, i. d. F. v. 26. 7. 1900, RGBl. S. 871.

GewWSichG = Gesetz für Sicherungsmaßnahmen auf einzelnen Gebieten der gewerblichen Wirtschaft v. 9. 3. 1951, BGBl. I S. 163, i. d. F. v. 5. 5. 1951, BGBl. I S. 298, 299; verl. durch G v. 25. 6. 1952, BGBl. I S. 337, G v. 25. 3. 1953, BGBl. I S. 69, G v. 28. 5. 1953, BGBl. I S. 265 bis 30. 9. 1954; § 6 i. d. F. des G v. 28. 5. 1953.

GG = Grundgesetz für die Bundesrepublik Deutschland v. 23. 5. 1949, BGBl. S. 1.

GjS = Gesetz über die Verbreitung jugendgefährdender Schriften v. 9. 6. 1953, BGBl. I S. 377, i. d. F. v. 29. 4. 1961, BGBl. I S. 497.

GKAR = Gesetz über Änderung von Vorschriften des Zweiten Buches der Reichsversicherungsordnung und zur Ergänzung des Sozialgerichtsgesetzes (Gesetz über Kassenarztrecht) v. 17. 8. 1955, BGBl. I S. 513.

GrStDV = Verordnung zur Durchführung des Grundsteuergesetzes für den ersten Hauptveranlagungszeitraum v. 1. 7. 1937, RGBl. I S. 733, i. d. F. v. 29. 1. 1952, BGBl. I S. 77, 79; Art. I Ziff. 15 G v. 1952 faßte § 48 Abs. 2 Satz 3 neu, vorher enthielt § 48 Abs. 2 keine Bezugnahme auf die Länder.

GüKG = Güterkraftverkehrsgesetz i. d. F. v. 17. 10. 1952, BGBl. I S. 697; § 84 i. d. F. v. 1. 8. 1961, BGBl. I S. 1157.

GWB = Gesetz gegen Wettbewerbsbeschränkungen v. 27. 7. 1957, BGBl. I S. 1081, i. d. F. v. 3. 1. 1966, BGBl. I S. 37.

HafensonderbetriebGE = Entwurf eines Gesetzes über die Schaffung eines besonderen Arbeitgebers für die unständigen Hafenarbeiter (Hafensonderbetrieb). BT-DrS I Nr. 632 S. 5; BR-DrS 1950 Nr. 31.

HambIHKG = Gesetz über die vorläufige Regelung der Rechtsverhältnisse der Handelskammer Hamburg v. 27. 2. 1956, GVBl. S. 21.

HandwO = Gesetz zur Ordnung des Handwerks (Handwerksordnung) v. 17. 9. 1953, BGBl. I S. 1411, i. d. F. v. 28. 12. 1965, BGBl. I 1966 I S. 1.

HArbG = Heimarbeitsgesetz v. 14. 3. 1951, BGBl. I S. 191.

IHKG = Gesetz zur vorläufigen Regelung des Rechts der Industrie- und Handelskammern v. 18. 12. 1956, BGBl. I S. 920.

JArbSchG = Gesetz zum Schutze der arbeitenden Jugend (Jugendarbeitsschutzgesetz) v. 9. 8. 1960, BGBl. I S. 665.

JSchÖG = Gesetz zum Schutz der Jugend in der Öffentlichkeit v. 4. 12. 1951, BGBl. I S. 936, i. d. F. v. 27. 7. 1957, BGBl. I S. 1058.

JWohlfG = Jugendwohlfahrtsgesetz i. d. F. v. 11. 8. 1961, BGBl. I S. 1193, 1205.

KartSichG = Gesetz zur Sicherung der Kartoffelversorgung im Wirtschaftsjahr 1947/1948 v. 3. 10. 1947, WiGVBl. S. 3; gemäß § 12 am 31. 5. 1948 außer Kraft getreten.

KulturgutG = Gesetz zum Schutz deutschen Kulturgutes gegen Abwanderung v. 6. 8. 1955, BGBl. I S. 501.

LadSchlG = Gesetz über den Ladenschluß v. 28. 11. 1956, BGBl. I S. 875, i. d. F. v. 17. 7. 1957, BGBl. I S. 722, i. d. F. v. 14. 11. 1960, BGBl. I S. 845.

LAG = Gesetz über den Lastenausgleich (Lastenausgleichsgesetz) v. 14. 8. 1952, BGBl. I S. 446, i. d. F. v. 1. 12. 1965, BGBl. I S. 1946.

LebMG = Gesetz über den Verkehr mit Lebensmitteln und Bedarfsgegenständen (Lebensmittelgesetz) v. 5. 7. 1927, RGBl. I S. 134, i. d. F. v. 11. 12. 1935, RGBl. I S. 1430, i. d. F. v. 17. 1. 1936, RGBl. I S. 18; § 20 a und b i. d. F. v. 21. 12. 1958, BGBl. I S. 950.

LohnzG = Gesetz zur Regelung der Lohnzahlung an Feiertagen v. 2. 8. 1951, BGBl. I S. 479.

LuftReinhG = Gesetz über Vorsorgemaßnahmen zur Luftreinhaltung v. 17. 5. 1965, BGBl. I S. 413.

LuftVK = Luftverkehrsgesetz v. 1. 8. 1922, RGBl. I S. 681, i. d. F. v. 22. 10. 1965, BGBl. I S. 1729.

MassG = Gesetz über die Ausbildung der Berufe des Masseurs, des Masseurs und medizinischen Bademeisters und des Krankengymnasten v. 21. 12. 1958, BGBl. I S. 985.

MFG = Gesetz über den Verkehr mit Milch, Milcherzeugnissen und Fetten (Milch- und Fettgesetz) v. 28. 2. 1951, BGBl. I S. 135, i. d. F. v. 10. 12. 1952, BGBl. I S. 807, 811, i. d. F. v. 4. 8. 1960, BGBl. I S. 649; § 8 i. d. F. v. 1951 = § 9 i. d. F. v. 1952; § 18 i. d. F. v. 1951 = § 20 i. d. F. v. 1952 und i. d. F. v. 1960; § 11 Abs. 2 Satz 4 i. d. F. v. 1951 = § 12 Abs. 2 Satz 6 i. d. F. v. 1952 = § 12 Abs. 2 Satz 5 i. d. F. v. 1960, gestrichen durch G v. 22. 6. 1963, BGBl. I S. 411; zitiert sind §§ 9, 20, 12 Abs. 2 Satz 6.

MindArbBedG = Gesetz über die Festsetzung von Mindestarbeitsbedingungen v. 11. 1. 1952, BGBl. I S. 17.

NBV 1867 = Verfassung des Norddeutschen Bundes v. 16. 4. 1867, Bundesgesetzblatt S. 2; vgl. auch *Huber* Dokumente II S. 227.

NeuglG = Erstes Gesetz zur Durchführung der Neugliederung in dem die Länder Baden, Württemberg-Baden und Württemberg-Hohenzollern umfassenden Gebiete gemäß Artikel 118 Satz 2 des Grundgesetzes v. 4. 5. 1951, BGBl. I S. 283.

PBefG = Personenbeförderungsgesetz v. 21. 3. 1961, BGBl. I S. 241 (§§ 52, 53 aF); §§ 52, 53 i. d. F. v. 24. 8. 1965, BGBl. I S. 906 (nF).

PreisG = Übergangsgesetz über Preisbildung und Preisüberwachung (Preisgesetz) v. 10. 4. 1948, WiGVBl. S. 27; verl. durch G v. 3. 2. 1949, WiGBl. S. 14, G v. 21. 1. 1950, BGBl. I S. 7, G v. 8. 7. 1950, BGBl. I S. 274, G v. 25. 9. 1950, BGBl. I S. 681, G v. 23. 12. 1950, BGBl. I S. 824; verl. bis zum Inkrafttreten eines neuen PreisG durch G v. 29. 3. 1951, BGBl. I S. 223; erstreckt auf die Länder der französischen Zone durch G v. 21. 1. 1950, BGBl. I S. 7; § 2 Abs. 2 a i. d. F. v. 21. 1. 1950.

Proklamation Nr. 5 = Proklamation Nr. 5 = Verordnung Nr. 88 der Militärregierung Deutschland v. 7. 8. 1947, WiGVBl. 1947 Beilage Nr. 1.

Proklamation Nr. 7 = Proklamation Nr. 7 = Verordnung Nr. 126 der Militärregierung Deutschland v. 9. 2. 1948, WiGVBl. 1947/1948 Beilage Nr. 2.

PStG = Personenstandsgesetz i. d. F. v. 8. 8. 1957, BGBl. I S. 1126.

RaumOG = Raumordnungsgesetz v. 8. 4. 1965, BGBl. I S. 306.

RKrimPolG = Reichskriminalpolizeigesetz v. 21. 7. 1922, RGBl. I S. 593.

RNährstAuflG = Gesetz über die Auflösung des Reichsnährstandes im Vereinigten Wirtschaftsgebiet v. 21. 1. 1948, WiGVBl. S. 21; aufgehoben durch § 29 Reichsnährstands-Abwicklungsgesetz v. 23. 2. 1961, BGBl. I S. 119.

RV 1849 = Die Verfassung des Deutschen Reichs v. 28. 3. 1849, Reichsgesetzblatt 1849 S. 101; zitiert nach *Huber*, Dokumente I S. 304.

RV 1871 = Verfassung des Deutschen Reichs v. 16. 4. 1871, RGBl. S. 63.

SaatgG = Gesetz über Sortenschutz und Saatgut von Kulturpflanzen (Saatgutgesetz) v. 27. 6. 1953, BGBl. I S. 450.

SaatPflGG = Gesetz über forstliches Saat- und Pflanzgut v. 25. 9. 1957, BGBl. I S. 1388.

SGG = Gesetz über das Verfahren in der Sozialgerichtsbarkeit (Sozialgerichtsgesetz) v. 3. 9. 1953, BGBl. I S. 1239.

SchornstFG = Gesetz zur Ordnung des Schornsteinfegerwesens v. 22. 1. 1952, BGBl. I S. 75.

SchutzpolG = Reichsgesetz über die Schutzpolizei der Länder v. 17. 7. 1922, RGBl. I S. 597.

SchwBG = Gesetz über die Beschäftigung Schwerbeschädigter (Schwerbeschädigtengesetz) v. 16. 6. 1953, BGBl. I S. 389, i. d. F. v. 3. 7. 1961, BGBl. I S. 857, i. d. F. v. 14. 8. 1961, BGBl. I S. 1233, ber. S. 1348, 1652.

StrFG 1949 = Gesetz über die Gewährung von Straffreiheit v. 31. 12. 1949, BGBl. I S. 37.

StrFG 1954 = Gesetz über den Erlaß von Strafen und Geldbußen und die Niederschlagung von Strafverfahren und Bußgeldverfahren (Straffreiheitsgesetz 1954) v. 17. 6. 1954, BGBl. I S. 203.

StVG = Straßenverkehrsgesetz v. 19. 12. 1952, BGBl. I S. 837.

SVAG = Gesetz über die Anpassung von Leistungen der Sozialversicherung an das veränderte Lohn- und Preisgefüge und über ihre finanzielle Sicherstellung (Sozialversicherungs-Anpassungsgesetz) v. 17. 6. 1949, WiGBl. S. 99; erstreckt auf die Länder der französischen Zone durch VO v. 12. 5. 1950, BGBl. I S. 179.

TierzG = Gesetz über Maßnahmen auf dem Gebiete der tierischen Erzeugung (Tierzuchtgesetz) v. 7. 7. 1949, WiGBl. S. 181; erstreckt auf die Länder der französischen Zone durch VO v. 21. 2. 1950, BGBl. I S. 37.

TVG = Tarifvertragsgesetz v. 9. 4. 1949, WiGBl. S. 55, i. d. F. v. 11. 1. 1952, BGBl. I S. 19; erstreckt auf die Länder der französischen Zone durch G v. 23. 4. 1953, BGBl. I S. 156.

ÜbergebietlVerkG = Gesetz über den übergebietlichen Verkehr mit Erzeugnissen der Landwirtschaft und Fischerei v. 12. 8. 1949, WiGBl. S. 236; erstreckt auf die Länder der französischen Zone durch VO v. 12. 5. 1950, BGBl. I S. 180.

ÜG 1920 = Übergangsgesetz v. 1. 10. 1920 i. d. F. BGBl. Nr. 368/1925 (Österreich).

UrlG = Mindesturlaubsgesetz für Arbeitnehmer (Bundesurlaubsgesetz) v. 8. 1. 1963, BGBl. I S. 2.

UmsiedlG = Gesetz zur Umsiedlung von Heimatvertriebenen aus den Ländern Bayern, Niedersachsen und Schleswig-Holstein v. 22. 5. 1951, BGBl. I S. 350, i. d. F. v. 23. 9. 1952, BGBl. I S. 636.

UV 1850 = Erfurter Unionsverfassung v. 28. 5. 1849 (Aktenstücke betreffend das Bündnis vom 26. Mai, Bd. 1, 1849, S. 55). Zitiert nach *Huber* Dokumente I S. 435.

VereinG = Gesetz zur Regelung des öffentlichen Vereinsrechts (Vereinsgesetz) v. 5. 8. 1964, BGBl. I S. 593.

VereinG 1908 = Vereinsgesetz v. 18. 4. 1908, RGBl. S. 151.

VerkSichG = Gesetz zur Sicherstellung des Verkehrs (Verkehrssicherstellungsgesetz) v. 24. 8. 1965, BGBl. I S. 927.

VersG = Gesetz über Versammlungen und Aufzüge (Versammlungsgesetz) v. 24. 7. 1953, BGBl. I S. 684; § 3 i. d. F. des § 27 VereinG.

ViehFlG = Gesetz über den Verkehr mit Vieh und Fleisch (Vieh- und Fleischgesetz) v. 25. 4. 1951, BGBl. I S. 272.

VwGO = Verwaltungsgerichtsordnung v. 21. 1. 1960, BGBl. I S. 17.

VWPrivG = Gesetz über die Überführung der Anteilsrechte an der Volkswagenwerk Gesellschaft mit beschränkter Haftung in private Hand v. 21. 7. 1960, BGBl. I S. 585.

WassSichG = Gesetz über die Sicherstellung von Leistungen auf dem Gebiet der Wasserwirtschaft für Zwecke der Verteidigung (Wassersicherstellungsgesetz) v. 24. 8. 1965, BGBl. I S. 1225.

WHG = Gesetz zur Ordnung des Wasserhaushalts v. 27. 7. 1957, BGBl. I S. 1110.

WHG ÄndG = 2. Gesetz zur Änderung des Wasserhaushaltsgesetzes v. 6. 8. 1964, BGBl. I S. 611.

WiSichG = Gesetz über die Sicherstellung von Leistungen auf dem Gebiet der gewerblichen Wirtschaft sowie des Geld- und Kapitalverkehrs (Wirtschaftsicherstellungsgesetz) v. 24. 8. 1965, BGBl. I S. 920.

WoBauG = 1. Wohnungsbaugesetz v. 24. 4. 1950, BGBl. S. 83, i. d. F. v. 25. 8. 1953, BGBl. I S. 1047.

WoBewG = Wohnraumbewirtschaftungsgesetz v. 31. 3. 1953, BGBl. I S. 97.

WoGeldG = Wohngeldgesetz i. d. F. v. 1. 4. 1965, BGBl. I S. 178.

WRV = Verfassung des Deutschen Reichs v. 11. 8. 1919, RGBl. I S. 1383.

ZuckG = Gesetz über den Verkehr mit Zucker (Zuckergesetz) v. 5. 1. 1951, BGBl. I S. 47; §§ 6 und 13 i. d. F. v. 3. 10. 1951, BGBl. I S. 852.

ZusatzG v. 3. 3. 1873 = Zusatzgesetz v. 3. 3. 1873, RGBl. S. 47.

MIX
Papier aus verantwortungsvollen Quellen
Paper from responsible sources
FSC® C105338

Printed by Libri Plureos GmbH
in Hamburg, Germany